発達心理学15講

高橋一公・中川佳子 編著

北大路書房

はじめに

　中年期以降の発達に対する関心が高まることによって「老年心理学」や「高齢者心理学」あるいは「中年期以降の心理」をテーマとした論文や著作が多く出されるようになり，発達心理学の中でも中心的な領域として確立したといってもよい。乳幼児心理学，児童心理学，青年心理学，そして老年心理学と発達段階に応じて人間の変化を詳しく論じられるようになり，いわゆる「生涯発達心理学」のかたちが整ってきたといってもよいであろう。逆に，あえて「生涯発達心理学」を標榜しなくても「発達心理学」の取り扱う範囲が誕生から死に至るまでの変化として一般的に理解されるようになったといってもよい。

　さらに，国家資格公認心理師の誕生，教員養成課程における心理学関係科目内容の再検討などの影響により，発達心理学についても基礎的な知識の養成という意味から網羅的な学習内容が求められるようになった。

　しかしこのことは，「発達心理学」のテキストに求められる情報量を必然的に増やすこととなり，テキストとしては使いづらいものになってしまう。一般的に大学などでは「発達心理学」は総論的な位置づけの中で展開され，それを基礎に各論として乳幼児心理学や青年心理学，老年心理学へと展開していくことが多い。さらに15回の講義回数の中で総論として人間の変化を論じるとするならば，どうしてもコンパクトなテキストが求められるということにも配慮しなければならない。いずれにしても「発達心理学」を学ぶにあたって，その関心を高められ，自ら学ぼうとする意欲を導くことができるようなテキストが望まれていることは確かであろう。

　学生から，「『発達心理学』と『乳幼児心理学』の講義内容が似ていてその差がよくわからない」という声を聞いたことがある。確かに「発達心理学」に関する書籍の多くはどうしても発達の上昇過程に焦点を当て，申し訳程度に下降過程の記述がなされてきたものが多かった。講義全体の構成を考えると，乳幼児心理学や児童心理学と重なるところが多くなっていたことは反省しなければならない。とはいえ，人間の発達の上昇過程を省略することは無理な話である。いかに「発達心理学」の講義において「その生涯」をバランスよく配置するかが課題となる。

　本書はこれらすべてのニーズに応えられているとはいえないが，特定の発達段階に偏ることなく，発達に関する基本的な考え方からこれまであまりテキストとしては扱

われてこなかった「死」に関する課題まで広く取り上げて4部構成とした。第1部の「発達心理学の基礎と理論」では発達に関する基礎概念やこれまでの発達心理学を支えてきた理論や各論に至る背景を概説している。第2部の「発生から第二次性徴までの変化」では乳幼児期から児童期の終わりまでの上昇過程の変化を取り上げている。第3部の「疾風怒濤の時代　青年期から成人前期」は自我同一性の獲得から職業選択を通しての成人期への移行，そして家族の生涯発達的な考察を概説している。そして第4部の「喪失の時代から超越へ」では中年期以降の下降過程における発達的変化，そして「死」に対する態度の発達を通して人生の最期についてまとめている。このような構成からも推察していただけると思うが，青年期以降の発達についても理解していただけるように工夫をしたつもりである。

　15章構成としたのも大学における半期の講義回数に対応させたものではあるが，これらすべてを講義の内容に取り込むことは難しいであろう。先生方には必要と思われるテーマを選択し活用していただき，学生に「発達」を考えるきっかけを与え，さらに「発達」に興味・関心を持ってもらえるようご指導いただくことを期待している。

　また，発達心理学に関心を持ちこれから学んでいこうという方や，さらに学びを深めていこうという方，教育や保育，福祉に関わり人間の発達に興味を持たれている方々にも，「発達のおもしろさ」や「人間の可能性」について関心を持っていただき，人間に対する興味の幅を広げていただければ幸いである。

　最後に，本書は2014年に発刊した『生涯発達心理学15講』を全面的に改定し，構成の見直しを行ったもので，統計データなどについて極力最新のものを使って論じることに努力したつもりである。本書を上梓するにあたって北大路書房編集部の薄木敏之氏・若森乾也氏に大変お世話になったこと，心からお礼申し上げたい。

2019年3月
編者

目　次

はじめに

【第 1 部　発達心理学の基礎と理論】

第 1 講　発達心理学の基礎 …………………………………………………………… 2
1 節　発達の概念　2
　1．発達とは何か　2
　2．発達の原理　2
　3．遺伝と環境の問題　6
　4．環境の影響　6
　5．発達研究の意味　7
2 節　人間発達の特殊性　8
　1．成長期間の長さ　8
　2．進化の方向性　8
　3．生理的早産と二次的留巣性　9
　4．初期経験と行動の発達　10
　5．生命の延長　10
3 節　発達段階と発達課題　10
　1．発達の区分と発達段階　10
　2．発達の課題　11
　3．一般的な発達区分と特徴　13
コラム①　氏か育ちか　16

第 2 講　発達心理学の理論Ⅰ：成長・成熟の過程 …………………………………… 17
1 節　学習理論からみた発達　17
　1．成熟と学習　17
　2．学習の型　17
　3．初期学習　21
2 節　認知発達理論　23
　1．ピアジェの認知発達理論　23
　2．ヴィゴツキーの認知発達理論　25
3 節　社会的関係の中での発達理論　26
　1．愛着理論　26
　2．生態学的システム理論　26
コラム②　ハイイロガンのマルティナ：ローレンツの比較行動学　28

第 3 講　発達心理学の理論Ⅱ：発達のプロセスと発達課題 ……………………… 29
1 節　エリクソンの心理社会的発達理論　29

1．エリクソンのライフサイクル論　29
　　2．ライフサイクルにおける課題と危機　30
　　3．第9の段階　32
　2節　ライフサイクルとライフコース　33
　　1．ライフサイクルの考え方　33
　　2．家族周期　34
　　3．ライフコース　35
　　4．エルダーとクローセンのライフコース論　36
　3節　中年期以降の発達に関する理論　36
　　1．成熟期以降の発達の考え方　36
　　2．先人たちの示唆　37
　　3．活動理論と離脱理論　39
　　4．老年的超越　40
　コラム③　エリクソンの第9段階　41

【第2部　発生から第二次性徴までの変化】

第4講　胎生期から新生児期まで：個体の発生　44
　1節　個体発生のメカニズム　44
　　1．受精から誕生まで　44
　　2．性の分化　45
　　3．神経細胞の形成　46
　2節　胎児への環境からの影響　47
　　1．アルコール　47
　　2．タバコ　48
　　3．内分泌かく乱化学物質（環境ホルモン）　48
　　4．エピジェネティックス　49
　3節　誕生と新生児の特徴　50
　　1．新生児の特徴　50
　　2．原始反射　52
　　3．マザリングと新生児微笑　52
　コラム④　出生前診断　54

第5講　乳児期の発達：個性の発現　55
　1節　乳児期の特徴と身体的発達　55
　　1．乳児期の特徴　55
　　2．乳児期の身体的発達　55
　2節　乳児期の認知的発達　57
　　1．視覚　57
　　2．聴覚　59
　　3．その他の感覚　60
　　4．感覚間の協応　60
　　5．記憶能力　61
　3節　対人関係の始まりと母子関係　61
　　1．愛着の形成　61
　　2．他者とのやりとり　63

コラム⑤　児童虐待（Child abuse）　66

第6講　幼児期の機能と発達：基本的生活習慣の獲得 ……………………………………… 67
　1節　生活習慣　67
　2節　知能と認識の発達　68
　　1．知能とは　68
　　2．知能の測定　68
　　3．知能の発達　70
　　4．幼児期の認知の特徴　70
　3節　情動の発達　72
　　1．情動とは　72
　　2．情動の発達過程　75
　　コラム⑥　非認知能力　76

第7講　幼児期の社会性：集団生活の始まり ……………………………………………… 77
　1節　ことばの発達　77
　　1．ことばとは　77
　　2．前言語的コミュニケーションの発達　78
　　3．音声言語の発達　79
　　4．語彙の発達　80
　　5．単語から文への発達　82
　2節　社会性の発達　83
　　1．親子関係から仲間関係へ　83
　　2．社会性の発達　83
　　3．心の理論　84
　　4．遊びの発達　84
　　コラム⑦　社会脳　89

第8講　児童期の発達：他者との関わりを通して …………………………………………… 90
　1節　児童期の身体的変化と特徴　90
　　1．身体的発達　90
　　2．運動機能の発達　91
　2節　学校生活の始まり　93
　　1．学習の始まり　93
　　2．思考の発達　94
　　3．道徳性の発達　95
　3節　対人関係の発達　96
　　1．遊びの発達　96
　　2．対人関係の発達　96
　　3．社会的スキルの発達　97
　　コラム⑧　自己肯定感　99

第9講　乳児期から幼児期に生じる発達に関わる問題：発達障害 ………………………… 100
　1節　発達障害　100
　　1．発達障害とは　100
　　2．知的能力障害　101

3．コミュニケーション症（コミュニケーション障害）　105
　　　4．自閉スペクトラム症（自閉症スペクトラム障害）　105
　　　5．注意欠如・多動症（注意欠如・多動性障害）　106
　　　6．学習症（学習障害）　108
　　　7．運動症（運動障害）　109
　　　8．発達障害による二次的障害　109
　　2節　胎児期から新生児期に起こる発達上の問題　110
　　3節　合理的配慮とユニバーサルデザイン　111
　　コラム⑨　発達障害者支援法と特別支援教育　113

【第3部　疾風怒濤の時代　青年期から成人前期】

第10講　青年期の特徴と自我同一性の獲得：己を知ること　116
　　1節　身体的成熟と精神的未成熟　116
　　　1．青年期の身体的成熟　116
　　　2．青年期の認知的発達と第二反抗期　117
　　　3．青年期の終了　117
　　2節　アイデンティティの獲得と危機　119
　　　1．アイデンティティとは何か　119
　　　2．アイデンティティの拡散とモラトリアム　120
　　　3．アイデンティティ・ステイタス　121
　　3節　青年期の人間関係と恋愛　121
　　　1．思春期・青年期の友人関係　121
　　　2．友人関係の特徴　122
　　　3．現代青年の友人関係の希薄さ　122
　　　4．青年期の発達課題と恋愛　124
　　　5．青年期の恋愛意識　124
　　コラム⑩　性同一性障害とLGBT　126

第11講　青年期から成人期へ：キャリア発達と社会生活　127
　　1節　成人期の発達課題　127
　　　1．成人期の発達課題と自己　127
　　　2．現代社会における成人期の課題　128
　　2節　職業選択と社会生活の開始　130
　　　1．キャリアとキャリア教育　130
　　　2．スーパーのキャリア発達の理論　131
　　　3．その他のキャリア発達理論　132
　　　4．現代の就職事情　132
　　　5．就労における男女間の差　135
　　3節　家族の形成と社会的役割の獲得　135
　　　1．家族とは　135
　　　2．家族の形成と青年　135
　　　3．家族の発達と役割の変化　136
　　コラム⑪　キャリア・カウンセリングとは　139

第12講　青年期以降のメンタルヘルスと精神保健 ……………………………………………… 140
1節　思春期・青年期の問題行動　140
　1．青年期の問題行動　140
　2．学校における問題行動の現状　141
2節　青年期の発達と精神病理　143
　1．青年期の不適応状態　143
　2．現代の青年期における精神病理　145
3節　成人期の危機と職場のメンタルヘルス　146
　1．職場不適応とその背景　146
　2．ストレスとバーンアウト　147
　3．職場におけるメンタルヘルス　147
コラム⑫　新型うつ病　150

【第4部　喪失の時代から超越へ】

第13講　中年期の発達と危機：人生の正午 ……………………………………………… 152
1節　中年期の発達課題　152
　1．中年期とは　152
　2．中年期の発達課題　152
　3．レビンソンのライフサイクル論　153
　4．中年期の課題と危機　154
2節　中年期のライフイベント　155
　1．子どもの独立　155
　2．中年期と社会　155
　3．中年期以降の夫婦関係　157
　4．定年退職と家族関係　158
3節　老いの兆候　158
　1．中年期・老年期の特徴　158
　2．中年期の生理的特徴　159
　3．中年期の健康と疾患　160
　4．そして老年期の発達課題　161
コラム⑬　熟年離婚　162

第14講　エイジングと心理的変化：「老い」への対応 ……………………………………… 163
1節　老いの特徴　163
　1．身体・生理的変化と特徴　163
　2．知的側面の変化と特徴　165
2節　老年期のパーソナリティと適応　168
　1．老年期のパーソナリティ　168
　2．老年期の適応　169
　3．老年期の適応と適応要素　171
3節　老年期の不適応と障害　173
　1．老年期の精神障害と問題　173
　2．老年期の精神障害の特徴　174
コラム⑭　おばあちゃん仮説　176

第15講　「死」への対応：死に対する態度と準備 …………………………………………………… 177
 1節　死に対する態度の発達　　177
  1．日本人と死　　177
  2．死に対する態度の発達　　178
  3．子どもと死　　179
  4．青年期と死　　180
 2節　死の受容　　181
  1．死の準備教育　　181
  2．終末期と緩和ケア　　182
  3．死の5段階説　　183
 3節　残されたものの悲嘆　　183
  1．死と生の合間　　183
  2．悲嘆のプロセス　　184
  3．グリーフケアの重要性　　186
 4節　幸福な老いと最期　　186
  1．幸福な老い　　186
  2．死とは何か　　187
 コラム⑮　ホスピスとビハーラ　　188

 引用・参考文献　　189
 人名索引　　197
 事項索引　　200

第1部

発達心理学の基礎と理論

第1講 発達心理学の基礎

1節»発達の概念

1. 発達とは何か

「発達（development）」は「誕生から死にいたるまでの連続的な変化」と定義されている。この発達変化は，年齢による心身，とりわけ精神諸側面のさまざまな変化の詳細な観察・記述によって理解されることが多い。このような連続的な変化を取り扱う心理学の領域を「発達心理学」と呼んでいる。心理学では長年の間，人間の発達の成熟や成長に焦点を当て青年期程度までの上昇的変化の過程を研究の対象としたものが大勢を占めていた時代が続いていた。ビューラー（Bühler, C.）やエリクソン（Erikson, E. H.）のような先駆者がいたものの，誕生から死にいたるまでの一生を発達という概念で考えることがされ始めたのは1970年以降のことである。いわゆる「生涯発達心理学」といわれる乳児（胎児）から老年までの一生を視野に入れて扱う心理学で，発達を生涯にわたって起こる変化とし，獲得や喪失を含めて生涯の中で発達を考えようとするものである。

また，「発達」の周辺概念として日常的に発達と混同して用いられることが多い「成長」「成熟」「学習」「老化」「衰退」を理解しておくことも必要である（表1-1）。

2. 発達の原理

発達心理学において発達現象の説明は不可避の課題であり，歴史的にもさまざまな論争が展開されてきた。その中で発達は一定の原理あるいは特徴に基づいて進んでいくとの考え方も示されている。しかし，当然，そこには個人差や性差があり，すべての個体が同じような速度で変化していくわけではない。簡単にまとめてみると以下のような視点をもつことができる。

(1) 順序性，方向性の原理

「発達の順序性」という発達の規則があり，発達は一定の決まった順序で進行して

表1-1 「発達」の周辺概念

成長	外部的形態の変化，量的増大，身体的変化，生理的変化，構造機能的変化。成長的事実は観察することができる。
成熟	内部構造に生じる質的変化。遺伝によって規定され，環境の違いの影響を受けない。
学習	経験に基づく比較的永続的な行動の変化。
老化	成熟期以降の時間の経過とともに生物の個体に起こる変化。その中でも特に生物が死にいたるまでの間に起こる機能低下やその過程を指す。
衰退	勢いや活力が衰え弱まること。成熟現象に対して衰退現象という。

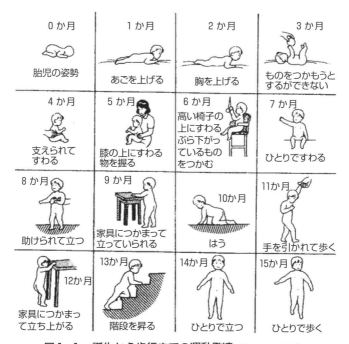

図1-1 誕生から歩行までの運動発達 (Shirley, 1931)

いくことが知られている。シャーレイ（Shirley, M. M.）の運動発達に関する研究では胎児姿勢から歩行まで一定の順序をもって発達が進んでいくことが示されている（図1-1）。また，「発達の方向性」はヴィンセント（Vincent, E. L.）らによる頭から脚への順序で発達が進んでいく「頭部から尾部への勾配（cephalo-caudal direction）」と，胴体部から腕や脚そして手先や足先の順序で発達が進んでいく「中心部から末端部への勾配（proximo-distal direction）」をあげることができる。

(2) 連続性の原理

　発達は誕生から死までの連続的な変化を意味している。発達の速度が緩やかになり発達が表面上止まっているように見えたとしても，実際は変化し続けている。発達の速度はそれぞれの発達段階で異なり，あるときは急激に，あるときは緩やかにというように波動性も備えている。また，前の発達段階がそのあとの発達段階に影響を及ぼすことも知られている。

(3) 分化・統合の原理

　精神発達の方向として，ウェルナー（Werner, H.）が「発達が生じるとき，それは比較的全体性に従って，分化の欠けた状態から，分化と分節と階層的統合の増大する状態へと進められる」と主張するように，定向進化の原理に分化と統合を見ることができる。発達とは，はじめ混沌とした未分化な状態であるものが次第にそれぞれの機能をもつものに分かれ，さらに分化したものが組織化されることによって，より複雑な全体を構成していくことを意味している。

(4) 相互関連性の原理

　心身のすべての領域は，相互に関連し合って発達していくものであり，各領域が独自に発達していくものではない。

(5) 異速性の原理

　発達は身体各部位によってその速度が異なっており，遅速のリズムがあることを示す。スキャモン（Scammon, R. E.）の発達曲線にみられるように大脳や脊髄の神経系では，6歳ですでに成人の90％の重量になるが，睾丸・卵巣などの性器は12歳頃の思春期に入るまでほとんど重量が変化しないなどの異速性がみられている（図1－2）。

(6) 個人差の原理

　心身の構造や機能に関してすべての人間が同じ時期に同じ水準に到達するわけではなく，発達の速度には個人差がある。遺伝的にも環境的にも異なる個人は発達においてもその違いが個人差となって現れる。またその差は個性となって示されることも多い。

(7) 遺伝と環境の相互作用の原理

　遺伝と環境は独立的に作用するのではなく，主体を通してそれぞれが影響をし合うことによって発達の要因となっている（p.8，次節参照）。ジェンセン（Jensen, A. R.）の環境閾値説では，遺伝的可能性の顕在化にはそれに応じた環境条件からの質的量的な働きかけの必要性を示唆している（図1－3）。

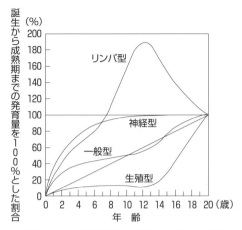

一般型：全身の外形計測値（頭径を除く），呼吸器，消化器，腎，心，大動脈，腱，筋全体，骨全体，血液量
神経系型：脳，脊髄，視覚器，頭径
生殖器型：睾丸，卵巣，副睾丸，子宮，前立腺など
リンパ系型：胸腺，リンパ筋，間質性リンパ組織

図1-2　スキャモンの発達・発育曲線

(Scammom, 1930)

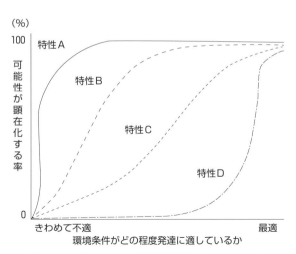

図1-3　ジェンセンの環境閾値説 (Jensen, 1968)

3. 遺伝と環境の問題

　発達心理学，とりわけ児童心理学の歴史の中では，人も含めた生活体の発達に対する遺伝と環境の影響について大きな論争が行われてきた。

　1つめは発達における「遺伝か環境か」という問題に代表される，2つの要因を別なものとしていずれかによって決定されるという生得説と経験説の立場である。生得説の立場は個人の発達の過程があらかじめ遺伝子の中にプログラム化されており，経験による書き換えができないとするものである。成熟優位説を唱えたゲゼル（Gesell, A. L.）の考え方にもこれを見ることができる。

　自然観察法や独自の実験的研究で知られるゲゼルは生活体を1つの活動システムと考え，成長を行動の主体を形成する漸進的な分化（differentiation）と体制化（organization）そして統合化（integration）の過程であると考えた。彼の考え方は成熟説と呼ばれ，先天的な成熟の法則に従って経過する必然的な段階の存在を重視している。また，環境が成長を生み出すことはできないということを強調し歴史的な論争を提供したことも事実である。

　それに対して経験説では，人間行動はすべて経験によって形成されると考える。ワトソン（Watson, J. B.）に代表される，人間の行動や情緒的反応は過去の経験や現在の環境要因によって決定するという行動主義の考え方は経験説に合致するものである。

　2つめは，シュテルン（Stern, W.）の輻輳説に代表される「遺伝も環境も」のように，遺伝と環境が別々の要因として位置づけられ，発達はどちらの影響も受けるというものである。そして，第3の立場として，この2つは操作的に分離することは困難で，発達は遺伝と環境の相互作用であるという相互作用説がある。

　現在では人間の発達を遺伝か環境かというような要因を独立して取り上げる考え方はなされていない。ピアジェ（Piaget, J.）の発達理論に代表されるように，遺伝的要素と環境との相互作用の過程の中での発達のメカニズムの解明が中心になっている。

4. 環境の影響

　発達への環境からの影響を考えると，そこに直接関わる人間関係に目が行きやすい。しかし，人間を取り巻く環境はそこに直接関わる人によってだけ決定されるのではなく，制度や文化，習慣など個人とは直接関係のないところで決定されている事柄もそれぞれの発達に影響を及ぼしている。

　ブロンフェンブレナー（Bronfenbrenner, U.）はより広い発達への視点を展開し，環境を4つのシステムから成るものとして構造化している（詳しくは，p.26～27，第2講3節2．参照）。個体と家族，親族や学校など直接的な場面で関係をもつマイク

ロ・システム，家庭と学校などマイクロ・システムどうしの相互関係であるメゾ・システム，マスメディアや企業体など個人は直接参加しないがマイクロ・システムやメゾ・システムを外部から取り囲むものであるエクソ・システム，そして文化や歴史，社会習慣などのイデオロギーに関するシステムであるマクロ・システムである。これらのシステムが重なり合って個人に影響を与えていると考えられる。

5. 発達研究の意味

　人間の発達を研究することは，大変多くの時間を必要とし，直接研究者が関与することができない状況のもとで進行する事象を対象とするという大きな制約を抱えている。私たちが手にすることができる情報は，断片的な成長あるいは衰退の事実だけであり，したがってその事実のどこに着目し，発達をどのような変化と仮定するかによって大きく変わる。要するに発達研究は仮説演繹的な性格をもち，変化の事実をどこまで相互に関連づけて説明することができるかに焦点が当てられている。

　生涯発達という視点からその研究方法に注目すると，そこにはさまざまな工夫が必要となる。発達の上昇過程である青年期までの研究はその変化が比較的短時間で起こるということから研究のしやすさが利点となっているが，成人期以降の研究は発達的変化が緩やかになることからその難しさが指摘されている。

　発達心理学の代表的な研究方法として横断的研究（cross-sectional study）と縦断的研究（longitudinal study）をあげることができる。横断的研究はある一時点でのさまざまな年齢を対象にデータを収集し比較することで，年齢の差異を明らかにしていこうとするものである。それに対して縦断的研究はある研究対象者を継続的に一定期間追跡しデータを収集していく方法であり，ここで示されるデータは年齢変化による影響を反映したものと考えることができる。このように横断的研究では年齢による差異を，縦断的研究では年齢変化による差異を示すものと考えることができる。

　しかし，これらの研究方法にはいくつかの短所が指摘されている。横断的研究では年齢による差異を示すことは可能であっても，それが異年齢による差異なのか社会的歴史的変化による差異なのかを明らかにすることは難しい。いわゆるコーホート（cohort）の問題である。コーホートとは「同じ時代に同じ地域に生まれた集団」という意味で用いられており，発達研究を行う際の重要な概念である。縦断的研究では研究に費やす時間とコストの増大とともに，研究対象者の脱落により研究結果に影響を与えるという大きな問題が生じる可能性がある。特に高齢者を対象とした場合，健康上の理由などから脱落が起こる場合があり，結果を歪めることにもなる。

2節 » 人間発達の特殊性

1. 成長期間の長さ

　人間の成長・成熟までの時間は他の動物に比べて長い。第二次性徴までが約11～12年，成人を迎えるのに約20数年かかる。一般的に霊長類は成長期間が長いが，その中でも人間は特に長いとされている。

　また，高等な動物ほど成長期間が長いとされている。それは成長期間にさまざまな経験を通してより多くの知識や技能を習得するために，また大人としての準備期間として意図的な学習や教育が必要とされることも一因として考えられる。人間の場合，生物学的に未熟な状態で誕生し他者の助けを借りずには生命を維持できないという特徴ももち合わせている。はじめから保護されるものとして生を受ける人間は他者との関わりを前提としており，社会や文化が人間行動に影響を与えることによってさらに成長期間が延びる傾向にあることも興味深い。

2. 進化の方向性

　人間は他の霊長類に比べて幼児的形質を保持し，人間の進化は胎児化の方向に進んだと比較解剖学者のボルク（Bolk, L.）は主張した。このように幼児的形質を保持して成熟することは幼形成熟（ネオテニー：neoteny）といわれている。チンパンジーと人間の頭蓋骨を比較してみると，胎児や新生児のときはよく似ている。しかし，大人どうしの比較では人間は脳頭蓋が大きいのに対して，チンパンジーは上顎骨，下顎骨，眼窩上隆起が発達している。人間の大人の頭蓋骨はむしろ胎児や幼児の形質に近いことがわかる（図1-4）。

　一般に進化は新しい種のほうが古い種よりも発達的に成熟していると考えられてきたが，人間は猿人，原人，旧人類，そして現生人類は，大人の状態を越えて次の段階へ進化してきたのではなく幼児の状態にとどまるような方向で進化してきたとも考えられる。このことを幼形進化（ペドモルフォーシス：paedomorphosis）という。これはヘッケル（Haeckel, E.）の反復説に対する反証となっている。

　脳においても人間は独自の発達をすることが知られている。チンパンジーなどはほぼ子ども時代に脳の形成が終わるのに対して，人間は3歳で脳の発達が成人の約80％程度までに達するが，その後もゆっくりと成熟を続け20歳代後半まで発達し続ける。

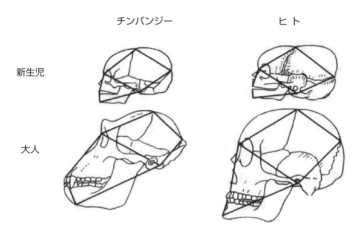

図1-4　チンパンジーと人間の新生児・大人の頭蓋比較
(黒田，1987を改変)

3. 生理的早産と二次的留巣性

　人間の新生児は他の動物と比較して未熟な状態で誕生するといわれる。哺乳類の多くの種は誕生後まもなく移動や授乳のための行動を自ら起こす。これは外敵から身を守り，自らの生命を維持するために不可欠なものである。それに対して人間は誕生してしばらくの間は自ら生命を維持するための行動をとることはできず，母親あるいはそれに代わる人からの養育を受けることを前提に誕生すると考えられている。本来ならばさらに1年程度の在胎期間を必要とするといわれるが，大脳の発達が著しい人間の場合，二足歩行に伴う女性の骨盤と産道の変化によって早産化を余儀なくされたといわれる。このように人間の妊娠・出産は生理的早産といわれる。

　未熟な状態で誕生する種は，哺乳類ではネズミのような小型で在胎期間が短く，一度に多くの子どもを出産するものが多い。無毛で閉眼の状態で生まれしばらくは巣で育てられる。鳥類の場合，スズメのような小型の鳴禽類はヒナ鳥が未熟で巣にとどまって親から餌をもらって育つ。このような「巣にとどまる」ことを留巣性（晩成性）と呼ぶ。一方，ゾウや馬などの大型で高等な動物は在胎期間が長く1回の出産数が少ない，そして開眼して誕生し生後すぐに立ち上がり母親について移動する。母親の胎内で十分に成長し運動能力や生活能力をもって生まれてくる。鳥類ではアヒルやガンの仲間は孵化するとすぐに立ち上がり，自ら餌をついばむ行動がみられる。このように生まれてすぐに「巣から離れる」ことを離巣性（早成性）と呼ぶ。ポルトマン（Portmann, A.）は本来鳥類でいわれていたこの特徴を哺乳類にも適用して一般化した。

人間の場合，本来在胎期間が長く一度の出産数も少ない離巣性の特徴を備えながらも，脳の大型化と頭部の発達の先行という事情から運動能力や生活能力が未熟な状態で生まれてくるという留巣性の特徴ももち合わせている。ポルトマンはこれを二次的留巣性と呼んでいる。

4. 初期経験と行動の発達

「三つ子の魂百までも」ということわざが示しているように人生初期の経験は，その後の人生に重要な意味をもつといわれる。この初期経験の重要性が発達心理学で認識されるようになったのは比較行動学が示した生態観察の多くの結果からである。中でもローレンツ（Lorenz, K.）はハイイロガンのひな鳥の追尾行動を刻印づけ（imprinting：刷り込み）という概念で説明している（詳しくは，p.21-22，第2講1節3．参照）。そして，この学習が成立する限界を絶対的臨界期と呼んでいる（Hess, 1958）。人間の場合，刻印づけにみられる絶対的臨界期に相当するものは認められていない。しかし，人間には相対的臨界期（敏感期）という他の時期に比べて発達や学習が容易な時期があるとされている。

一方，人は誕生後母子が一緒に過ごすことによって親としての自覚を促進すること，逆に誕生後の長期的な母子分離が親としての自覚を失わせることも知られている。このように，初期の経験が後の行動に影響を与えることも事実である。

5. 生命の延長

人間の寿命は動物の中でも長い部類に入る。医療や生活水準の向上が寿命の延長に影響を及ぼしたことは確かである。しかし，昆虫や魚類は産卵とともにその生命を終えるものが多く，また哺乳類でも生殖機能が停止すると生命も終わりを迎える種が多い。それに対して，人間の女性の場合は閉経後約30年の長い生涯をもっている。私たち人間には生殖機能を失ったのちの期間はどのような課題が課せられているのであろうか。人間は生殖機能を犠牲にしても血縁者を助けるという選択をしたという考え方もされている（第14講コラム，「おばあちゃん仮説」参照）。さらに女性の長寿化した遺伝子は子孫に受け継がれ，結果として男性の寿命も延長したと考えられている。

3節≫発達段階と発達課題

1. 発達の区分と発達段階

人間の一生を考えると，それは常に連続した過程であり，段階に分けて発達の変化

を記述し理解することは必ずしも本質的なものとはいえない。しかし，発達のテンポはその時期によって異なり量的な変化だけではなく質的な変化がみられる。そのため発達を便宜的に理解するために多くの発達段階が提唱されている（表1-2）。

代表的な発達段階は，①シュトラッツ（Stratz, C. H.）に代表されるような身体的発達を基準としたもの，②ピアジェの知的発達や坂本一郎の読書傾向などの特定の精神機能の発達を基準としたもの，③牛島義友などの精神構造の変化に着目したもの，④学校教育制度や社会制度に対応した社会的習慣に基づく一般的な発達段階の区分，に分類することができる。

ピアジェは，発達を生活体と環境の間の絶えざる相互作用によって漸進的に構成される一連の構造の展開過程であるとしている。このような発達観のもとでは発達段階は構造的な変化の段階としてとらえられる。各段階の出現の時期は社会的・環境的な要因によって左右され，暦年齢は絶対的なものでないことも指摘されている。

2. 発達の課題

発達課題を論じた代表的なものとしてハヴィガースト（Havighurst, 1953）の理論がある。ハヴィガーストの理論は各発達段階において達成すべき課題を示す考え方で，乳・幼児期，児童期，青年期，壮年初期，中年期，老年期の6つの段階を設定し，教育的な視点からそれぞれの段階に，身体的な成熟，個人を取り巻く社会からの要求，自我やパーソナリティをつくっている個人的価値と抱負を源として6～10の課題を設定している。特に中年期から老年期にかけては身体的には衰えに対する自覚と死に対する適応や社会的な使命としての子どもたちへの援助も課題として示されている。彼はこれらを教育的な立場から「発達課題」と呼んでいる。発達課題は当初，1930年代アメリカの中産階級をイメージして考案された。

ハヴィガーストは1972年に『*Developmental tasks and education（Third edition）*』を著し，これらの発達課題を大幅に改訂しており，事例史や学校のカリキュラムに関する章が削除され，新しい研究成果が取り入れられている（表1-3, p.14）。改訂されたハヴィガーストの考え方は高度生産性社会の発展を背景にした1970年代のアメリカの「道具としての活動」から「表現としての活動」へと変化した価値観を説いているといわれる。

発達課題に関する研究は，1980年代以降に生涯発達心理学の立場が主流になっていく中で再考されるようになった。ハイマンズ（Hymans, 1994）は発達課題が現代の要請に対応するには，単なる発達を記述する視点のみならず規範的な視点をもつこと，個人の行動に注目すること，目標志向性をもつこと，という要請にこたえることが必

表1-2 発達段階の区分 (高野・林, 1977)

区分の観点	研究者	年齢(歳) 0-20にわたる区分
身体発達	Stratz, C. H. (1922)	乳児期(0-1) / 第一充実期(2-4) / 第一伸長期(5-7) / 第二充実期(男)(8-11)・(女)(8-10) / 第二伸長期(男)(12-15)・第三(女)(11-14) / 第三(15-17) / 6)充実期(男)(16-18) / 7)充実期(女) / 成熟期(19-20)
	Cole, L. (1922)	乳児期(0-2) / 児童前期(3-5) / 児童中期(男)(6-10)・(女)(6-9) / 児童後期(男)(11-12)・(女)(10-11) / 青年前期(男)(13-15)・(女)(12-13) / 青年中期(男)(16-18)・(女)(14-17) / 青年後期(19-20)
特定の精神機能	松本亦太郎(用箸運動)	幼児期 / 児童期 / 青年期
	楢崎浅太郎(握力)	幼児期 / 児童期 / 少年期 / 青年前期 / 青年後期
	阪本一郎(読書興味)	昔話期 / 寓話期 / 童話期 / 物語期 / 文学期 / 思想期
	Piaget, J.(物活論的世界観)(思考)	第一期1) / 第二期2) / 第三期3) / 第四期4) / 感覚運動 / 前概念期 / 直観的思考 / 具体的操作期 / 形式的操作期
	Sears, R.R.(動機づけ)	基礎的行動の段階 / 二次的動機づけの段階 / 家族中心の学習 / 家族外の学習
	Maier, N.R.F.(対人関係)	一次的依存の確立 / 自己看護の確立 / 意味ある二次的関係の確立 / 二次的依存の確立 / 依存と独立のバランスの達成
	Nowogrodzki, T.(唯物論)	幼児期 / 就学前期 / 学童期 / 成熟期 / 青年期
精神構造の変化	Stern, E. (1923)(人物)	乳児期 / 未分化融合期 / 分化統一期 / 成熟前期 / 分化統一期
	Kroh, O. (1928)	幼児期 / 第一反抗期 / 児童期 / 第二反抗期 / 成熟期
	Bühler, Ch. (1937)(自我の性格)	第一期 客観の時期 / 第二期 主観化の時期 / 第三期 客観化の時期 / 第四期 主観化の時期 / 第五期 客観化の時期
	牛島義友 (1941)	身辺生活時代 / 想像生活時代 / 知識生活時代 / 精神生活時代
	武政太郎 (1955)	乳児期 / 幼児期 / 児童期 / 青年期
	Freud, S.(リビドーの発達)	口唇期 / 肛門期 / 生殖期初期 / 潜伏期 / 生殖期後期
	Erikson, E.H.(葛藤解決の発達)	信頼/不信 / 自立/疑惑 / 自発性/罪 / 勤勉/劣等 / 自我同一性/自我同一性拡散 / 親密/孤独 / 世代性5)/自己陶酔
社会的習慣	Meumann, E. (1913)	児童期 / 少年期・少女期 / 青年期・処女期
	Spranger, E. (1924)	児童期 / 中間期 / 少年少女期 / 中間期 / 成熟期(男)(女)
	Goodenough, F.L. (1945)	言語前期 / 幼児期 / 幼稚園期 / 児童期(男)(女) / 青年期
	Hurlock, E.B. (1924)	新生児・乳児期 / 児童前期 / 児童後期(男)(女) / 思春期 / 青年期
	青木誠四郎	新生児・乳児期 / 幼児期 / 児童期(男)(女) / 青年期
	文部省教育心理 (1945)	乳児期 / 幼児期 / 児童期 / 青年期

注
1) 万物に意識ありとする時期
2) 動く物すべてに意識ありとする時期
3) 自力で動く物には意識ありとする時期
4) 動物だけに意識ありとする時期
5) 第7期(成人期)では、生産性VS自己吸収というのもある。
   第8期(成熟期)では、自我統合(完全性)VS絶望(嫌悪・願望)
   なお、第7期以前は上・下が対立
6) 充実期(男)
7) 充実期(女)

要だという考え方を示している。また，エルター（Oelter, 1986）は個人と環境の相互作用という視点から発達課題をとらえ，発達目標は個人の発達と社会文化的要請に対応するように設定されるとした。そして生涯を通して変化する課題を理解し，発達目標を設定するには個人と環境の関係を反映するものが必要であるとしている。

3. 一般的な発達区分と特徴

　発達心理学では通常，胎生期，新生児期，乳児期，幼児期，児童期，青年期，成人期，壮年期（中年期），老年期という区分が用いられている。これらは明確な時間的区分がなされているわけではなく，多くの人に共通すると思われる特徴や典型的な特徴をもっておおよその区分として示されている。個人差などで時期がズレることも決してめずらしいことではない。以下，簡単にそのおおよその時期と特徴をまとめる。

①胎生期：受精から出生までの時期を胎生期と呼ぶ。さらに受精卵が子宮内に着床するまでの10日から14日頃までの間を卵体期，人の構造をもつにいたる8週までの間を胎芽期，身体諸組織の発達や機能化がみられる出生までの間を胎児期と区分している。

②新生児期：出生から4週間（あるいは1週間）の時期を新生児期と呼ぶ。出生に伴う急激な環境変化に伴い身体の生命維持機能が変化し，身体活動の外界への適応が求められる。

③乳児期：生後1年ないし1年半までの時期を乳児期と呼ぶ。この時期の特徴として出生から身長が1.5倍，体重は3倍になるほど身体の急激な発達と，大脳皮質の急速な発達による運動，認識，学習能力の発達があげられる。

④幼児期：1歳ないし1歳半から5～6歳頃までの時期を幼児期と呼ぶ。運動機能，認知機能，および言語獲得によるコミュニケーション能力の向上，基本的生活習慣の獲得やしつけによる望ましい行動が獲得されていく。

⑤児童期：6歳頃から11～12歳頃までの時期を児童期と呼ぶ。幼児体型から子どもの体型への変化がみられ，身体は細長化していく。基本的運動機能を発達させ，巧みさや器用さといったスキルも身についていく。具体的な状況において思考も発達していく。

⑥青年期：生理的成熟を示す第二次性徴が出現する12歳頃から20歳代半ばぐらいまでの時期を青年期と呼ぶ。12～17歳頃までを青年前期あるいは思春期として区分する。この時期は生殖機能の発達に伴う身体的変化が特徴的であり，それによりこれまで形成してきた自我同一性を揺るがすなど心理的な脅威を伴うことが多い。青年後期にはこの自我同一性の獲得が課題となり，独立した1人の人間としての

表1-3 ハヴィガーストの発達課題改訂版(Havighurst, 1972／児玉・飯塚, 1997より作成)

発達段階	発達課題
乳・幼児期 (6歳未満)	①歩行の学習 ②固形食摂取の学習 ③しゃべることの学習 ④排泄の統制を学ぶ ⑤性差および性的な慎みを学ぶ ⑥社会や自然の現実を述べるために概念を形成し言語を学ぶ ⑦読むことの用意をする ⑧善悪の区別を学び,良心を発達させ始める
児童期 (6〜12歳)	①通常の遊びに必要な身体的技能を学ぶ ②成長しつつある生体としての自分に対する健全な態度を身につける ③同年代の者とやっていくことを学ぶ ④男女それぞれにふさわしい社会的役割を学ぶ ⑤読み・書き・計算の基礎的技能を発達させる ⑥日常生活に必要なさまざまな概念を発達させる ⑦良心・道徳性・価値尺度を発達させる ⑧個人としての自立を達成する ⑨社会集団や社会制度に対する態度を発達させる
青年期 (11,12歳〜17,18歳)	①同年齢の男女と新しい成熟した関係を結ぶ ②男性あるいは女性の社会的役割を身につける ③自分の体格を受け入れ,身体を効率的に使う ④親や他の大人たちから情緒面で自立する ⑤結婚と家庭生活の準備をする ⑥職業につく準備をする ⑦行動の指針としての価値観や倫理体系を身につける－イデオロギーを発達させる ⑧社会的に責任ある行動をとりたいと思い,またそれを実行する
壮年初期 (18歳頃〜30歳頃)	①配偶者の選択 ②結婚相手と暮らすことの学習 ③家庭をつくる ④育児 ⑤家の管理 ⑥職業の開始 ⑦市民としての責任を負う ⑧気心の合う社交集団を見つける
中年期 (30歳頃〜50代後半頃まで)	①十代の子どもが責任を果たせる幸せな大人になるように援助する ②大人の社会的責任,市民としての責任を果たす ③職業生活での満足のいく地歩を築き,それを維持する ④大人の余暇活動をつくり上げる ⑤自分を1人の人間として配偶者に関係づける ⑥中年期の生理学的変化の受容とそれへの対応 ⑦老いてゆく両親への対応
老年期 (60歳頃以降)	①体力と健康の衰退への対応 ②退職と収入の減少への対応 ③配偶者の死に対する対応 ④自分の年齢集団の人と率直な親しい関係を確立する ⑤柔軟なやり方で社会的な役割を身につけ,それに適応する ⑥満足のいく住宅の確保

存在を確信することが求められる。
⑦成人期：20歳代半ばから30歳代半ばおよび後半までの時期を成人期と呼ぶが、明確に年齢を区切ることは難しい。身体的には成熟を迎え、なだらかに衰退への方向へ転じていく。新しい家族を形成する時期でもあり、他者との関わりの中で自己のあり方が位置づけられていく。
⑧中年期：30歳代後半から65歳頃までを中年期、あるいは壮年期と呼ぶ。白髪禿頭、焦点調節能力の衰えなど身体的衰えが目立つようになってくる。社会的活動においては経験や知識をもって対応することが期待され、後進の指導や育成などに対応することも求められる。
⑨老年期：65歳以上を高齢者と呼び、この時期を老年期あるいは高齢期と呼ぶ。65歳から74歳までを前期高齢期、それ以降を後期高齢期と区分している。この時期は身体的、精神的、社会的に失うものが多くなることから「喪失の時代」とも呼ばれているが、それまでの自分とは違った側面を見いだすことで適応状態を保持することは可能とされる。そして、やがて訪れる「死」に対する準備も求められる。

発達の区分はあくまでも便宜的なものであることは前述したとおりである。各発達段階にはさまざまな課題や困難が現実に存在しており、それらを解決しながら適応していくことが求められる。

コラム①
氏か育ちか

　容姿や体質などが遺伝の影響を強く受けていることはよく知られています。では，さまざまな能力も生まれつきの才能，すなわち遺伝的要因によってあらかじめ決められているのでしょうか。これまでも，「生まれか育ちか？(Nature or Nurture?)」という疑問に，多くの研究者たちが立ち向かってきました。ここでは3つの代表的モデルを紹介します。
　第1は単一要因説。ゲゼル (Gesell, A. L.) の双生児研究から提唱された成熟レディネス論を代表とする遺伝論で，個体の発達は個体内の遺伝的素質によって規定されるという立場，そして，行動心理学者ワトソン (Watson, J. B.) らの提唱する環境論，すなわち発達は生後の環境のあり方によって支配され，先天的に決定されるものではないとする立場等があります。両論はまさに「氏か育ちか」どちらか一方を答えとするものです。
　第2は輻輳説（ふくそうせつ）で，シュテルン (Stern, W.) らが提唱しています。人間の発達の諸要因は遺伝と環境の両要因が相互に作用し合うものであるとする考え方です。ただし遺伝と環境を独立した別個のものとして，それらの効果を加算的にとらえているのが輻輳説の特徴です。
　そして第3は相互作用説といわれている，遺伝と環境の両要因が相互浸透的に作用して両者の単なる加算以上の効果をもたらすという考え方です。その中でもジェンセン (Jensen, A. R.) が唱えた環境閾値説は，特性によって環境条件の働き方が異なるという理論で，遺伝的な特性が発現するか否かは，環境条件が特性ごとに決まっている基準値，すなわち閾値を越えるかどうかによって左右されると考えます。たとえば，身長は環境にはあまり左右されずに素質が顕在化します。しかし楽器の演奏などは，楽器を演奏する，聴く機会をもっているという環境が整うことで素質が顕在化するというものです。
　では，科学的根拠はどの程度あるのでしょうか。これまでの脳研究から導き出されている1つの結論は，人間の脳の機能は，それを構成する神経細胞（ニューロン）のネットワークによること，このネットワークの基本構造には個体差はないが，生後数歳までの環境要因によって構造的な変化が生じるというものです。ところで，双生児研究には，遺伝的にはまったく同一である一卵性双生児と遺伝情報が50％の二卵性双生児の類似性を比較するもの，あるいは別の環境下で育てられた一卵性双生児を比較検討する研究などがあります。ほぼ同じ遺伝子をもって生まれた一卵性双生児はまったく違う環境で育っても性格がそっくりだったり，一方で，同じ環境で育ったにもかかわらず性格が異なっているなど，興味深い結果が得られています。しかし，このことに関する科学的な裏づけは今後の課題として残されています。

第2講

発達心理学の理論 I
成長・成熟の過程

1節 » 学習理論からみた発達

1. 成熟と学習

　行動の変容は成熟（maturation）と学習（learning）の2つの要因が関係した結果生じるものである。成熟は生得的な性質があり，一定の時期という制約の中で，環境あるいは経験的要因の影響を受け展開されるものである。学習は経験による行動の比較的永続的な変化である。心身の機能がある程度準備されているレディネス（readiness）の状態が整い，学習が人間にとっては優位な行動様式となる（図2-1）。

2. 学習の型

(1) 古典的条件づけ

　パブロフ（Pavlov, L. P.）は，イヌにメトロノームの音と肉片を時間的に接近して対提示することを何回か繰り返すと，音を聞いただけで唾液が分泌されるようになることを実験で示した（図2-2）。このようにメトロノームの音（条件刺激）に対して分泌される唾液反応（条件反応）を形成することを古典的条件づけという。イヌは音刺激に誘発されて唾液分泌の反射を習得し，それまでとは異なる新たな行動が形成される。なお，古典的条件づけの手続きでは，類似した刺激に対しても反射が形成され（般化），視覚刺激や触覚刺激でも条件づけを形成することができる。

　ワトソン（Watson, J. B.）は古典的条件づけの手続きを用いて，情動のような複雑な反応も変容することが可能であることを恐怖の条件づけで示している。ワトソンは，生後11か月のアルバートという子どもが白ネズミ（条件刺激）を見て触ろうとする行動を行うと，ハンマーで大きな音を立てた（図2-3）。実験後アルバートは白ネズミを見ると恐がり（条件反応），ネズミだけではなく白ウサギや白いひげのついたサンタクロースのお面など，似た特徴をもつものにまで恐怖を抱くようになった（般

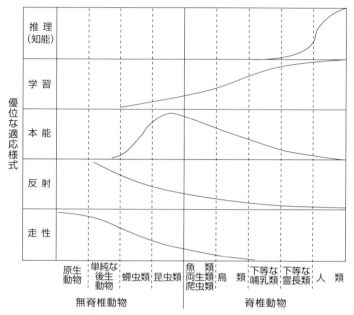

図2-1　行動システムの系統発生的発達
(Dethier & Stellar, 1961より矢野・落合, 1991が加筆)

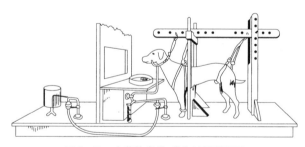

図2-2　古典的条件づけの実験装置

化)。この実験から，大人の抱く不安や恐怖も，多くはこれと類似した幼年期の経験に由来しているとワトソンは主張している。

(2) オペラント条件づけ

　ソーンダイク (Thorndike, E. L.) は，ネコを問題箱に入れ，箱の外に餌を置く実験を行った。ネコは餌を取ろうとするが，取ることはできない (誤反応)。しかし，いろいろと試みる中で，たまたま紐を引くと扉が開き (正反応)，餌を取ることができ

図2-3 恐怖条件づけの実験
(Watson & Rayner, 1920をThompson, 1952が改変)

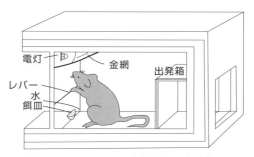

図2-4 オペラント条件づけの実験装置
(Skinner, 1938)

た。このようなことを繰り返していくうちに，ネコの試行は，誤反応が少なくなり正反応に達する時間が短くなる。つまり，試行錯誤により学習を行っていると考えた。

　ソーンダイクの考えを発展させたのがスキナー（Skinner, B. F.）である。スキナーは，ある行動が生じた直後の環境の変化に応じて，その後にその行動が生じる頻度が変化することをスキナーボックス（図2-4）の実験で示している。スキナーボックスにはレバーと餌皿があり，レバーを押すと餌皿に餌が出てくるしかけを施した。この箱にネズミを入れると，ネズミは箱の中をそこらじゅう動き回る。そのうちたまたまレバーを押すと，餌皿に餌が出てきた。このような経験を繰り返すと，やがてネズミはレバーを積極的に押すようになり，レバー押しを学習する。このような手続きをオペラント条件づけという。

　オペラント条件づけは日常生活でよくみられる学習で，物理的報酬のみならず，褒められることが強化子となって望ましい行動を習得し，望ましくない行動を消去することが行われる。

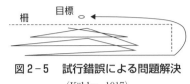

図2-5　試行錯誤による問題解決
（Köhler, 1917）

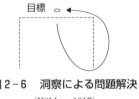

図2-6　洞察による問題解決
（Köhler, 1917）

　なお，古典的条件づけと同様，オペラント条件づけの実験でも，報酬のほかに電気ショックなどの嫌悪刺激を用いた実験が行われ，嫌悪刺激から逃れようとする回避学習が示されている。

(3) 洞察による学習

　問題解決場面では，手段と目的との関係を見通し，仮説を立てた後に一挙に行動に出て，問題が解決されればその行動が学習される。うまくいかなければ再度仮説を立て，正しい行動に達するまで仮説検証行動を繰り返す。ケーラー（Köhler, W.）は洞察による学習を提唱した。ケーラーは目標の餌に直接近づく道が遮断され，まわり道をしなければならない場面を設定し，いろいろな被験体で実験を行った。ニワトリの場合，餌が見えるとその方向にまっすぐ進み，柵にぶつかる（図2-5）。そして試行錯誤するうち，偶然柵の切れ目に達して餌にありつくことができる。一方，イヌを被験体に実験すると，はじめは何もせずにいるが，やがて急に後ろ向きに走り出し，なめらかな曲線を描きながら柵を迂回して餌に到達した（図2-6）。つまり，イヌは場面全体を見て，自分と柵・餌との関係に見通しを立てて問題解決を行ったと考えられる。このような洞察による学習は年齢が高くなるに従い，多く行われるようになる。

(4) 観察による学習

　子どもは養育者や身のまわりのものに対して観察を通じて知識を習得している。養育者の顔や自分やものの名前などは見ることで学習が成立する。また，バンデューラ（Bandura, A.）は観察学習とは他者の行動を観察するだけでなく，他者が賞や罰を受けることを観察しただけでも学習が成立することを示した（図2-7）。このような他者が受ける賞や罰を見る過程を代理強化という。さらに，自分でコントロールできる報酬を自分自身に与えてその行動を強めたり維持することを自己強化という。

　観察学習は子どもがテレビやインターネットなどを通じて行動変容を起こす場合があり，善し悪しにかかわらず子どもはメディアから多くの影響を受けている。

図2-7 攻撃行動の観察学習（Bandura, 1963）

3. 初期学習

(1) 初期経験

　発達のごく初期に生じる一定の経験を初期経験という。この経験はその後の行動や性格形成に重大な影響を与え，いったん形成された行動や性格は変更が困難である。

　動物行動学者のローレンツ（Lorenz, K.）はハイイロガンの孵化後の追尾行動を刻印づけ（imprinting：刷り込み）と呼んだ。刻印づけは生後一定の期間（critical period：臨界期）でしか生じず，一度成立すると生涯にわたって永続し，いったん刷り込みが生じると取り消すことができない（非可逆性）という特徴をもつ。

　カモのような留巣性の鳥類では，孵化後の13〜16時間程度で刻印づけに高い感受性を示し，その後反応が低下して，32時間を経過すると学習はほとんど成立しなくなる（Hess, 1958：図2-8）（詳しくはコラム② p28参照）。

(2) 心理性的発達理論

　フロイト（Freud, S.）はヒステリー研究の中で，ヒステリーの原因は，幼児期に体験し，それが自我に統合できないために抑圧され，記憶から排除され，忘れられてしまっているものにあるとした。これがパーソナリティ形成における乳幼児期の外傷体験という悪影響で，その体験が神経症の病因であると考えた。つまり，フロイトは初期経験が発達に大きく影響すると考えた。

　フロイトによる発達理論としては，性の本能衝動であるリビドーが人間行動の原動力と考え，この衝動が満たされたり抑制されたり，発散されたりする仕方が各年齢段

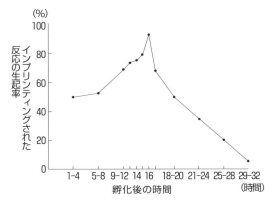

図2-8 カモの追尾行動の刻印づけの臨界期
(Hess, 1958)

表2-1 心理性的発達 (Freud, 1905を改変)

発達段階	特徴
(1) 口唇期 （0～1歳半頃）	口を中心にした活動，たとえば母親の乳房からの吸乳が快感となる。
(2) 肛門期 （1歳半～3, 4歳頃）	肛門や尿道口の括約筋の調節，たとえば排泄が快感となる。
(3) 男根期（エディプス期） （3, 4歳～5, 6歳頃）	性器に快感が移行する。男女の相違に関心が移る。
(4) 潜伏期 （5, 6歳～11, 12歳頃）	幼児の性衝動が抑圧され，潜伏する。性衝動は他の社会的事象への興味に昇華される。
(5) 性器期 （11～12歳以上）	性的にも精神的にも成熟し，異性間の愛に移行する。つまり自体愛から対象愛に変わる。

階によって変化すると仮定し，心理性的発達を示している（表2-1）。口唇期は生後1年半ぐらいまでで，吸乳時に口唇快感がリビドーを満足させるが，離乳によって抑制される。その後，肛門期が3, 4歳頃まで続き，排泄時の肛門・尿道の快感が得られるが，トイレットトレーニングで抑制される。3歳頃から始まる男根期は男根に快感が求められるが，厳しい禁止を受ける。この頃から異性の養育者への心理的な性愛的愛着が芽ばえ，同性の養育者とのライバル関係から対抗心や敵意が生じる。児童期は運動や遊びに快楽を求めるために性衝動が抑制され潜伏期に入るが，その後の性器期で成人に近い異性愛へと発展する。

フロイトによる初期経験の重要性は，その後の発達心理学に重要な知見をもたらし

ている。スピッツ（Spitz, R.）は親から分離された子どもを観察し，乳幼児期の経験が子どもの心に悪影響がもたらすことを見いだした。また，6～8か月頃に人見知りが生じることから，乳幼児期の母子関係の重要性を研究した。

また，ボウルビィ（Bowlby, J.）は乳幼児が母親から分離され，長期にわたって病院や施設に入ると，子どもの情緒や知能など心身発達に遅れや障害が生じるとするホスピタリズム（hospitalism）の危険性を示した。ボウルビィはさらに，自己の発信行動（泣き・笑い・話しかけにより自分のほうに人の注意を引きつける行動）に対してタイミングよく反応してくれる成人に対して愛着を形成し，自分からしがみついたり，後追いしたり，近づいて不安を低減させ，その成人を安全基地として探索活動するというアタッチメント（attachment）の研究を展開した。

さらに，クライン（Klein, M.）らは，幼少期の養育者との関係性を通じて学習される，母親への依存から自立へと発達する自己と他者との関係性に焦点を当てた対象関係理論（object relations theory）を提唱した。

2節》認知発達理論

1. ピアジェの認知発達理論

ピアジェ（Piaget, J.）によると，人はシェマ（スキーマ）と呼ばれる認知的枠組みを用いて，環境を構築し発達していくと考えられている。子どもは新しい外界の対象に出会うと，外界の対象を既存の認知的枠組み（シェマ）にあてはめる「同化」と，外界の対象に合わせて自らのシェマを変えてあてはめる「調節」の相互作用を行いながら均衡化をはかり認知を発達させると考えた（図2-9）。そして，ピアジェは子どもの認知の発達段階を感覚運動期，前操作期，具体的操作期，形式的操作期の4段階に分け，その順序は固定されていると考えた（表2-2）。

(1) 感覚運動期（出生～2歳まで）

知覚・感覚刺激と身体運動の協調・協応による行動がおもな認知活動の時期である。もっぱら感覚と運動を通して外界に適応する。新生児は生得的な反射（原始反射）により外界に適応し，次第に反射的行動から，環境との関わりを通じて，意識による複雑な随意行動へと変化し，認知の基礎となる感覚運動的シェマを形成していく。また，簡単な予測の行動が可能になり，ものがあり続けるという対象物の永続性が獲得される。

(2) 前操作期（2～7歳まで）

目の前にない事物を頭の中で思い浮かべることができるようになり，象徴機能が発達する時期である。内的にものを考え，言語を用いて考える能力が備わるが，論理的

図2-9　同化と調節（Piaget, 1945を大伴が改変）

表2-2　認知発達段階の年齢と特徴（Piaget & Inhelder, 1956をもとに作成）

段階	年齢	特徴
感覚運動期	0～2歳	・運動と感覚を通した外界への働きかけを行う ・対象の永続性が獲得される
前操作期	2～7歳	・自己中心的な直観的思考をもつ ・アニミズム，延滞模倣がみられる ・保存の概念が不十分である
具体的操作期	7～11歳	・具体的場面なら保存概念が成立する ・脱中心的な思考が可能になる ・クラス概念の形成が可能になる
形式的操作期	11, 12歳以降	・具体的事物を越えた思考が可能になる ・抽象的概念を操作できる

思考はできず，主観と客観が未分化な状態である。また，物事の外見や1つの側面だけに注意を向ける中心化や，自分とは異なる他者の視点に気づかない自己中心性の傾向が示される。

(3) 具体的操作期（7～11歳まで）

目の前の具体的な事物に対して論理的な操作が可能となる時期である。前操作期から行動が内面化され，一貫性のある論理的に統合された全体構造を考えること（操作）ができる段階になる。他者の視点から客観的に物事を考え（脱中心化），ものは変形しても量や重さ，体積は同一であるという保存の考えが成立し，論理的に物事を処理できるようになる。ただし，この段階の思考は実際の事物を用いた直接的な具体的課題に限られる。

(4) 形式的操作期（11, 12歳以降）

抽象的一般的な形で論理形式的に考えることができるようになる段階である。命題的操作や，形式論理による推理や論理的な思考が可能になり，科学的・実験的思考として，仮説を立ててその正しさを検証する推理を行う。また，現実への適応だけでなく，未来へ向けての理想を志向する能力を獲得する。

なお，ピアジェの考え方はその後の発達研究に大きな影響を及ぼしたが，子どもの認知能力を過小評価したなどとの批判も受けている。

2. ヴィゴツキーの認知発達理論

ヴィゴツキー（Vygotsky, L. S.）は子どもの学習や行動は社会的状況の中で行われるという考えを提唱した。子どもが新しい能力を習得する場合，まわりの大人や年上の子どもが，その子どもの行動の手助けとなり発達する。適切な補助や道具を足場かけ（scaffolding）として新たな能力を修得し，最終的には足場かけがなくても自分でできるようになると考えた。つまり，ヒトは社会的状況の中で他者の助けを借り，ことばという道具を媒介して認知を発達させていく。そのため，グループ学習を行う場合は，課題をすでに習得している生徒としていない生徒を組み合わせることでグループ学習が有効に機能すると考えている。

ヴィゴツキーは，課題達成において，発達の最近接領域（Zone of Proximal Development：ZPD）を重要な概念としてあげている。自主的活動において可能な問題解決のレベル（レベル b まで）には，大人の指導や援助によって（学習の結果として）子ども自身が自力でできるレベル（レベル a まで）と，他者の助けを借りてみんなと一緒に行うことで解決できるレベルが含まれている。そのため，みんなと一緒に行うことで解決可能なレベルは自分でできるレベルよりも広く，みんなと一緒に行うことでできるレベルから自分でできるレベルを引いたもの（レベル b−レベル a）が発達の最近接領域（ZPD）となる（図2-10）。教育現場において，教師は生徒の発達の最近接領域を考慮した指導法が求められる。

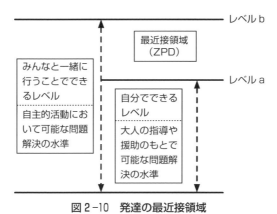

図2-10　発達の最近接領域

（Vygotsky, 1980, p.86を改変）

3節≫社会的関係の中での発達理論

1. 愛着理論

ボウルビィ（Bowlby, J.）によると，子どもが特定の対象（多くの場合は母親）との間に結ぶ情緒的な結びつきを愛着（attachment）と呼び，4つの発達段階を示している。

第1段階は誕生から生後8〜12週頃までに示される，人物の弁別を伴わない定位と発信の段階である。子どもは特定の対象というよりも，相手を選ばず，ヒトの姿を眼で追ったり，声のするほうを見たり，自分から声を出して注意をひきつけたり，ヒトに手を伸ばしたりする様子がうかがえるため，この時期は愛着形成の前の段階である。

第2段階は生後8〜12週頃から6，7か月頃までに示される，1人または数人の特定の人物に対する定位と発信の段階である。ヒトに対する反応や働きかけが活発になり，自分にとって特別な人とそれ以外の人を区別して積極的に働きかけを行うが，特定の対象以外には人見知りを行う段階である。

第3段階は生後6，7か月頃から2，3年頃までに示される，特定の対象への愛着が明確に示され，愛着対象者と離れることを嫌がる時期である。特定の対象への反応が他の人への反応と著しく異なり，ハイハイなどで後追いをする行動がみられる。

第4段階は生後2，3年以降に示される，身体的接触がなくても安心していられるようになる段階である。目的をもった特定の対象の行動を洞察することができるようになり，離れても戻ってくることを理解できるようになる。

2. 生態学的システム理論

ブロンフェンブレンナー（Bronfenbrenner, U.）は，人の発達過程を個人要因と環境要因との相互作用によって形成されるという生態学的システム理論を提唱した。人はその人が生活している環境のシステム（たとえば，家族，学校，地域社会や文化，民族など）との相互作用によって発達するという考え方である。たとえば，学校で孤立している子どもは，子ども自身がもつ個人要因（友達関係を維持する能力）と環境要因（学級内の雰囲気）の相互作用によって問題が生じている。また，生活場面はマイクロ・システム，メゾ・システム，エクソ・システム，マクロ・システムの4構造が入れ子構造になっており，システム内とシステム外の相互作用が生じると考えている。

マイクロ・システムはその人の身近な生活環境で，親や兄弟などの家庭，学校，保育園，隣近所の地域の仲間集団や環境が含まれる。メゾ・システムはそれほど身近で

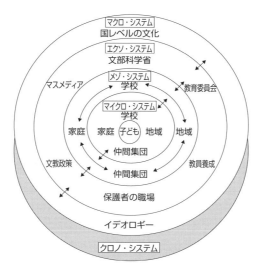

図2-11　生態学的システム理論
(Bronfenbrenner, 1979, 1984を中井が改変)

はないが相互関係が生じている生活環境で，学校や保育園の異なる学年や，別居する祖父母などの家庭，それほど親しくない隣近所の地域が含まれる。エクソ・システムは直接関わらないが行動場面で影響を及ぼすもので，両親の職場環境や友人，兄弟の学校関係者や友達が含まれる。マクロ・システムは社会や文化全体のレベルの流れや考え方を意味する（図2-11）。その後，時の経過の中で起こる特定の出来事（たとえば，兄弟姉妹が生まれたなど）や文化の変質などにも影響を受けるとしてクロノ・システムが追加された。私たちはこのような4つのシステムと相互作用を通じて発達すると考えている。

コラム②
ハイイロガンのマルティナ：
ローレンツの比較行動学

　オーストリアのウィーンに生まれた動物行動学者であるローレンツ（Lorenz, K.）は比較行動学の創始者で，インプリンティング，すなわち刷り込み（きわめて短期間の，しかもやり直しのきかない学習）の研究者として有名です。彼の最初の著書，『ソロモンの指輪』の中に登場するのがハイイロガンの子マルティナです。彼はハイイロガンの卵を人工孵化してガチョウに育てさせようとしました。ガチョウが孵化させた雛は当然のようにガチョウの後について歩きました。ところが，そのうちの１つの卵を彼自身の目の前で孵化させたところ，その雛マルティナは一時も彼から離れず彼を追いかけるようになりました。そう，マルティナは彼を親として認識したのです。この研究が発表されると，多くの学者がヒトも刷り込みを行っているかどうかと新生児の観察に励みました。その結果，当初は「刷り込みのような現象は観察できない」とヒトの刷り込みは否定されました。しかし，その後アメリカの小児科医であるモリス（Morris, D.）は，『赤ん坊はなぜかわいい？』という本で，「赤ん坊が際立って活発な，人生最初の１時間は，両親と絆を結ぶ時間として，進化の過程で獲得されたものかもしれない」と，ヒトの刷り込みを示唆しています。彼の言う，生まれたばかりの赤ちゃんが１時間ほど母親の顔を一心に見つめるという現象は最近の研究でわかったことであり，「新生児覚醒状態」と呼ばれています。
　わが国の小児科医の中にも具体例をあげてヒトの刷り込みを認めている医師がいます。現在までの研究で，新生児が誕生後の２時間ぐらいははっきりと目覚めていることは間違いなさそうですが，学問的な結論は出ておらず放置された状態です。なぜなら，ヒトの刷り込みは鳥類とは異なり，たいした意味をもっていないと解釈されているからです。赤ちゃんが刷り込んだのは母親の像（イメージ）であり，１人の個人を刷り込んでいるわけではないということです。
　再度鳥の研究に戻りますが，ハイイロガンを刷り込んだハイイロガンの雛に，ヒトの後を追うように学習させることはとても難しく不可能だそうですが，ヒトを刷り込んだハイイロガンの雛であれば，他のヒトの後を追うように学習させることは簡単だそうです。つまり，後者と同様で赤ちゃんはたとえ母親以外のヒトを刷り込んだとしても母親に愛着を形成するし，父親にも愛着を形成しているのだから，たいした問題ではないということなのでしょう。しかしながら，ヒトの赤ちゃんの場合は実験が限られているので，実験で証明するというのは難しい，だから推論にならざるを得ないというのも積極的に議論されない原因かもしれません。

第3講

発達心理学の理論Ⅱ
発達のプロセスと発達課題

1節≫エリクソンの心理社会的発達理論

1. エリクソンのライフサイクル論

　エリクソン（Erikson, E. H.）は人間の発達における社会的文化的影響の重要性を指摘した上で人間の誕生から死までを「乳児期」「幼児前期」「幼児後期」「学童期」「青年期」「成人前期」「成人期」「老年期」（各段階の名称についてはさまざまな名称が使われている）の8つの発達段階に分け，より包括的な立場からライフサイクルを論じている（図3−1）。

　エリクソンの心理社会的発達理論は，フロイト（Freud, S.）の心理性的発達理論に基礎をおき，人間の発達には生まれながらに備わっている成長発達のプログラムがあり，それがさまざまな刺激によって相互作用的に漸次発現してくるという漸成論（epigenesists）の立場にたっている。ゆえに人間の発達は環境と切り離して考えることはできず，欲求と経験を左右する社会文化からの期待と葛藤と緊張によって繰り広げられていると主張している。また，8つに分けられたライフサイクルの各段階において達成しなければならない心理社会的危機・人生課題（life task）が設定されており，各発達段階においてその課題を順次解決・達成することが健全なパーソナリティの形成に貢献すると論じている。さらに，課題の解決や達成に困難が生じた場合その個人に危機的な状況をもたらすとも述べている。エリクソンはその晩年において，この人生課題について同調傾向（syntonic tendencies）と失調傾向（dystonic tendencies）という2つの要素の対立から心理社会的な「基本的強さ」が現れるとした。しかし，この2つの要素は相補的な関係にあり，どちらかがどちらかを排除するというものではないとも論じている（Erikson, 1982）。そして，この基本的強さは各発達段階に応じて「希望」「意志」「目的」「適格」「忠誠」「愛」「世話」「英知」を設定している。

	1	2	3	4	5	6	7	8
I 乳児期	信頼 対 不信							
II 幼児前期		自律性 対 恥・疑惑						
III 幼児後期			自主性 対 罪悪感					
IV 学童期				勤勉性 対 劣等感				
V 青年期	時間展望 対 時間拡散	自己確信 対 同一性意識	役割実験 対 否定的同一性	達成の期待 対 労働麻痺	同一性 対 同一性拡散	性的同一性 対 両性的拡散	指導性と 服従性 対 権威の拡散	イデオロギー への帰依 対 理想の拡散
VI 成人前期						親密性 対 孤立		
VII 成人期							生殖性 対 停滞性	
VIII 老年期								統合 対 絶望

図3-1　エリクソンの心理社会的発達段階（鑪．2002を改変）

2. ライフサイクルにおける課題と危機

　最初の段階である「乳児期」は「基本的信頼 対 基本的不信」という課題をもち，基本的強さはその後の発達で形成される強さの基本的要素としての「希望」が現れる。これは人生初期の対人関係における信頼感の獲得の重要性を示しており，養育者（特に母親）との関係において安定した信頼関係を築くことが自身への効力感の向上につながると考えられる。

　2番めに現れる「幼児前期」は「自律性 対 恥・疑惑」という課題の中で「意志」という強さを獲得していく時期である。それまでの母親との未分化な関係から自律への欲求が生まれ，外的な統制から意志による内的な統制への変化が生じる。また，他者や社会の存在を意識し自己と他者の比較の中で恥や疑惑を経験するようになる。

「幼児後期」は幼児期後半にかけて出現する時期で「自主性 対 罪悪感」という課題の中で「目的」という強さが現れる。子どもは自発的に自己の行動目標を設け，それを達成しようと努力するようになる。しかし，それが常にうまくいくわけではなく，社会規範を犯すものである場合や危険を伴うものである場合は大人たちに禁止され，方法や目標の変更を余儀なくされる。時にはそれにより自己を萎縮させ罪悪感に襲われるという。

「学童期」は「勤勉性 対 劣等感」という課題の中で「適格」という強さが現れる。これは知的技能の獲得と関係しており，学校教育での学習や友人関係での協同作業や遊びを通して自己の特徴や他者の特徴を理解することにつながる。劣等感は他者と自己の能力の比較で生じ，子どもの勤勉性を促すものでもあるが，過度の劣等感は活動意欲を疎外するものでもある。

「青年期」は「同一性 対 同一性の拡散」という課題の中で「忠誠」という強さが現れてくる。青年期に出現する忠誠とは，「誰かに導いてもらいたいという欲求を，親的人物から賢明な助言者や指導者に向け替えたもの」であり，それを熱心に受け入れることとエリクソンは論じている。青年期におけるエリクソンの考えは特に「自我同一性（アイデンティティ）」という言葉であまりにも有名であり，これに関する記述はさまざまな示唆を与えてくれている。青年期は「自分とは何者であるのか」「自分はどこに行こうとしているのか」という自らの問に対して自ら模索していかなければならない時期であり，急激な身体的な変化や認知能力の発達，対人関係の広がりによってそれまで構築してきた自己像を再構築しなければならない課題に直面する。しかし，同一性の獲得は決して青年期だけの課題ではなく生涯にわたる課題でもある。

「青年期」に続く段階として「成人前期」「成人期」「老年期」の3つを設定している。エリクソンの著書『*The Life Cycle Completed*』（1997／村瀬・近藤，2001）において老年期に対する再定義の必要性を論じるとともに，老年期から回顧するような形でライフサイクル全体を理解するような試みを行っている。

「成人前期」は「親密性 対 孤立」という課題の中で「愛」という強さが現れる。これは親密な他者との相互的な関係に入ることができ，それを維持することができることを意味している。この親密さが発達することにより配偶者の選択と結婚が可能になるが，親密な関係を回避し続けると自己に関心を向け自己に埋没し，孤立や自己陶酔を経験することとなる。

「成人期」はライフサイクルの中でも最も長い期間（30年あるいはそれ以上）をもつ。「生殖性 対 停滞性」という課題の中で「世話」という強さを現し，重要な対人関係の範囲を「共同と分業における家族」としている。これは他者への援助に関心を

向けることを課題とし，家族や子どもたちに対する養育・援助，職場では後続する者たちへの指導という形で現れてくると考えられる。この時期に与えられた課題を解決することができずにいると，停滞感におそわれ自己耽溺という状態に陥ると考えられている。

　人生最後の段階である「老年期」は「統合 対 絶望」という課題の中で「英知」という強さが現れる。自分の人生を振り返ってそれを評価する時期と考えられている。もし自分の人生が意味あるものとして受容できるのであれば，自我の統合を獲得でき「英知」という徳が現れる。しかし，この獲得に危機的な状況が迫った場合，死への恐怖や自分の人生を受容することができないという嫌悪という形で「絶望」が現れる。

3. 第9の段階

　一般的にエリクソンのライフサイクルはこの8段階で論じられることが多い。しかし，エリクソンと彼の妻であるジョウン（Erikson, J. M.）は80〜90歳代以上を念頭におき（明言しているわけではない），第8段階とは異なる第9段階の存在についてふれている（Erikson & Erikson, 1997）。老人の数の増大によって，老人は選びぬかれた一握りの長老（elders）という意味から，大量の年長者（elderlies）の群を表すものへと変化したととらえ，老年期の再定義が必要になったと考えた。そして第8段階における「英知」は「見て覚える力の中に宿るとともに，聞いて覚える力の中に宿る」とし，さらに「統合」は「触覚（tact），触れ合うこと（contact），触れること（touch）」を要するが，第9段階においては「英知」が要求するような如才ない感覚はもち合わせていないのが普通だと主張している。さらに第8段階における「絶望」は人生に関する回想的な評価を含んでいるのに対して，第9段階においては能力の喪失や崩壊，言い換えればその日その日を無事に過ごせることがすべての関心の焦点になるとしている。

　80歳代や90歳代の老人たちは多くの喪失体験だけではなく，自分自身の「死」という問題も含めたさまざまな問題に対処して生きていかなければならないが，人生の出発点において獲得した「基本的信頼感」が，私たちが生き続けていくための力として希望を与えるものだとも彼らは論じている。そして，老人が第9段階に含まれる失調要素を甘受することができるならば，老年的超越性（gerotranscendence）に向かう道に進むことに成功するとしている。

2節》ライフサイクルとライフコース

1. ライフサイクルの考え方

ライフサイクル（人生周期）は，前述のエリクソンの考え方に代表されるが，レビンソン（Levinson, 1978）は独自のライフサイクル論を展開している（図3-2）。レビンソンの考え方はビューラー（Bühler, C.）と同様に中年期に転換期を迎えるとしているが，その背景として生物学的な変化よりも社会的発達の反映と考えた。さらに，エリクソンの考え方とは異なり，発達段階と特定の年齢を結びつけ発達段階間に過渡期を設けている。レビンソンはライフサイクルを誕生から死までの旅と考え，万人には共通したパターンがあると論じている。また，人生を，児童期・青年期（児童への過渡期：0〜3歳，児童期と青年期：3〜17歳）は春，成人前（成人への過渡期：17〜22歳，成人前期：22〜40歳）は夏，中年期（中年への過渡期：40〜45歳，中年期：45〜60歳）は秋，そして老年期（老年への過渡期：60〜65歳，老年期：65歳以上）は冬という四季にたとえ，それぞれ質的に異なっていることを示唆している。

レビンソンはある時点でのその人の生活の基本パターンを生活構造（life structure）と呼び，この生活構造の変化によってそれぞれの発達段階が規定されると考えた。この生活構造は階層・宗教・民族・家族・政治体制・職業という「社会文化的環境」と，「自己」，そしてさまざまな役割を通して選択的に外界を利用し利用されるという「外界への参加」の3つの観点からとらえることができるとしている。

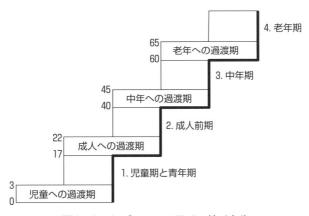

図3-2　レビンソンのライフサイクル
（Levinson, 1978／南, 1992）

このようにライフサイクル論では，人間の生命や人生の成長にはいくつかの段階があり各段階は相互に関連した一連の連鎖を形成している，という基本概念で説明される。そして，生物学的な変化とともに世代の循環という意味も含まれている。

2. 家族周期

家族社会学の分野では，家族周期（family life cycle）という家族の形成から消滅までを規則的な変化としてとらえ，結婚，子どもの誕生と成長，定年退職，死別などによって段階区分する考え方もある。これは家族の発達を個人のライフサイクルに関連づけてその諸段階を研究しようとする家族周期論に発展し，家族自体を生きたものとして把握するようになってきている。

この家族周期も平均寿命の延長と出生率の低下によって変化してきた。1920（大正9）年の家族周期と2009（平成21）年の家族周期を比較してみるとその変化は明らかである（図3-3）。結婚年齢が男性の場合25.0歳から30.4歳へ，女性は21.2歳から28.6

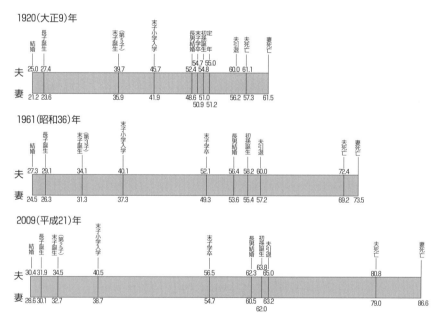

資料：1920年は厚生省「昭和59年厚生白書」，1961年，2009年は厚生労働省大臣官房統計情報部「人口動態統計」等より厚生労働省政策統括官付政策評価官室において作成。

図3-3　平均的なライフサイクル（厚生労働省，2013）

歳に上昇しているが，結婚から夫の死亡までの夫婦生活の全期間が36.1年から50.4年と14.3年も延びている。これは戦前には男女とも平均寿命が50歳（0歳児の平均余命）を超えることがなかったのに対し，2017（平成29）年には男性81.09歳，女性87.26歳と延びたことが全体としての伸びにつながっている。また，子扶養期間（長子誕生から末子学卒まで）は1920年が27.3年，2009年が24.6年と短くなっている。しかし，子出産期間（結婚から末子誕生まで）が14.7年から4.1年に短くなっているのに対して末子の誕生から学校卒業までの子扶養期間は15年から22年へと延長している。さらに1920（大正9）年時は5人の子どもの養育に対する期間であり，2009（平成21）年の場合は約2人の子どもの養育期間であることを考えると高学歴化の影響を考えざるを得ない。さらに注目すべき現象は子扶養期間終了後の期間（末子学卒から夫死亡まで）が1920（大正9）年の6.4年から2009（平成21）年には24.3年と約4倍に伸びたことである。これは長い夫婦健在の期間をもてるようになったことだけではなく，現代社会特有のさまざまな問題をもたらすことにもなっている。

3．ライフコース

　ライフサイクルの考え方に対して1970年頃から家族社会学の分野ではライフコース（life course）という考え方も現れる。ライフコースとは主体を個人におき，人々がもつ役割，経験する出来事，歴史的事件などを重視し，個人のさまざまな人生を明らかにしようとするものである。ライフサイクルが人生における標準的なパターンを把握しようとするのに対して，ライフコースはライフステージに限定されるわけではなく，誕生から死までの発達のすべてのプロセスを包含する複雑な構成概念といえる。ライフコースの概念はいまだ多義的といわれているが，社会集団の側からの定義としてジールとエルダー（Giele & Elder, 1998）のものをあげることができる。彼らはライフコースを一生涯における「人生上の出来事（ライフイベント）」と「社会的役割」の加齢にそった「配列」にみられる社会的パターンとしている。「人生上の出来事」とは誕生，入学，卒業，就職，結婚，子どもの誕生，育児，親族との死別，病気など誕生から死にいたるまでのさまざまなイベントを，そして「社会的役割」とは職業上の役割や家族内での役割を示している。一方，個人が実際にたどった軌跡の全体をライフコースと定義する見方もある。

　実際のライフコース研究においては同じ時代に同じ地域に生まれた集団であるコーホートに着目し個人資料をコーホートごとにまとめていくことが必要となる。そして，それぞれのイベントと社会的役割の取得が，どのようなタイミングでどのくらい持続し，どのような順序や組み合わせ（配置）で生起したかを探り，どうしてそのライフ

コースが選択されたかを解明することが課題となっている。当然のことながらその選択は，個人がおかれた時代背景や社会的環境に影響されるとともに，個人がどのようなライフコースを選択するかによって社会にも影響を及ぼすというような社会との相互作用的な関係をもつ研究領域としても興味深いものである。

4．エルダーとクローセンのライフコース論

エルダー（Elder, 1985）はライフコースについて「ライフコースとは年齢によって区別された，一生涯を通じてのいくつかのトランジェクトリ（軌道・人生行路），すなわち人生上の出来事についてのタイミング，持続時間，配置および順序にみられる社会的パターンである」と定義している。これは個人の生きた時代背景やその社会構造も発達の構成要素とし，それらが個人のライフコースの形成に重要な役割を果たしていると考えるとともに，それぞれのライフイベントをいつどの順番で経験するかも個人のトランジェクトリに影響を与えると考えるものである。つまり，ライフコースは個人の歴史的時間と空間を重視した考え方であり，その中で行われる選択や行為を通して構築されると考えられている。

クローセン（Clausen, J. A.）はピアジェやエリクソンの心理学的知見を取り入れ，生物学的側面や価値観・人生観などを含めたライフコースの検討を行っている。彼が特に重要視したのは個人が果たす役割であり，それが個人と社会をつなぐものと論じている。この役割がうまく演じられるかどうか，社会化が成功するか否かは個人的（資質，知力，体力）・社会的（社会階層，経済的地位，家族状況）資源と歴史的状況によって影響されるとしている。

3節»中年期以降の発達に関する理論

1．成熟期以降の発達の考え方

発達心理学では長年の間，成熟や成長に焦点を当て青年期までの上昇的変化の過程を研究の対象としていたものが大勢を占めていた。その理由の1つとして，成人期以降の発達的変化の研究は，発達変化のスピードが遅いことやその他のバイアスが多いことで研究対象として難しい問題を抱えていることがあげられる。さらに，中高年，特に高齢者研究においてはそれまで問題にならなかった発達上の問題が表面化していくこともあり現実的なアプローチが不可欠になる。

キメル（Kimmel, 1990）は成人や高齢者を研究する理由として，第1に，この複雑な社会にあっての人間的本質を理解するため，第2に，より多くの人が以前より長

生きするようになったこと，第3に，実践的理由によって研究の必要性が増えたこと，そして第4に，すべての人間は年老いていくように運命づけられていること，をあげている。そしてキメルは発達に関する展望について，発達と変化に関わるすべての要因（たとえば，心理的，社会的，文化的，生物的など）を考察しなければならないとも述べ，その展望は学際的見方を統合するものと論じている。

日本における老人心理研究の草分け的存在である橘（1971）はその著書『老年学』の中で次のように論じている。

> 「老年学は畢竟老年観より発足し，19世紀後半より今世紀前半における senectitude（老衰）の科学的考察から，今日の aging（老化，向老，加齢）の発見という過程を経過してきたとすれば，わたくしの戦前の研究は，まさに senectitude に関する考察でしかなかったといってよい。aging の発見とともに，国際的研究は微視的にも巨視的にも精彩を放ってきたのではあるが，遺憾ながらその精彩のなかに佇立して右顧左べんするのがわたくしの現状である」

しかし，このような老人研究の考え方がより一般化していくにはさらに時代を待たなければならなかった。

現在では中年期以降の研究において「エイジング（aging）」という概念が広く使われるようになっており，通常「加齢」「老い」という訳語があてられることが多い。これは「老衰」や「衰退」といった意味で使われるのではなく，「病気や外的な影響による変化とは区別された，人生後半の変化パターン」とビリン（Birren, J.）が定義しているように成人期以降の比較的規則的な変化を意味すると考えてよいであろう。むしろ，「エイジング」には人生後半の変化を自然なものとしてとらえようとする中性的な言葉としての性格が強いと考えられる。

2. 先人たちの示唆

孔子は『論語』の為政第二の中で「子曰，吾十有五而志乎學，三十而立，四十而不惑，五十而知天命，六十而耳順，七十而從心所欲，不踰矩（先生が言われた。『私は十五歳で学問を志し，三十にして独り立ちした。四十になって迷わなくなり，五十にして天命を知った。六十になり人の言葉を素直に聞けるようになり，七十になって思ったことを自由にやっても道を外すことはなくなった』）」と記している。孔子が自分の人生を振り返り残した言葉としてあまりにも有名なものである。ある意味理想的なライフサイクルを示したものであるとともに，すでに70歳という年齢までを上昇的発達の対象として考え，それを1つの完成像としていることにその特徴がみられる。興味

深いものとして「四十而不惑，五十而知天命」という言葉にみられる自我確立のプロセスへの能動的な態度と，後半の受容的な態度への変化点がそこにみられることである。さらに「七十而從心所欲，不踰矩」は老年期のあるべき姿を示唆したものとして考えるならば心理学の巨匠たちの理論につながるところが多いのではなかろうか。

　心理学において生涯発達の視点をもった理論は数多くみられるが，特にビューラー，ユング（Jung, C. G.），エリクソンの古典的理論は今日にも広い影響力をもった理論として知られている。エリクソンについてはこれまで述べてきたので，ビューラーとユングについて少しふれておきたい。

　ビューラーらは，400におよぶ自伝や自叙伝からライフサイクルにおける事件や態度，業績における規則的な変化を明らかにする方法を開発し，5つの生物学的段階を指摘している。0～15歳までを漸進的成長期，15～25歳を生殖に伴う安定期，25～45歳を安定的成長期，45～65歳を生殖能力の喪失期，そして65歳以上を成長の退行と生物的衰退期と位置づけている。ビューラーの発達段階は単に生物学的な出来事だけにとらわれているのではなく，退職などの社会的出来事をもとらえたもので，伝記に書かれた人生コースと生物学的人生コースとの類似性への関心から示されたものである。さらに，人生に対する態度や目標，あるいは死に対する予感についてもふれている。

　人生後半における発達について，彼女は人の生涯における目標設定の仕方に注目している。人生の目標設定はおおよそ最初の20年間で漸進的に行われ，多くの人はこの目標を定年退職まで不変のものとして追求していく。しかし，中年期において自分の立てた目標を再吟味し，新たな目標を設定していく人もいるとして，中年期をライフサイクルの大きな変化点と位置づけることを示唆した。また，老年期における不適応の問題についても生物学的衰えよりも目標が達成されていないという思いに左右されるとしている。いずれにしてもビューラーの理論は，生物学的発達のプロセスと心理社会的発達のプロセスが同時進行的に起きているという関係性を強調したものとしてとらえることができる。

　ユングの人生段階説は臨床的研究と彼の理論にその基礎をおいている。ユングは1933年に‘The stage of life（人生の段階）’という論文を発表し，人生前半の強い自我を確立していくプロセスよりも，人生後半のほうが重要であるとするライフサイクルを意識した考えを示している。それは自分の人生を振り返って再検討すること，すなわち自己の内的欲求や本来の自分の姿を見いだし，それを実現することによって発達が達成されると考えた。彼はこれらを「個性化の過程」あるいは「自己実現の過程」と呼び，人生の究極の目的と考えている。

　ユングは人生の重要な転機が35～40歳の中年期に訪れると考えていた。自我を確立

させるということはその反面として自我をおびやかすようなことを排除するということである。しかし，中年期を迎えるとそれまで自分が無視してきた部分に気づき，それを排除してきた理由に疑問を感じるようになる。時にその「中年の危機」はその人を困難に陥れ，時に破滅に誘うかもしれない。成人期の神経性障害を，青年期の心理を中年期まで持ち越したためだとの考えも，この自我のあり方に深く影響されていることがうかがえる。老年期のあり方についても過去に根ざした独特の精神的変化が起こると考え，特に「対極へ変化する」ことを指摘している。たとえば男性は女性的に，女性は男性的になるということを意味している。しかし，ユングの考え方は，当時理解されることは少なかったようである。ユングの指摘した人生後半の重要性に関する考え方は，その後，エリクソンの心理社会的発達段階説で論じられることになる。

3. 活動理論と離脱理論

　老年期の役割や適応はこれまで活動理論と離脱理論によって論じられてきた。

　活動理論はハヴィガースト（Havighurst, R. J.）やアルブレヒト（Albrecht, R.）らによるものが知られている。活動理論とは引退後の社会の中で活動的であることが老年期の幸福につながるという考え方である。これは成人期の生活において職業生活が重要な位置を占めており，個人に生きる意味を与えてくれる重要な生活の場であるという考え方に基づいている。このことから考えれば職業生活からの引退はその後の生活における不適応の直接的原因となりやすく，職業で得たものを引退後も継承することが老年期の幸福感につながると考えるものである。

　それに対して離脱理論はカミング（Cumming, E.）とヘンリー（Henry, W. E.）が提唱した概念であり，この考え方の基盤には人間の死が前提にあり，死の受容のためには社会的な役割からの緩やかな離脱と社会的相互作用からの撤退が個人にも社会にも望ましいという考え方である。引退のもたらす個人の活動量の低下と人間関係の減少は，加齢に伴って起こる必然的な過程であり，世代交代や社会機能の保持という意味では望ましいと考える。これにより，個人が職業生活や他者との関係のみに結びつけず，自己の内的世界，個人的な価値や目標達成に費やすための時間として歓迎するとしている。

　これら活動理論と離脱理論の活動か離脱かという一方向的な考え方に対して，ニューガーテン（Neugarten, B. L.）らは老年期の適応は前の発達段階からの連続であり，個人のパーソナリティに依存するという連続性理論を提唱している（本書，第14講参照）。

4. 老年的超越

スウェーデンのトルンスタム (Tornstam, 1989) は「老年的超越」という概念を提唱している。この「老年的超越」とは高齢期に生じる価値観や心理・行動の変化であり，トルンスタム自身は「物質的で合理的な世界観から，宇宙的で超越的な世界観への，メタ認識における移行」と定義している。老年的超越の考え方はカミングやヘンリーの離脱理論を軸にしながら精神分析や禅の知見を取り入れて生成されており，社会的・個人的関係の領域 (The Dimension of Social and Personal Relationships)，自己の領域 (The Dimension of the Self)，宇宙的領域 (The Cosmic Dimension) という3つの領域から構成される (表3-1)。

理論上，老年的超越は「自然な加齢」に伴って発達するとされ，すべての高齢者にこれらの兆候が現れると仮定されているが，現実にはすべての高齢者が老年的超越に向かうわけではない。またトルンスタムの考え方には多くの批判が存在することも事実である (Hauge, 1998 ; Thorsen, 1998)。

表3-1 老年的超越の3つの領域と内容 (Tornstam, 1997)

社会的・個人的関係の領域 (The Dimension of Social and Personal Relationships)
- 関係の意味と重要性の変化：表面的な関係に対して選択的になり，関心が減少する。また，1人でいる時間の必要性が増す。
- 役割：自己と定められた役割との違いを理解する。時には役割を放棄しようとする。
- 解放された無垢：無垢が成熟を高める。必要ない社会的慣習を超越する新たな力である。
- 現代的禁欲主義：財産の重さを理解しつつ，禁欲主義から自由になる。現代の定義での生活必需品を十分に持ち，それ以上は持たない。
- 日常の知恵：善悪を表面的に区別することに気が進まなくなり，判断や助言を控えることを認識する。善悪二元論を超越し，幅広い考え方と寛容さが得られる。

自己の領域 (The Dimension of the Self)
- 自己との対面：自己の隠された側面－良い面も悪い面も－を発見する。
- 自己中心性の減少：最終的には，世界の中心から自己を取り去ることができるようになる。
- 身体の超越の発達：身体の世話は続けるが，身体にはとらわれなくなる。
- 自己の超越：利己主義から利他主義へと移行する。
- 自我の統合：人生のジグソーパズルの一片一片が全体を形づくることに気づく。

宇宙的領域 (The Cosmic Dimension)
- 時間と子ども時代：時間の定義が変化し，子ども時代に戻る。過去と現在の境界の超越が生じる。
- 過去の世代との繋がり：過去の世代への親密感が増す。個人間の繋がりから世代間の繋がりへの見方の変化を自覚する。
- 生と死：死の恐怖が減少し，生と死に対する新たな認識が生じる。
- 生命における神秘：生命における神秘的な領域を受け入れる。
- 喜び：大きな出来事から些細な経験に喜びを感じる。小さな宇宙の中に大きな宇宙を経験する喜びが現れる。

コラム③
エリクソンの第9段階

　エリクソン（Erikson, E. H.）の8段階の発達段階理論では，個人がどの年齢でどの発達段階に達するのかは個人によって異なることが前提とされています。しかしながら，老人が選り抜かれた一握りの長老という意から増大する高齢者に変化してきたことで，80歳から90歳にもなるとそれ以前の老年期とは異なるニーズや困難が現れるため，それら諸問題を解明していくためには新しく「第9の段階」を設定してこの時期特有の課題を明確化する必要がありました。そこで，老人が身体や能力の衰えに対してどのように向き合っていくかの研究の中で「超越」という言葉が登場しました。スウェーデンのラルス・トルンスタム教授らは「老年的超越」という言葉を使って説明しています。（老年的超越とはメタ的見方への移行，つまり物質的・合理的な視点より神秘的・超越的な視点への移行を意味しています。）晩年を迎えたエリクソンは第9段階について，肉体的・精神的な老いを自覚し，間近に迫った死の恐怖にさらされる苦悩を感じるこの時期に「老年的超越」に達することができるといい，老いや死を受容し，未知の世界に跳躍することで人間はライフサイクルを完結することとなるのです。

　一方で，エリクソンの妻ジョウンはこの第9の段階を示すにあたり，これまでの発達段階の理論の整理を行いました。夫のエリクソンが各発達段階の命題を同調要素のほうを先に描いていたのに対して，彼女は失調要素が第9の段階に限らず優位にくることもあると考え失調要素から説明することを試みました。そうすることでこの老年期（第9の段階）をより深く理解できると考えたのでした。第9段階での絶望は第8段階での絶望とは趣を異にします。第8段階ではその絶望の中に回顧的な意味合いが残っていますが，第9の段階まで達すると能力の崩壊がその対象になり，さらには90歳代にもなると配偶者・子ども・友人等，多くの喪失経験に直面することになります。その際，老人が第9の段階の人生経験に含まれる失調要素を受け入れることができれば，老年的超越性に向かって歩んでいくことができるのです。

　このようにいろいろなハードルや喪失が待ち構えていたとしても人には頼るべき足場があります。それが人生の出発点である基本的信頼感であり，この信頼感から生まれる希望が人を支えるのだということをエリクソンは示したかったのでしょう。

第 2 部

発生から第二次性徴までの変化

第4講
胎生期から新生児期まで
個体の発生

1節»個体発生のメカニズム

1. 受精から誕生まで

　生命は精子と卵子の結合による受精から始まり，母親の胎内で環境からの影響を受けながら成長が続く。人間の新しい遺伝子は，23対46本の染色体上の約3万個の遺伝子から父親と母親の遺伝子の半分ずつが組み合わされてできる。

　受精から出生までを胎生期という。胎生期は卵体期，胎芽期，胎児期の3期に分かれる。卵体期は受精から2週めぐらいまでに相当する。卵管の中で受精した受精卵が，1つの細胞から卵割し，急速な細胞分裂をして子宮に着床する。この時期はまだ細胞の機能分化が行われておらず，どのような細胞にも分化する機能をもっている。この時期の細胞からヒト胚性幹細胞（ES細胞）をつくることができる。

　胎芽期は受精後2週め以降から7～8週めぐらいまでに相当する。外胚葉，中胚葉，内胚葉の分化が起こる。外胚葉からは神経系が，中胚葉からは心臓や骨格が，内胚葉からは消化器官が形成される。この段階で生殖細胞と体細胞が分化し，一般的には体細胞の変化は生殖細胞には影響されない。

　胎児期は受精後7～8週め以降から出生までに相当する。身体が成長し，各器官が機能する。また，外界からの刺激を受け，身体的な反応を行う時期でもある。20週めぐらいまでに味覚や嗅覚が発達し，24週めぐらいまでに触覚が機能し始める。7か月ぐらいまでに神経系が成熟し，脳が発達して中枢神経系が完成する。聴覚が機能し始め，外界の音刺激，特に母語のイントネーションに対する学習が行われている可能性がある。

　受精後30時間後からの胎児の発達のようすを示したものが図4-1である。24日後にはすでに人間らしい姿がみられ，胎内で指しゃぶりを行ったりしている。

　胎児は子宮内で活発に活動し，子宮外生活への準備をする。7週間後には手のひら

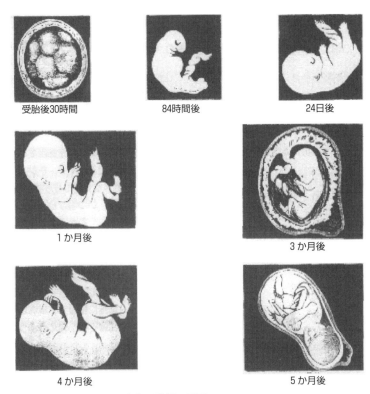

図4-1　胎内の胎児の発達 (Draper et al., 1987)

と指が分化し，4か月で手足を動かす。7か月で感覚器官がかなり発達している。この頃にはすでに光に対して反応し，8か月ぐらいから音を知覚できるようになる。このように，胎児は受精から体内で新しい生命として活動している。胎児は子宮内で誕生への準備を整えるため，妊婦は体内環境を整え，胎児によりよい環境を提供する必要がある。通常分娩では，受精後約38週（270〜280日）で誕生する。

2. 性の分化

受精した時点の性染色体の組み合わせによって，男女間の差が生じる。ヒトの細胞は，常染色体44本と性染色体2本の合計46本の染色体で構成されている。性染色体は男性がXY，女性がXXである。精子と卵子の生殖細胞が形成される過程で減数分裂が生じ，精子・卵子の染色体は半分になる。精子はX染色体をもつもの（22+X）と，Y染色体をもつもの（22+Y）に分かれる。一方，卵子はX染色体をもつ（22+X）。

受精によって，46本の染色体をもつ個体ができる。受精時に，X染色体をもつ精子が卵子と結びつくと44＋XXで女性になる。Y染色体をもつ精子が卵子と結びつくと44＋XYで男性になる。

3. 神経細胞の形成

　脳の神経細胞（ニューロン）は細胞体と軸索と樹上突起で構成されている（図4-2）。1つの神経細胞から長い軸索と複雑に分岐した樹上突起が伸び，樹上突起は別の神経細胞とつながって複雑なネットワークを形成している。神経細胞に他の細胞からの刺激が入力されると，活動電位を発生させ，絶縁体の髄鞘（ミエリン）でおおわれた軸索の末端へと電気信号が伝えられる。この末端のこぶ状の膨らんだ形をした部分はシナプスと呼ばれ，次の神経細胞との間に隙間（シナプス間隙）がある。そのため，次の細胞に情報を伝えるため，シナプス終末部に伝えられた電気情報がアセチルコリンやノルアドレナリン，ドーパミンなどの神経伝達物質に作用してシナプス間隙に分泌される。そして，次の神経細胞の受容体に結合して閾値を超えると，活動電位を発生して，次の神経細胞に情報が伝達される。

　神経細胞は体細胞とは異なる発達過程を経る。体細胞は新しい細胞に何度も置き換わることができるが，通常，神経細胞は新しいものが発生することはない。生まれてから幼児期にかけて神経細胞は過剰に増殖・分化し，その後は増殖することなく，不必要な細胞が自発的に消滅する。このようなメカニズムをアポトーシス（apoptosis）という。アポトーシスは遺伝的にプログラムされた細胞死，もしくは細胞自殺という意味で，外部からの刺激によって消滅するのではなく，細胞内部で生じるもので，神経細胞にはなくてはならないものと考えられている。アポトーシスによって，神経細胞ははじめに形成されたもののうち半数以上が消滅すると考えられており，消滅せずに残った細胞は一生涯維持される。

　神経細胞の発達は生後のある一定の期間に刺激を受けることで適切な神経細胞が形成される。この一定の期間を臨界期もしくは敏感期という。たとえば，生まれたての仔ネコを一定の期間，暗所とヨコ縞模様だけの部屋，

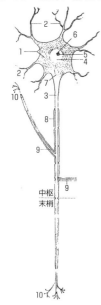

1：各周部　2：樹状突起　3：神経突起　4：細胞核　5：核小体　6：バー小体　7：起始円錐（軸索小丘）　8：髄鞘　9：軸索側副枝　10：終末分枝

図4-2　神経細胞の構造（神経元（ニューロン）の模型図）(Kahle, 1985)

図 4-3　仔ネコの視覚野ユニットと生育環境（Blakemore & Cooper, 1970より改変）

もしくは暗所とタテ縞模様だけの部屋で育てると，仔ネコの大脳視覚野では水平方向，もしくは垂直方向にのみ反応する神経細胞が発達する（図4-3）。このことから，生後，感覚器官から刺激が入力されることで，その刺激に対する神経細胞が形成されるが，刺激が入力されなければ神経細胞は適切に形成されないと考えられる。また，刺激が豊富な環境で育てられると，大脳皮質のある部分がより発達することが知られている。このように，神経細胞は，生まれてから一定期間内に各感覚器官に適切な刺激を適切に与えられることによって，ネットワークが形成されるといえる。

2節》胎児への環境からの影響

1. アルコール

厚生労働省の調査（2011）によると，母親の妊娠中の飲酒率は7.6％で，2002年の調査結果18.1％に比べて大きく減少している。妊娠中の母親の飲酒は年々に減少傾向にある。断酒することでかえってストレスを感じる場合は，妊婦のほどほどの飲酒は胎児に影響がないという意見もあるが，胎児は未熟な肝臓しかもたないため，少量の飲酒でも胎児に少なからず影響を及ぼす可能性がある。

長期にわたる妊婦のアルコール飲酒は胎盤を通して胎児にも影響を及ぼす。飲酒量が多く，長期間にわたる場合は，胎児性アルコール症候群を引き起こす場合がある。胎児性アルコール症候群は，妊娠初期の器官形成期の飲酒により胎児に重大な影響を与える。また，乳児期においては身体発育の障害や，知的障害，発達遅延，小頭症などの症状が高い確率で発生する。さらに，ADHDや成人後の依存症リスクなどの影響も考えられる。妊婦はアルコール摂取量や，摂取期間，アルコール分解能力などに

個人差が大きく，アルコールによる胎児への影響も多種多様である。しかし，妊婦の飲酒は胎児に重大な影響を与えることを妊婦は認識しておく必要がある。

2. タバコ

　喫煙している母親は，喫煙していない母親に比べて子どもが死産になる確率が有意に高くなる。厚生労働省の調査（2011年）によると，母親の妊娠中の喫煙率は5.5%で，年々減少傾向にある。また，母親の喫煙だけでなく，父親もしくは同居者が喫煙している場合も子どもの出生時の体重が200gほど軽くなり，低出生体重児が生まれる確率が非喫煙妊婦に比べて2〜4倍であると指摘している研究者もいる。

　喫煙による子どもへの影響は，妊婦がタバコを吸うとニコチンの作用により胎盤の血管や胎児の血管が収縮し血流量が減少するため，胎児への酸素や栄養の補給が低下する。また，高濃度の一酸化炭素が胎児血中に移行するため，胎児が酸素欠乏状態に陥る。さらに，タバコに含まれる発がん物質により，無脳児や口唇口蓋裂，心臓奇形，斜視などの先天異常や，白血病・悪性リンパ腫などの血液の悪性腫瘍，脳内出血などの発症率が高くなるとされる。

　妊娠中の喫煙は胎児の成長を妨げるだけでなく，生まれた後にもさまざまな障害や病気を引き起こす。たとえば，喫煙妊婦から生まれた赤ちゃんは身長の伸びが悪く，出生時の体重が低くなる可能性が高まる。また，知的発達が遅れ，計算力や理論的思考が低下する。日常生活で問題を起こしやすく，注意欠如・多動症（ADHD）などを起こす可能性が高くなる。さらに，妊婦の喫煙は無脳症や悪化すれば脳の呼吸中枢の機能障害を生じさせる可能性があり，睡眠時無呼吸による乳幼児突然死症候群で死亡にいたるケースがある。喫煙者にとっては，禁煙することがさらにストレスを増すと考える人もいるが，タバコは少量でも，胎児期だけでなく乳児期や幼児期，その後の子どもの生涯に重大な影響を与えることを妊婦は認識しなければならない。

3. 内分泌かく乱化学物質（環境ホルモン）

　内分泌かく乱化学物質はわれわれの身のまわりに存在し，体内に取り込まれると，体内ホルモンと同じように人体に作用し，体内で遺伝子に影響を与える可能性がある。生物が生体内外の情報に応じて自らの体内でつくり出す情報伝達物質を「ホルモン」と呼んでおり，「環境」中にホルモン様の生物活性をもつ化学物質があることがわかってきたことから，「環境ホルモン」という造語が生まれたが，正式には内分泌かく乱化学物質という。内分泌かく乱化学物質には，農薬に含まれるダイオキシンやポリ塩化ビフェニール（PCB），身近なものとしては，有機塩素系の殺虫剤，合成洗剤や殺

虫剤として使用されているアルキルフェノール類，漁網や船底に使用されていたトリブチルスズなどがあげられており，殺虫剤や防腐剤，農薬，食品添加物など約70種類もの化学物質があげられている。

　内分泌かく乱化学物質による影響としては，オスの精子数を減少させたり，生殖機能を低下させたりする。また，生殖器の異常や卵巣がん，乳がんなどの生殖器のがん，性行動の異常などが生じる可能性があると考えられている。さらに，内分泌かく乱化学物質は成人だけでなく，胎児や乳児などの子どもにも影響を及ぼす可能性がある。内分泌かく乱化学物質による子どもへの影響としては，知能の低下や学力障害，注意力の欠如やストレスへの過剰反応が報告されている。一方，内分泌かく乱化学物質の影響を受けている動物の肉などを食べることによる影響として，キレやすい子どもが生まれるなどを報告している研究者もいるが，内分泌かく乱化学物質と疑われる物質により有害な影響を受けたと確認された事例はまだ明確にされていない。健全な生物個体やその子孫，あるいは集団の健康に有害な影響を及ぼす可能性があることが一部の野生生物で確認されている。

4．エピジェネティックス

　エピジェネティックス（epigenetics）とは，遺伝子 DNA の塩基配列は変えずに，後天的な要因によって遺伝子の機能を変化させ，その機能が維持される現象をいう（たとえば，DNA のメチル化やヒストンの修飾など）。そして，発生初期のエピジェネティックスの変化が，成長後の糖尿病やメタボリックシンドロームなどの生活習慣病の原因となり，子孫に受け継がれる（折茂, 2010）。

　バーカーら（Barker et al., 2007）は生活習慣病の原因が体内環境にあるとする仮説を提唱している。これは，受精期，胎芽期，胎児期の子宮内や生後の望ましくない環境がエピゲノム変化を起こし，出生後の環境との相互作用によって生活習慣病をはじめとする疾病を発症すると考えられている（日本 DOHaD 研究会, 2012）。DOHaD（Developmental Origins of Health and Disease：成人病胎児期起源説）では，母体である女性のダイエット志向による低栄養や，食事の欧米化による過剰栄養などの栄養状態，感染症，薬物暴露などの胎児期や出生後の劣悪環境が胎児の体質を変化させ，成長後に糖尿病などの代謝性疾患やうつ病などの精神疾患などの源が形成されると考えられており，これらの疾病が最近は増加傾向にある。

3節»誕生と新生児の特徴

1. 新生児の特徴
(1) 身長と体重

　出生児の平均体重は，1975年には3.20kgであったが，年々減少傾向にあり，2009年には3.02kgと減少している。体重は生後3〜4か月までの間に急速に増加し，出生時の2倍にもなる。その後増加は緩やかになり，生後1年で出生時の3倍になる。一方，出生時の平均身長は約50cmである（男48.7cm，女48.3cm；厚生労働省，2011）。出生後の身長は体重ほど急激な増加はみられないが，生後1年で出生時の約1.5倍に，生後4年で約2倍になる。出生時の体重と身長の平均値は男女ともに全般にやや減少・低下傾向にある（図4-4）。

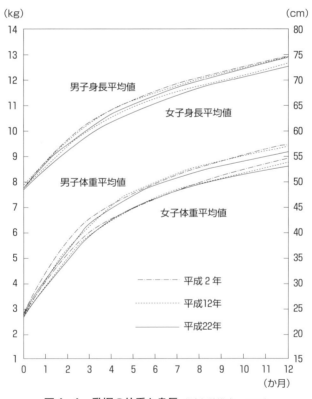

図4-4　乳児の体重と身長 （厚生労働省，2011）

出生体重が2500g未満の乳児を低出生体重児と呼び，特に1000g未満を超低出生体重児と呼ぶ。超早産で出生することだけでは，子どもの健全な発育や発達の障害にはならないが，未熟な状態で生まれてくるため，呼吸系や循環器系，消化器系，代謝，内分泌などに機能不全を生じやすく，子どもの発育や発達に障害が生じる可能性が高いと考えられている。超低出生体重児や低出生体重児に対して，医療的にフォローアップする育児支援が行われており，長期予後は75〜77％が正常に発達するという報告もある。日本における乳児死亡率は1000人に1〜2人（世界保健統計，2013）と世界的にも低い値となっており，新生児は昔よりも生存率や救命率が高くなっている。これは，日本が超低出生体重児を後遺症なく救命する医療技術が世界の中でかなり高いことを示しているといえる。一方，合計特殊出生率は最近では多少とも増加傾向にあるが，2.0を超える数値ではない（1.36；厚生労働省，2019）。つまり，少なく産んで，大切に育てる状況が続いていると考えられる。

(2) 脳の発達

出生時の脳の重さは350gで，大人の25％ぐらいの重さである。重量の発達を大人と比較すると，1歳で50％，6歳で90％と急速に増加する。脳神経細胞は約140億個あり，海馬や扁桃体などの領域を除いて，脳神経細胞の数は大人とそれほど変わらな

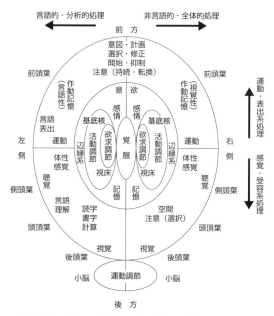

図4-5　大脳の主な機能の局在関係 （坂瓜，2003）

い。

　神経細胞と神経細胞の結合部のシナプスの密度は，出生後のさまざまな経験によって急激に増加し，生後8か月頃にピークになる。その後，シナプス密度は減少し，小学校中学年ぐらいで大人と同じようなシナプス密度となる（シナプスの刈り込み）。このシナプスの刈り込みにより，日常的に接する刺激対象に特化していくような知覚的狭小化（生後6か月頃までできていた/R/と/L/の音の弁別や，サル顔の識別能力）が生じると考えられている。また，ニューロン軸索部分の髄鞘化により，情報処理の測度が急激に増加する。さらに，成長するに従い，神経細胞の長距離ネットワークが形成されるようになる。このように，人間の脳は生後3〜10か月ぐらいに急速に発達する。

　脳はさまざまな機能が局在している（図4-5）。脳幹は呼吸や循環器系の機能を担い，大脳辺縁系では記憶や情動・本能をつかさどっている。大脳皮質は左右に分かれ，前頭葉・頭頂葉・側頭葉・後頭葉でさまざまな機能を担っている。

2. 原始反射

　生まれたばかりの新生児は大脳皮質が未熟なため自分の思う通りに身体を動かすことができない。そのため，生命維持や安全，環境への適応のために，新生児の脊髄・脳幹には反射中枢があり，原始反射が生得的に備わっている。中脳・大脳皮質の成熟に伴い，随意運動が生じてくるために，だいたい3〜4か月頃に原始反射は消失する。この反射は脳神経の発達指標と考えられており，消失しなかったり，消失時期を過ぎても反射が残っている場合は，神経的な障害が疑われる場合がある。

　原始反射の一例を以下に示す。新生児が母親のおっぱいを探して飲むことができるように備わったものとしては，口元にものがふれるとそちらに顔を向ける口唇探索反射と，口に入ったものを吸い出す吸てつ反射がある。目と手の協応の基礎となる，手のひらに物が触れると握りしめる把握反射，脇の下を支えて立たせて押し出すと足を交互に屈伸させて歩くような運動をする第一次歩行（歩行反射），大きな音やまぶしい光などの強い刺激を受けると両手を広げて抱きつくような格好をするモロー反射，足の裏を触れると指を扇状に広げるバビンスキー反射などがある（図4-6）。

3. マザリングと新生児微笑

　ミルクを与えたりといった生理的欲求を満足させるだけではなく，抱っこをしたり，話しかけたりするという行動をマザリング（mothering）という。生理的欲求に対して親が欲求を満たしたり，マザリングをすることによって，子どもは親に基本的信頼

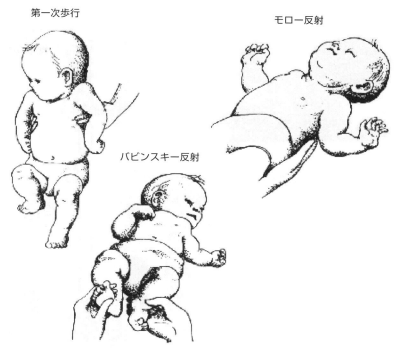

図4-6 いろいろな反射 (川島, 2009)

感をもつようになる。これらが情緒や知的発達に影響を与えると考えられている。

　新生児が自発的に行う微笑を新生児微笑という。これは外界の特定の対象に誘発されて生じるものではなく，自発的に生じる微笑である。新生児微笑は睡眠中にみられることが多く，寝ている子どもが楽しい夢を見ているような微笑である。

　生後1か月になると，外部の刺激に反応して微笑する社会的微笑が示される。そして，その後生後2～3か月以降になると，特定の刺激や人の声・顔に対してにっこりと微笑する。社会的微笑は子どもが特定の刺激に反応して微笑を行うものであり，随意運動の結果として生じる微笑である。

コラム④
出生前診断

　出生前診断とは，出産前に胎児の異常を見つけ出すことです。これまでの出生前診断法には，画像診断法（X線，超音波，MRI），胎児から細胞を採取して検査する方法（羊水，絨毛，胎児血），体外受精した受精卵の1細胞を用いる方法（着床前診断）などがありますが，いずれも確定診断は難しく，検査によってはいろいろな制約や胎児に危険を伴うこと，費用が高額なこと等のさまざまな問題点が指摘されてきました。2003年にヒトゲノム解読完了が宣言されて10年後，ゲノム解析技術による母体血を用いたNon-Invasive Prenatal Test（NIPT）検査法が普及し，「ダウン症診断」「精度99％」といわれ，母体の血液さえ採取すれば診断ができる時代になりました。

　母体年齢別の染色体異常出現頻度を見ると，明らかに高年齢での出産のほうが異常の発生率が高くなります。近年は高齢での出産が増えており，出生前診断のニーズは増しています。このNIPT診断では，事前の遺伝カウンセリングを十分に実施することを前提に10週以降で実施が可能となっています。検査によって胎児に異常が見つかった場合，生まれてくる子どもを育てる自信がない，育てることを不安に思う気持ちが先行し，胎児の異常を理由に中絶する人が増えているという事実もあるようです。

　日本は避妊の失敗など一般的な中絶（非選択的中絶）に対しては比較的に寛容ですが，障害胎児の中絶（選択的中絶）には命の質の選別などと強く反対する意見が根強くあります。一方米国は中絶を堕胎罪とみなして反対するpro-lifeの人たちと中絶を女性の権利として擁護するpro-choiceの人たちの間で激しい対立があるにもかかわらず，両者は選択的中絶には寛容です。現在，生命の選別を可能とする出生前診断を実施する際の唯一の倫理的根拠は，当事者の自己決定権の尊重であるとされています。当事者が社会的風潮や他者からの圧力のない状態で，自己決定を行うためには，中立的な遺伝カウンセリングが実施されなければなりません。

　今後も生命倫理の観点からも出生前診断については十分に議論されなければなりませんが，そもそも命の選択権というものがあるのでしょうか。命の尊さをもっと真剣に考えると同時に，早期に赤ちゃんの異常を発見することで赤ちゃん自身を助けることやその治療に研究成果を積んでいかなければなりません。

第5講

乳児期の発達
個性の発現

1節》乳児期の特徴と身体的発達

1. 乳児期の特徴

　誕生から満1歳までの1年間を乳児期と呼ぶ。乳児期は最も発達の著しい時期である。また，初めて外界に誕生した子どもは空腹やおむつの濡れや生命の危機を感じるような不快感を経験する。まだ言葉を話すことができない乳児は自分の不快感を泣くことで養育者に知らせ，助けを求めている。養育者が子どもの不快なシグナルに反応することによって，子どもは養育者との基本的信頼感を構築する。また，微笑やクーイング（クークーというのどをならすような発声）で快適を訴え，養育者に接近・接触をはかり，養育者からの反応を楽しみながらさらなる快感を得ようとする。

2. 乳児期の身体的発達
(1) 身体的発達

　乳児の移動運動は一定の順序に従って発達する。子どもの90％が通過する月齢を指標とすると，生後4〜5か月頃に首がすわり，6〜7か月で寝がえりが可能になる。生後9〜10か月でひとりすわりができるようになる。ハイハイは生後9〜10か月に，つかまり立ちは生後11〜12か月頃に，生後1年3〜4か月頃にひとり歩きができるようになる（p.3，図1-1を参照）。

　二足歩行の開始は個人差が大きいが，1歳6か月を過ぎても歩き始めない場合は専門家への相談をすすめる。移動運動により，子どもの見る世界や生活空間，行動範囲が劇的に変化し，それまでとは異なる外界を経験することで，子どもの知的好奇心はさらに増加する。

　手先の運動能力は，目と手，右手と左手，指と指などの，いろいろな機能を目的に合わせて組み合わせる協応性が発達し，その運動はぎこちない動きからなめらかな動

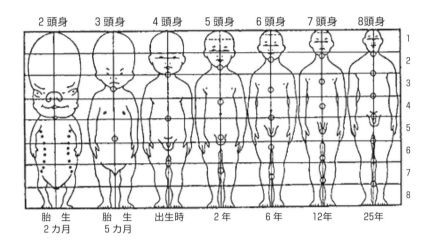

図 5-1　身体各部のつりあい（Jackson, 1929）

きへと徐々に高度に統合された運動が可能になる。
(2) 発達の様相
　身体の発達様相は，スキャモン（Scammon, R. E.）の発達・発育曲線（p. 5，図1-2を参照）で示されるように，身体の各組織は異なった時期に異なった割合で発達する。乳幼児期は脳神経系の発達が顕著で，6歳で成人の約90％に達する。生殖型は思春期以降に急速に発達する。また，身体部位も異なる割合で発達する（図5-1）。なお発達の方向としては，頭部から尾部，および中心部から周辺部へと勾配をもって発達する。しかし，発達には性差や個人差（早熟児・晩熟児）がある。
　身体的発達は遺伝と環境との相互作用によって生じるが，乳児期の発達には遺伝的影響が大きいと考えられている。ただし，栄養・疾病や事故，睡眠と休養，親の養育態度，社会文化的背景などにより身体的発達は大きく左右される。
(3) 発達加速現象
　現代人の身体は以前よりも大きくなり，性的成熟の時期も早くからみられる傾向にある（成熟前傾）。発達加速現象は年齢加速現象と発達勾配現象が含まれる。発達が加速されることはよいことだけではなく，精神発達が未熟な場合は，心身発達のバランスが壊れる可能性がある。発達加速現象の要因としては，栄養が豊富になったこと，都市化によるものなどが考えられている。近年，欧米諸国（日本も含む）では，加速現象が停止傾向にあることが指摘されている。

2節》乳児期の認知的発達

1. 視覚
(1) 視力と色覚
　乳児は言葉を理解することができない。そのため，乳児の能力を測定するためには特別な方法が開発されている。選好注視法（PL法：preferential looking method）とはファンツ（Fantz, R. L.）が開発した乳児の視覚を測定する方法である。この方法では，乳児の目の前に2つの刺激対象を同時に提示し，注視時間に差があれば，乳児は刺激対を弁別できたと判断する方法である。乳児の視力を測定する方法では馴化－脱馴化法を用いるのが一般的である。この方法は乳児にある刺激を繰り返し見せると，乳児は最初その刺激をじっと見ているが，そのうち慣れて刺激に対する反応がなくなる。そのときに新しい別の刺激を提示し，再度じっと見る反応が喚起されれば，前後の刺激が弁別できたと判断する方法である。

　乳児の視力は，出生直後は約0.02で，大人の30分の1ぐらいしか見えておらず，細かいものを見る視力はもっていない。また，焦点は眼前の25～30cmぐらいの距離にしか合わせることができないが，この距離は抱っこをしてくれている人を見るには十分な距離である。視力は生後6か月で大人の視力でいう約0.1程度しかなく，4～5歳頃になって成人なみに見えるようになると考えられている。

　色彩は生後8週ぐらいまでの間は青を感じる視細胞（錐体細胞）が未熟なために，大人とは異なる色彩世界を見ている。動くものを目で追うことはできる（追視）が，持続時間が短く，視線の移動が不十分なためにすぐ対象のものを見失ってしまう傾向がある。

　乳児の好みを調べるために，ファンツは生後5日と生後2～3か月の新生児を対象に選好注視法を用いて実験を行っている。その結果，乳児は「人の顔」に対して最もよく視線を向けていることが示されている（図5-2）。また，ブッシュネル（Bushnell, I. W. R.）によると生後数日の赤ちゃんは，実のお母さんとお母さんによく似た女性を弁別する能力があることが示されている。さらに，2か月児の顔に対する走査時の眼球運動を見ると，顔内部の特徴である目と口を中心に走査するような眼球運動の動きがみられる（図5-3）。乳児はこの頃から人の顔を見るときは目を注視する傾向があると考えられる。

(2) 奥行き知覚
　私たち人間は奥行きを知覚することで，危険な段差を知覚し，下に落ちる危険を回

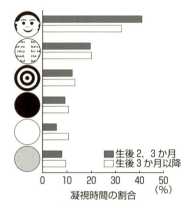

図5-2 乳児の注視時間からみた
　　　図形パターンに対する好み
（Fantz, 1961）

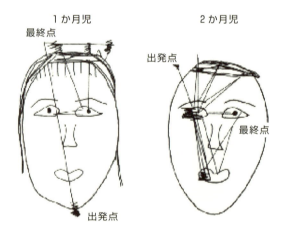

図5-3 顔を走査するときの眼球運動
（Salapatek, 1975）

図 5-4　視覚的断崖の実験（Gibson & Walk, 1960）

避することができる。奥行き知覚の手がかりとしては両眼視差や運動視差，きめの密度勾配などを用いている。これらの奥行き知覚はいつ頃から生じるのだろうか？

ギブソンとウォーク（Gibson & Walk, 1960）は，視覚的断崖の実験装置を用いて乳児の奥行き知覚の能力を測定した（図 5-4）。実験では，ハイハイができるようになった 6 か月児を真ん中の小高い場所に乗せる。台は浅い部分（手前）とガラス張りになった深い部分（後方）があり，母親が両部分の向こう側から「おいでおいで」をする。浅い部分の向こうからの声かけに対して，乳児は喜んで母親のところに行く。しかし，深い部分の向こう側からの声かけに対しては，子どもは行きたいが恐がって泣き出してしまう。この実験結果から 6 か月の乳児は奥行きを知覚できることがわかる。なお，他の動物の奥行き知覚を実験した結果，ヒヨコ，ヤギ，ヒツジ，ネコは奥行きを知覚し，浅い側を選ぶことが報告されている。

奥行き知覚の手がかりの獲得は，両眼視差が生後 3〜4 か月頃，運動視差が 3 か月頃，きめの密度勾配などの絵画的手がかりは 7 か月頃に成立することがいろいろな研究者によって示されている。

2. 聴覚

まばたきや筋緊張，心拍数の変化，顔や四肢の動きによって乳児の聴力が調べられている。生後 1〜2 週間で大きい音と小さい音，高い音と低い音を聞き分けることができる。

生まれたばかりの乳幼児は母国語（第一言語）への選好性があり，男性よりも女性の声，特に母親の声に選択的に反応する。これは，胎児のときに子宮内で聞いていた母親の声を記憶し出生後に反応しているものと考えられている。また，英語を母国語とする母親から生まれた乳児はアラビア語よりも英語を好む。これは母国語となる言

語のプロソディ（prosody：発話のリズムやアクセント）の違いから判断しているもので，英語とフランス語ではイントネーションやアクセントが似ていることから，このような選択的反応は示さない。つまり，乳児は母体内で母国語となる言語のイントネーションやストレスをすでに記憶する能力を有しているものと考えられている。

3．その他の感覚

　嗅覚は生まれたての赤ちゃんの中で最も発達している感覚である。生後1〜3日で4種類のにおいを弁別し，ツンとする刺激臭や卵が腐ったような腐敗臭には顔をそむけたり，泣いたりする。生後6日には，母乳のにおいを嗅ぎ分けることができる。味覚は酸味よりも甘味を好み，触覚では足の裏や口元が敏感に反応する場所である。

4．感覚間の協応

　いろいろな感覚は別々に作用しているわけではない。ある対象を見たら，それと同時に触覚や味覚が想像される。つまり，いろいろな感覚情報はバラバラに感じられるのではなく，いろいろな感覚情報は統合されて，対象を知覚している。メルツォフ（Melzoff, A. N.）らは乳児の感覚間の情報統合を実験で調べた。実験では1か月ぐらいの乳児の半数に暗闇の中でイボイボのついたおしゃぶりとなめらかな表面のおしゃぶりをなめさせる（図5-5）。その後，明るい部屋で同じおしゃぶりを見せたところ，暗闇でなめていたほうのおしゃぶりをより長く注視した。このことは，生後1か月ほどの乳児が見た形と触った形の情報を統合していることを示しており，すでに視覚情報と触覚情報の統合を行っていると考えられる。

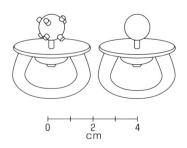

図5-5　おしゃぶり実験
（Melzoff & Borton, 1979）

5. 記憶能力

　生後まもない新生児は目の前にある対象を記憶することができる。乳児の能力を測定する馴化−脱馴化法では，乳児に前後の刺激の違いを記憶する能力があることが示されている。

　記憶能力は4〜6か月以降に急速に発達する。生後8か月ぐらいで目の前の対象がハンカチなどで隠されて，目の前から消えてもその物体が存在し続けるという，ものの永続性が理解できるようになり，ハンカチの下を探したり，ハンカチを払ったりする行動がみられるようになる。

　大人の記憶には短期記憶や長期記憶など，記憶の種類が細かく分類されているが，乳児用の記憶実験はまだ確立されておらず，乳児の記憶についてはそれほど細かく分類して発達過程を検討しているとはいえない。

3節»対人関係の始まりと母子関係

1．愛着の形成

（1）愛着とは

　ボウルビィ（Bowlby, J.）は，それまでの母子の結びつきにおける"依存"という概念に変えて愛着（attachment）という概念を用いた。愛着とはある個体が他の特定の個体に対して接近しようとするような愛情の絆と定義されている。また，エインズワース（Ainsworth, M. D. S.）らは愛着とは子どもが特定の他者に対してもつ情愛的な絆と定義し，親への接近・接触を求める安定的・永続的な傾向として母子関係を理解できると説明している。愛着によるほほえみやすがりつき，発声などの具体的行動を愛着行動という。

　ハーロー（Harlow, H. F.）はアカゲザルを用いて，母親への愛着の発達には接触経験が重要な要因であることを実験で示している。隔離された環境で育てられているアカゲザルの赤ちゃんに2種類の代理母親（一方は針金製で哺乳瓶が取りつけられ，ミルクを得ることができ，もう一方は布製で，暖かい感触が得られるようになっている）を用意した（図5−6）。すると，アカゲザルの赤ちゃんは布製の代理母親と多くの時間を過ごした。この結果から，愛着形成には，栄養よりも，温かみのある身体的接触としてのスキンシップが重要であることが指摘された。

（2）愛着の測定

　愛着の質を測定する方法として，エインズワースはストレンジシチュエーション法（strange situation procedure）を用いた。この方法は幼児が見知らぬ環境で親と分離，

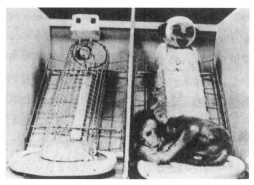

図 5-6　針金製と布製の代理母親（Harlow, 1959）

表 5-1　ストレンジシチュエーション法による 8 つのエピソード（Ainsworth et al., 1978）

エピソード 1 （30秒）	・実験者が母子を実験室に導入し退室する。 ・母親は子どもを抱いて入室。 ・実験者は母親に子どもを降ろす位置を指示して退室する。
エピソード 2 （3分）	・母親は用意された椅子にすわり，子どもには働きかけず，子どもは用意された玩具で遊ぶ。
エピソード 3 （3分）	・ストレンジャーが入室し，最初の 1 分は黙っている。 ・次の 1 分は母親と話す。 ・残りの 1 分は子どもに働きかける。 ・その後母親に退室してもらう。
エピソード 4 （3分，あるいはそれ以下）	・1 回目の母子分離，ストレンジャーは遊んでいる子どもに近づき働きかける。
エピソード 5 （3分，あるいはそれ以上）	・1 回目の母子再会，母親が入室してストレンジャーは退室。 ・母親は子どもに働きかけて慰め，再び遊ばせようとする。 ・その後「バイバイ」と言い，母親は退室する。
エピソード 6 （3分，あるいはそれ以下）	・2 回目の母子分離，子どもは 1 人残される。
エピソード 7 （3分，あるいはそれ以下）	・ストレンジャーが入室し，子どもにあわせて働きかける。
エピソード 8 （3分）	・2 回目の母子再会，母親が入室してストレンジャーは退室。

再会するという 8 つのエピソードを設定し（表 5-1），一連のエピソードの中での子どもの反応を探るものである。子どもは，母親がいなければ知らない場所でも探索行動を示すか，母親を安全基地として知らない人をどう受け入れるか，母親が退出するときの泣きや後追い，母親が戻ってきたときに母親との接近や接触を求める歓迎行動

や活動が活性化するか，などにより，愛着の質が3種類に分類された。Aタイプは回避群と呼ばれる子どもである。母親に無関心で否定的な子どもで，母親の接近・接触要求が少なく，分離時の泣きや再会時の歓迎行動はあまりみられず，母親からの働きかけを回避しようとする子どもである。Bタイプは安定群と呼ばれる子どもである。母親を安全基地として，新規場面で母親を基準に活発に探索行動を行い，母親への接近，接触要求が強く，分離のときに泣き，再会時に喜ぶという強い愛着行動を示す子どもで，一般的な子どもはこのタイプである。Cタイプは両極（アンビバレント）群と呼ばれる子どもである。不安を示す傾向が強く，分離時には強い悲しみを示し，再会時にも悲しみや不安がなかなか治まらずに反抗的な行動がみられる子どもである。

エインズワースらの研究ではAタイプ22％，Bタイプ66％，Cタイプ12％であったが，日本ではCタイプの比率が高いという報告もあり，文化や養育態度によって多少比率が異なると考えられている。また，その後，メインら（Main & Solomon, 1990）の研究によって，行動の一貫性がみられず，接近回避が同時に活性化する無秩序・無方向型のDタイプが追加されている。

(3) 内的ワーキング・モデル

ボウルビィは乳幼児期および児童期は自己と他者についての内的表象（作業モデル）がつくられると考えた。内的表象は2種類あり，愛着人物がサポートを与えてくれる人かどうかという他者イメージと，自分が他者，特に愛着人物に援助的に応じてもらえるような人間であるかどうかという自己イメージがある。この他者－自己関係における認知構造を内的ワーキング・モデルという。このモデルは比較的変化せずに生涯維持されると仮定している。初期の養育者との愛着関係はその後の家族関係や人間関係の原型となる。

2. 他者とのやりとり

(1) 新生児模倣

生後まもない子どもは大人の発声に対して，呼応するように微笑みや発声を行う。また，子どものこのような反応に対して，養育者もそれに反応する形で呼びかけを行ったり，微笑んだりする。さらに，子どもは大人の表情を模倣できるという研究もある。たとえば，子どもは大人が唇を突き出したり，舌を突き出したり，口をあけたりすると，それと同じ表情をすることが確認されている（図5-7）。

(2) 母子相互関係

子どもが楽しそうにしていると，親は子どもに語りかけたり，笑ったりして応じている。そのような親の対応に対して，子どもは手足をバタバタさせるなど身体全体を

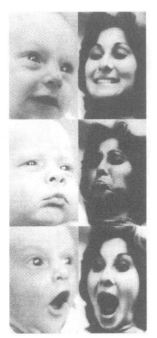

図5-7　モデルの表情を真似る子どもの表情
(Field et al., 1982)

使って喜びを表現したり，笑い返したりする。反対に，子どもが泣いたりぐずったりすると，親はそばに来て抱き上げたり，言葉かけを行ったりすることで，子どもは機嫌を直したりする。このような母子のやりとりをエントレインメント（entrainment）という。これは乳児期の母子間の基本的なやりとりで，母子間のこのような情緒的なやりとりを通じて，子どもは適切な反応ができるようになると考えられている。また，新奇な事物に対して，子どもは養育者の情動反応を見ながらその事物に対して行動を起こす（社会的参照）ことやじらす行動（tease）などを行い，養育者の情動に注意を払うようになる。子どもにとって愛着を示す特定の養育者は安全基地として機能し，子どもは養育者が見守っている状況で安心して自分のまわりの環境を探索することができる。また不安や恐れを感じると，緊急の避難場所として養育者への接近を行う。このような養育者との基本的信頼関係の形成により，子どもは好奇心を発揮して，まわりの環境を探索行動することができ，運動能力や言葉などの認知能力を発達させることができる。社会の中で，子どもは養育者との社会的相互交渉を行いながらさまざ

まな能力を発達させていくと考えられている。
(3) 他者との関係
　生後6か月頃から2歳頃の子どもは見知らぬ人を怖がったり，嫌がったりする行動を示し，これを人見知りという。他者に対して，それが見知らぬ人かどうかを判断し，親の場合は微笑んだりするが，そうでない場合には顔をこわばらせたり，背を向けたり，見知らぬ人が近づくと泣き出したりすることもある。人見知りは不安の結果生じるものであり，8か月不安と呼ぶこともある。

コラム⑤
児童虐待（Child abuse）

　アメリカ合衆国では1874年4月にメアリ・エレン・ウィルソン事件がニューヨーク市で起きたことから児童虐待防止法が生まれました。イギリスでは1884年に、民間組織として児童虐待防止協会（Society for Prevention for Cruelty to Children）が設立されました。その後、1962年にはアメリカの医師ケンプ（Kempe, H.）は「被殴打児症候群（Battered Child Syndrome）」を報告しています。

　わが国では、「児童相談所における虐待に関する相談処理件数」が、統計を取り始めた当初の1990年度に1,101件であったものが、1999年度は11,631件と10倍を超え、2000年に「児童虐待の防止等に関する法律」が成立しました。この立法により、第二条に初めて「児童虐待の定義」がなされ、身体的虐待、性的虐待、ネグレクト、心理的虐待の4種類とされました。しかしながらその後も虐待相談は増加の一途をたどり、2004年、2007年と同法が改正され、児童相談所等の権限強化、定義の見直しがされてきたにもかかわらず、2011年には虐待相談件数は、約6万件、さらに2016年には12万件を超え、2017年、児童保護について司法関与を強化する等の改正が行われました。

　児童虐待は、いくつかの要因によって起きる複雑な現象としてとらえます。保護者の未成熟・失業や経済的困難・配偶者への暴力（DV）・若年出産・薬物依存・望まない妊娠・精神疾患や子どもの発達的な問題や育てにくさなど、さまざまな要因が絡み合っています。それゆえ、支援者側にも高度な専門性と関係機関との密接な連携が要求とされています。しつけと称する体罰の正当化、夫婦げんかが子どもに及ぼす心理的影響、虐待を受けて育った親によるその子への虐待という世代間連鎖、どれも子どもの心身の発達に深刻な影響を及ぼします。

　乳児期に愛着形成が阻害されることで、養育者との基本的信頼関係が構築できず、二次的問題として、家庭内外に負の連鎖が起こり地域からの孤立を招きます。虐待かなと疑われたら早期に介入すること、地域の見守りを通して予防的な措置を講じていくことが大切です。幼少期に身近な大人との愛着関係を築くことは、適切な自己肯定感をはぐくむだけでなく、生涯を通じて対人関係の基礎となり、その後の社会生活への適応に関与します。

幼児期の機能と発達
基本的生活習慣の獲得

1節 » 生活習慣

　子どもは1歳頃になると1日3回，大人とほとんど同じ食物を食べるようになる。この時期は，養育者などといっしょに楽しく食べることを学ぶ時期である。新生児期には1日16時間も寝ていた子どもが，午前と午後の睡眠が午後1回のみの昼寝となり，夜は寝て，昼間に活動する生活時間のリズムが確立し，就寝起床時間が安定してくる。しかし最近の就寝時間の傾向として，6歳以下の幼児は就寝が午後10時以降になる割合が29％と多く，昔よりも就寝が遅くなる傾向が示されている（文部科学省，2008）。子どもの発達には適切な運動や調和のとれた食事，十分な休養・睡眠が必要であり，幼児期は規則正しい生活リズムの基礎を作る大切な時期である。一方，幼児期は社会の一員として身につける行動を習得する時期でもある。養育者は子どもに排泄訓練を行い，子どもはそれまで自分の思い通りに排泄をしていたものを，養育者に時間や場所を制約されて排泄を行うようになり，さまざまな生活習慣習得のための訓練が行われる。

　また幼児期はなんでも自分でやってみようと好奇心旺盛の時期でもある。自我が芽ばえ，養育者の指示を聞かずに，自分のやりたいことを自分なりのやり方で実行したいという自己主張がみられる。そして，養育者の意志と自分の意志が異なって，子どもの反抗現象が示される（第一反抗期）。幼児期の子どもをもつ養育者は子どもの自立心を尊重しながら，生活習慣を習得するように支援する養育態度が必要とされる。

2節 » 知能と認識の発達

1. 知能とは

　知能はいろいろな定義がある。ターマン（Terman, L. M.）は抽象的な能力を知能と定義し，ディアボーン（Derborn, W. F.）は学習能力，もしくは経験によって獲得しうる能力と定義。シュテルン（Stern, W.）は新しい生活問題，および生活条件に対する一般的な心的順応力と定義している。包括的定義として，ウェクスラー（Wechsler, D.）は個々の能力の単なる総和ではなく，全体的なもので，目標に向かう行動としてのみみられるものと定義している。このように知能の定義は統一されたものがいまだ確立されていない。

　知能の構造に関する考え方としては，スピアマン（Spearman, C. E.）があらゆる知的活動の根底に共通して存在する一般因子と個々の知的活動に特有な特殊因子の二因子からなると考える二因子説（図6-1）を唱えた。サーストン（Thurstone, L. L.）は一般因子を否定して，空間・知覚・数・ことば・ことばの流暢性・記憶・帰納的推理の七因子から構成されるという多因子説を，ギルフォード（Guilford, J. P.）は内容・操作・所産の三次元で構成されるとする立体モデルを提唱している（図6-2）。

2. 知能の測定

(1) 精神年齢

　フランス政府の依頼により，世界で初めて知能検査を開発したのがビネー（Binet, A.）とシモン（Simon, T.）である。各年齢相当の標準的子どもができる問題をその年齢の問題として設定し，生活年齢（Chronological Age : CA）は考慮せずに，合格した問題群の年齢水準を精神年齢（Mental Age : MA）として評価した。

(2) 知能指数

　ターマン（Terman, L. M.）はビネー・シモンにより開発された知能検査をアメリカで標準化し，評価方法として，精神年齢を生活年齢でわった知能指数（Intelligence Quotient : IQ）という概念を提唱した。

$$IQ = 精神年齢（MA）\div 生活年齢（CA）\times 100$$

(3) 偏差知能指数

　ウェクスラー式知能検査などの評価に用いられるものが，偏差知能指数（Deviation IQ : DIQ）である。WISC-Ⅳにおいては4種類の群指数から評価され，言語理解指数（VCI），知覚推理指標（PRI），ワーキングメモリ指標（WMI），処理速度指標（PSI）の

■第6講 幼児期の機能と発達 69

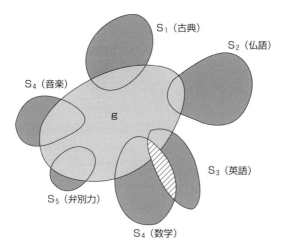

g：一般因子　　S黒色部分：特殊因子
斜線部分：群因子
gとSの重複部分：各テストが一般因子を所有している場合

図6-1　スピアマンの二因子説（Spearman, 1927）

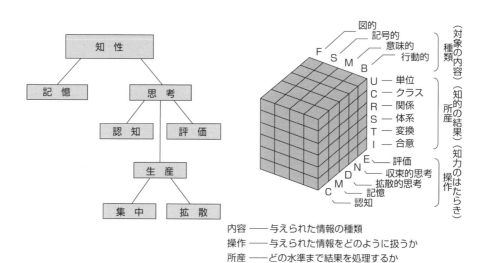

内容 —— 与えられた情報の種類
操作 —— 与えられた情報をどのように扱うか
所産 —— どの水準まで結果を処理するか

図6-2　ギルフォードの立体構造モデル（Guilford, 1959）

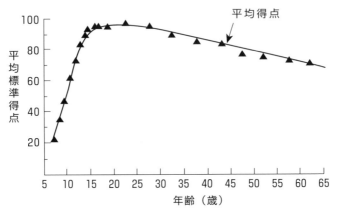

図6-3　知能の発達曲線（Wechsler, 1958）

領域のどこにつまずきがあるか，どの項目が特異かを評価することができる。各年齢の中央値は100となり，標準偏差値15の指数で各個人の知能を評価することができる。

$$\mathrm{DIQ} = 15 \times \frac{（個人の得点 - 年齢平均値）}{年齢標準偏差} + 100$$

3. 知能の発達

　幼児期は学習活動前の時期として，遊びや生活経験を通じて知能を発達させていく。ウェクスラーは7歳から65歳までを対象にウェクスラー式知能検査を用いて知能を横断的に調査した（図6-3）。その結果，知能は15歳ぐらいまではほぼ直線的に上昇し，15歳から20歳までは緩やかに上昇し，20歳前後で頂点に達して，その後は徐々に下降の過程を示すことが示された。ただし，すべての能力が同じ発達過程をたどるのではなく，能力によってその発達過程は異なる（本書，第14講参照）。

4. 幼児期の認知の特徴

(1) 自己中心性

　自己中心性とは，ピアジェが幼児期の認識の特徴として説明しているものである。子どもは自分の思考が他者とは異なることを理解しにくい傾向がある。つまり，自分の立場から離れて，他者の視点に立って，事物を客観的に認識することができないのである。

　幼児の自己中心性を説明するため，ピアジェは三つ山問題（図6-4）を実施した。

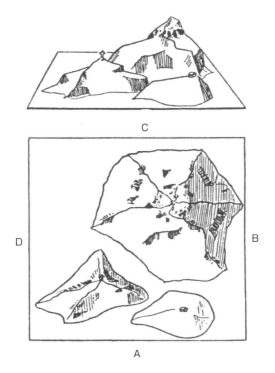

図6-4 ピアジェの三つ山問題の配置とA地点からの見え方
(Piaget & Inhelder, 1956)

　これはAからDの視点から他者が見た山の並び方を問う課題で，幼児は他者から見える山の並び方ではなく，自分の見ている山の並び方を描いてしまうという。ここで示されているような自己中心性は，子どもどうしで遊んでいる場面などでよくみられる特徴で，他者の意見を取り入れにくく，トラブルを生じさせる原因にもなる。また，夢で見たことや頭の中で考えたことが現実に起こると考えたり（実念論），すべての現実は人間がつくり出したものと考える（人工論）など自己中心的な考えを示す。
　さらに，幼児の認識は未分化で主観的で情緒的である。まわりのものがすべて自分と同じように感じ，意識をもっていると考えている。それは，幼児期の子どもの知覚特性である相貌的知覚で説明することができる。相貌的知覚とは，「コップが泣いている」や「天井が怒っている」というように，生命のないものに対して人間と同様に感情があり，無生物に対して人間の表情と同じものを知覚することである。子どもは生命のない事物・事象に生命や意識などの生物的属性を与えるアニミズム（animism）

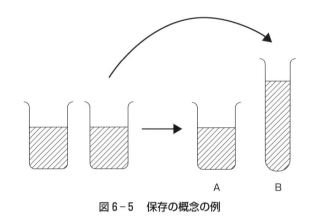

図6-5　保存の概念の例

の考え方をする。つまり、ものにも自分と同じように生命があると考える傾向がある。これは、幼児が現実と非現実の区別がつかなかったり、生物と無生物を区別しなかったりすることから生じる知覚の特徴と説明されている。

(2) 表象機能と保存の概念

　目の前に存在しないものや事象を頭の中でイメージとして思い浮かべることを表象という。言語が発達するに従い、このような表象機能は発達する。そして、その場にいない人をモデルとしてまねる遅延模倣や、その場にいない母親などをまねるままごと遊び、葉っぱをお皿に見立てたりするなどのごっこ遊びが頻繁にみられる。

　ものが知覚的に変化しても、もの自体は変化しないと認識することを保存という。保存の概念は、もとに戻せば同じという可逆性や、液体の水面は高くなったが、前よりも幅が狭い（図6-5）という相補性の概念、何も加えたり減らしたりしなければ同じという同一性の概念から成立している。幼児期の認知はこの保存の概念が確立されておらず、概念が成立する前概念的思考期とも呼ばれている。

3節≫情動の発達

1. 情動とは

　情動とは、英語のemotionに相当する用語で情緒とも訳される。特定の刺激によって引き起こされる怒りや悲しみ、喜びのような比較的強い感情を意味する。同じような意味をもつ用語として、感情（feeling）、気分（mood）、情操（sentiment）などがある（表6-1）。

　基本的情動として、イザードら（Izard et al., 1980）は喜び、驚き、興味、恐れ、

表6-1　情動に関する用語（宮本，1977）

感　　情 （フィーリング）	広義：快－不快を基本の軸として感じる主観的経験の総称。 狭義：環境に順応的に応じる比較的穏やかな主観的経験。
情　　緒 （エモーション）	喜び，悲しみ，驚き，恐れ，怒りなどに代表されるように，主観が強くゆり動かされた状態（その意味で情動という用語を当てるほうがよいとする説もある）生理的変化（内分泌腺や内臓諸器官の活動の変化）を伴う。 表情や行動に表出される傾向が多い。
気　　分 （ムード）	情緒や狭義の感情に比べ，もっと持続的な内的経験をさす。 気質や性格特性と関係が深い。
情　　操 （センチメント）	道徳，芸術，宗教，科学など文化的価値を含む主観的経験をさす。 判断力，感知力など経験や学習と関係が深い。

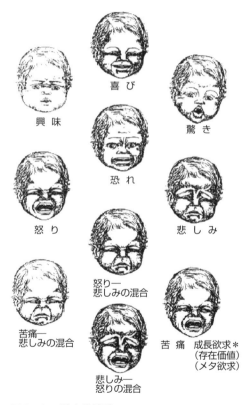

図6-6　基本的情動（Izarad & Dougherty, 1980）

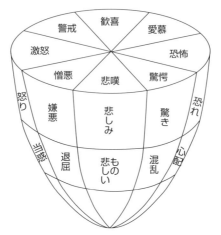

図6-7　情動の3次元立体モデル（Plutchik, 1986）

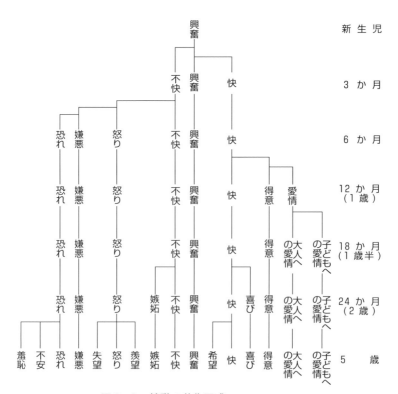

図6-8　情動の分化図式（Bridges, 1932）

怒り，苦痛，嫌悪，恥，軽蔑の9個を設定し，表情分析システムを開発している（図6-6）。一方，プルチック（Plutchik, 1986）は基本的情動を受容と嫌悪，恐れと怒り，喜びと悲しみ，驚きと期待の対応する8種類をあげ，強さの程度を加えて3次元立体モデルを提唱している（図6-7）。

2．情動の発達過程

　幼児期の情動の特徴は，大人と違って子どもの情動は2～3分ぐらいで変化し，持続時間が短く，変化が激しい。情動の発達については，ブリッジェス（Bridges, 1932）が幼児の行動観察から情動の分化図式を示している（図6-8）。情動の発達は，出生直後は単純な情動としての興奮だけがみられ，2～3か月頃に興奮から快と不快が分化し，次に不快から怒りや嫌悪，恐れが分化し，快から喜びや愛，得意が分化する。子どもの基本的情動は2歳頃までにほぼ発達し，5歳頃には大人と同じ情動の種類を示すようになる。

　情動を表す用語は，情動の分化に伴って1歳半から2歳頃にかけて発達する。身近な他者に対して，自分の情動や身体の状態をことばであらわすようになる。それまで，泣いたりかんしゃくを起こしたりしていた子どもは，情動をことばで表現することで，自身の情動を調整することができるようになる。また，社会や文化の中で望ましいとされる情動の表出や調整を学んでいく。

コラム⑥
非認知能力

　近年欧米を中心に世界中で注目されている非認知能力は，これからの幼児教育の「キーワード」となっています。OECD（経済協力開発機構）では社会情動的スキルといわれています。IQなどで測定される能力は認知能力といわれ，数値化されているためわかりやすいのですが，この非認知能力は目に見えにくい「学びに向かう力や姿勢」のことで，目標や意欲，興味・関心をもち，粘り強く，仲間と協調して取り組む力や姿勢を指します。つまり，人が生涯にわたってのびのびと学び，成長を続けていくのを支えるのが「非認知能力」です。

　2000年にノーベル賞を受賞した経済学者のヘックマン（Heckman, J.）教授らは，公共投資の観点から幼少期の教育の重要性を説いた論文を発表しました。この調査では，対象となった子ども達が成長して40歳に達するまで定期的に調査が実施され，比較分析の結果がまとめられています。就学前教育を受けた人達（以下「実験群」）は，受けなかった人達（以下「対照群」）に比べて，高校卒業資格をもつ人の割合が20％高く，5回以上の逮捕歴をもつ人の割合が19％低かった。また，月収2000ドルを超える人の割合は実験群が対照群の約4倍，マイホームを購入した人の割合も約3倍であった，との結果が出ています。さらにその研究から明らかにされたことは，たとえ乳幼児期などの早い段階から教科学習を開始したとしても，長期的にIQを向上させるという面では効果が薄いということでした。

　では，就学前教育・幼児教育の効果が最も顕著にあらわれたのは，一体どのような分野だったのでしょうか。ヘックマン教授らの論文によると，就学前の教育を受けた子ども達が最も伸びたもの，それは，学習意欲をはじめ，誘惑に勝つ自制心や難解な課題にぶつかった際の粘り強さなどの「非認知能力」であった，とされています。多くの場合，社会において重要視されるのは，学力や専門性よりも，考え方が一貫している，誠意がある，信頼できるなどの人間性ではないでしょうか。幼児期はより良い人間性の土台を築く大切な時期です。こうした姿勢や力は，従来，気質や性格と考えられがちでした。現在の議論では，これを「スキル」ととらえて教育の可能性を強調しています。意欲や関心をもって粘り強く取り組むと，自然に深く考えたり工夫したり創造したりして認知能力が高まるのです。

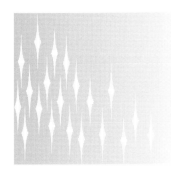

第7講

幼児期の社会性
集団生活の始まり

1節»ことばの発達

1. ことばとは
(1) ことばの機能

　子どもは4, 5歳頃までに日常生活でことばを使ったり理解したりすることができるようになる。ことばには，①日常生活の用を足す伝達の機能，②人間関係を維持発展させる社交の機能，③ことばそのものを楽しむ鑑賞の機能，④思考の道具となって合理的判断を助ける機能，がある。私たち人間はことばを使うことで，自分の考えや感情などを他者に伝達することができ，ほかの動物に比べて高度で複雑な文明を発展させてきた。ことばは能記（意味するもの）と所記（意味されるもの）に分かれ，目の前に存在しないものをそれとはまったく別のもので代理表現する象徴機能の発達の結果として獲得されると考えられている。幼児期はことばを用いて，子どもが自分の要求を他者に伝えることができるようになる時期である。

(2) ことばの構成単位

　ことばを構成する単位には，音声要素としての音韻（母音・子音・半母音）と，音韻が集まって意味を成す最小単位の形態素，独立した意味あるいは機能的な意味を備えている語，数個の語が結合されてつくられる句あるいは節，さらに，語が集まって一定のまとまった意味をあらわす文がある。この他に，文がまとまったディスコース（discourse：談話）をさらに上位に考える場合もある。音韻がある規則に従って意味のある文に構成されたものがことばである。

　ことばは，また，音声を媒介する話し言葉の音声言語と，文字を媒介する書きことばの文字言語に分けることができる。音声言語は一般に特別な訓練をすることなく獲得することができるが，文字言語は一定の訓練が必要とされる。音声言語がどのように発達するかについては，たくさんの研究が行われている。

2. 前言語的コミュニケーションの発達

　意味のある音声言語を表出する前のコミュニケーションを前言語的コミュニケーションという。ことばの発達は，前言語的コミュニケーション能力を基盤に母語の音声言語を知覚（理解）し，識別できるようになるプロセスと考えられている。

　デキャスパーとフィファー（Decasper & Fifer, 1980）は，生まれたばかりの子どもが，他の女性の声よりも母親の声を聴きたがることを実験で示している。また，子どもは母胎内で母語の音声言語を聞き，生まれてから間もない時期でも，外国語よりも母語への選好を示すことが報告されている。ただし，母体内で胎児が聞く音は私たちがふだん聞いているような明瞭なものではなく，母語となる言語のプロソディ（prosody：韻律：発話のリズムやアクセント）であり，それを手がかりに母語への選

図7-1　アイコンタクトと共同注意による三項関係の成立（長崎・小野里, 1996）

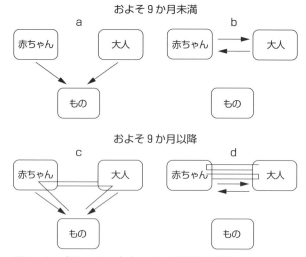

図7-2　赤ちゃん・大人・モノの関係の発達（板倉, 1999）

好性が示されると考えられる。

　生まれてからの前言語的コミュニケーション能力の発達は，養育者が子どもの視線や指差した方向を追随したり，養育者の視線を子どもが注視しながら，9～12か月頃に，三項関係（図7-1，図7-2）による物を介したヒトとの共同注意が発達する。三項関係は＜子ども＞－＜対象物：シンボル＞－＜他者＞という関係が組織化され，話し手の音声には，それが指し示す対象物があることに気づき，子どもは象徴機能としてのことばを発達させる。

3. 音声言語の発達

　母語の音声言語を表出するまでの発達過程は5段階ある。第1段階（発声期：0～2か月齢）では，子どもは不快な状況で泣き叫ぶなどの反射的な音声と，非反射的な叫び声（叫喚発声）を表出する。この時期，子どもは声帯を振動させるが，咽頭が鼻咽頭と連結しているため，声道の共鳴が不十分な母音的音声を表出する（図7-3）。

　第2段階（クーイング：1～4か月齢）では，子どもは母音的音声に声道の後方でつくられる原初的な子音的音声が不規則なタイミングで伴った，のどの奥を鳴らすような安定しない音声を表出する。子どもは声帯振動と調音（声道の閉鎖と開放）を同時に行うことができるが，声道の共鳴が未熟な状態のままで音声を発声する。

　第3段階（拡張期：声遊びの時期：3～8か月齢），子どもは世界のあらゆる言語に含まれるあらゆる音声を表出して音あそびをする。高いかなきり声や，低いうなり声，大きな声，ささやき声，唇を勢いよく振るわせる音，呼気－吸気で出る音，不完全な喃語などを発声する。この時期，子どもの咽頭は下降して鼻咽頭と離れることで，口腔と鼻腔が分かれて共鳴腔としての役割を担い，喃語もどきの音節にならない音を表出する。

　第4段階（標準的喃語期：5～10か月齢）では，子どもは母音もしくは子音と母音が組み合わさった同一の音節を反復して表出する。ことばを表出するためには，1音のみを単発でいろいろ表出するだけでなく，「母音＋母音」の過渡期の喃語から「子音＋母音」の基準喃語を表出しながら，初語表出の準備をしている。この時期，子どもはバンキング行動（左右どちらかの手を水平あるいは垂直にくり返し振る）に伴って音声を表出する発声練習を行っている。

　第5段階（非反復喃語期：11～12か月齢）では，子どもは異なる音節が混在した音を表出し，長い発話を表出する。終末音を省略したり，短くしたりする単純化を行いながら，初めて意味のある語彙を表出する1語発話の段階へと発達する。

　音声言語の発達には養育者と子どものやりとりが重要である。養育者ら大人は子ど

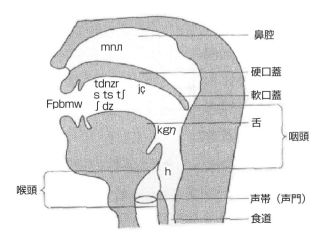

図7-3　声道の構造と日本語子音の構音点（村田，1970）

もに話かける場合に，高めの声や大げさな抑揚で話す傾向があるが，これをマザリーズ（motherese）という。マザリーズは日本だけでなくさまざまな文化に存在し，子どもはマザリーズで話かけられたときのほうが，よりそちらに注意を向ける傾向があることが報告されている。一方，子どものほうも養育者とのやりとりに工夫がみられる。正高（1993）によれば，ヒトの子どもは母乳・人口乳にかかわらず，ミルクを飲んでいる途中で休憩を行い，養育者からの働きかけを期待するような状況がみられるという。ミルクを飲んでいるとき，子どもは無防備な状態のため，チンパンジーなどは休みなくミルクを飲む。しかし，ヒトの子どもはミルクを飲むことを休止するという危険を冒してでも，養育者からの働きかけによる母子間のやり取りを期待していると考えられている。音声言語から1語発話の段階では，養育者などが子どもとともに絵本を見る場面がよく観察される。そこでは養育者と子どもの間で，養育者が描かれている物を命名したり，子どもが物の名前を尋ねたりする命名ゲームを行っている。この命名ゲームなどを通じて，子どもはそれまでに表出していた未完成な語彙から正しい語彙を発声できるようになる。

4．語彙の発達

(1) 語彙の発達過程

　語彙の発達過程は大きく分けて理解と表出の視点から研究されている。初語の表出段階では理解が表出よりも3～6か月ほど早く，子どもは生後約10か月から1歳半ぐらいの間に意味のあることば（初語）を表出する（図7-4）。言語によって初語の語

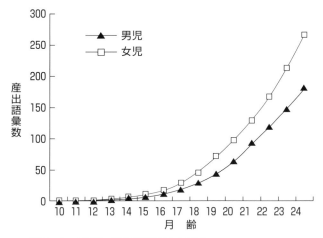

図7-4　発達に伴う産出語彙の増加（綿巻・小椋, 2004）

彙は異なるが，日本語では「マンマ」や「ママ・パパ」をあげる研究者が多くみられる。語彙の種類は重要な人の名前や，動物名，食べ物名，オモチャの名前，乗り物の名前，からだの部分，あいさつなどが表出されるようになる。しかし，語の意味は大人が使用することばと異なり，語彙を過大に般用する過拡張（たとえば，犬や猫などの四足動物全体に過剰に「ワンワン」と適用する）や，過限定（たとえば，自宅の隣の犬にしか「ワンワン」と言わない）の使い方をする。

　自発的な表出語彙が50語を超えるあたりから語彙数が急速に増加し，1歳半ぐらいから就学までの時期に，驚くほど多くの語彙を表出する語彙の爆発的増加期を迎える。子どもは1日平均10語以上を獲得するとともに，「これ何？」と指さして大人にどんどん質問をする。また，語彙数の増加に伴い，適切な語彙を獲得し，語彙の過拡張や過限定は新しい語彙へと収束し，ほとんどみられなくなる。ただし，表出される語彙には個人差や文化差，発達水準により指示対象物の意味が異なっている。

(2) 認知的制約理論

　マークマン（Markman, 1989）は，子どもの語彙学習のおける認知的制約を3つ示している。第1は事物全体制約である。子どもがことばを聞いたときに，その語はその事物の全体に関する名称であると考える。たとえば，「イヌ」ということばを聞くと，犬全体の名称であると考える。第2はカテゴリー制約である。子どもがことばを聞いたときに，その語はその事物が属するカテゴリーの名称であると考える。たとえば，「イヌ」ということばを聞いたとき，家の犬だけでなく，隣の犬や絵本の犬など，

犬という概念を理解し，類似した形態や特徴をもつ犬のカテゴリーを犬と呼ぶと考える。第3は相互排他性の制約である。子どもはひとつのカテゴリーにはひとつのことばが付与されると考える。これは一事物一名称の原理と呼ばれ，犬をネコやライオンなどとは呼ぶことはできないことを意味する。こどもはこれら3つの認知的制約を用いて語彙を学習していく。

5. 単語から文への発達

　語彙の爆発的な増加が示される1歳6か月ぐらいから単語と単語をつなげる二語発話が観察されるようになり，徐々に単語の数が増加して多語発話へと発達する。この

表7-1　平均発話長（MLU）による文法発達段階
(Brown, 1973)

段階	MLU	最大発話長	月齢
Ⅰ段階	MLU＜2.25	5	−26か月
Ⅱ段階	2.25−2.75	7	27−30か月
Ⅲ段階	2.75−3.50	9	31−34か月
Ⅳ段階	3.50−4.00	11	35−40か月
Ⅴ段階	4.00−4.50	13	41−46か月

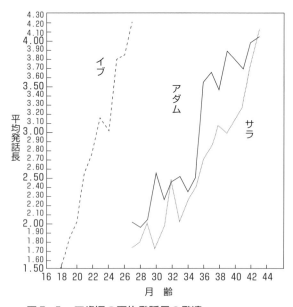

図7-5　三歳児の平均発話長の発達 (Brown, 1973)

ような発話パターンの変化は平均発話長（Mean Length of Utterances：MLU）を用いて検討されている。平均発話長とは，発話構造の内容に関係なく，100個の発話資料に含まれる1発話あたりの平均形態素（意味のある最小のことば単位）数を意味する。このMLUを指標に文法の発達段階は5段階に分類される（表7-1，図7-5）。

Ⅰ段階は26か月頃までに表出される発話である。この段階の発話は単語が二語以上結合した発話の初期段階で，電報を打つ時に用いるような助詞や付属語を省略した電文体文が表出される。これは，子どもがまだ大人のような文法規則に即した文を表出できないために，文を省略するなどしながら自ら創出した規則にのっとって文を表出する段階である。その後，子どもが文を拡大・創造する中で，省略された機能語に一定の規則が課せられ，MLUが増加し，大人のような文法規則にのっとった文を表出するようになる。

2節≫社会性の発達

1. 親子関係から仲間関係へ

子どもは出生後の養育者との親子中心の関係から，1歳半頃から同年齢の仲間に関心を示すようになる。そして3歳頃の自我の芽ばえとともに，子どもは他者の感情に気づき始める。4歳頃には仲間意識が強くなり，特定の友だちと交流するようになる。子どもは出生後の親子中心の相互作用から，幼児期には子どもどうしの相互作用を通じて，他者の行動や感情を理解し，規則を守って，自己の欲求を統制することを学びながら協力し合う仲間関係をつくっていく。仲間関係は時にはけんかやいざこざを起こすが，これらは，子どもにとって他者が自分とは異なる考えや感情をもっていることを理解する機会となり，他者の感情を読み取ったり，他者の行動を推測しながら，社会性を発達させていくことにつながる。社会化とは，個人がある社会の中に所属し，適応的に行動できるように，知識・価値・言語・社会的技能・知能を獲得していく過程であり，子どもは仲間関係における他者との相互作用を通じて社会性を発達させる。つまり，他者との相互作用を通じた社会化の過程で，子どもは他者の心に気づき，協力しながら社会性を発達させていく。

2. 社会性の発達

幼児期は身近な人や周囲の物，自然などの環境と関わりを深め，興味・関心の対象を広げ，認識力や社会性を発達させていく。また，子どもどうしで遊ぶことなどを通じ，豊かな想像力をはぐくむとともに，自分とは違う他者の存在や視点に気づき，相

手の気持ちになって考えたり，時には葛藤を覚えたりする。このような他者との関係を通じて，自分の感情や意志を表現し，協同的な学びを通じて，十分な自己の発揮と他者の受容を経験していく。こうした体験を通じ，道徳性や社会性の基盤がはぐくまれていく。

　幼児期の子どもは友だちと遊ぶことで，自己を表現したり，主張したり，我慢したりする場面が増えてくる。養育者との親子関係では自分の思う通りに行ってきたことが，子どもどうしの遊びではできなくなり，トラブルが増え，けんかやいざこざが起こる。幼児期のけんかやいざこざはその場限りのものが多く，長続きするものではない。子どもは遊びを通じて社会性を発達させていく。

3．心の理論

　プレマックとウッドルフ（Premack & Woodruff, 1978）は，チンパンジーなどの霊長類が他の仲間の心の状態を推測しているような行動を示すことを報告し，これを心の理論（Theory of mind）と呼んだ。その後，ヒトやヒト以外の動物において，他者の信念を理解できるかどうかを，サリーとアン課題（図7-6）やマキシ課題，スマーティ課題などの誤信念課題によって調査されている。その結果，3～4歳児では自分自身が一部始終を見ているので，自分自身の視点から誤答してしまう。しかし，5～6歳頃になると，他者の視点に立って物事を考えられるようになり，正答することができる。つまり，幼児期後半に他者の意図や信念，欲求，感情などの心の状態を推測し，他者の心を理解できるようになる。しかし，自閉スペクトラム症などでは，心の理論の発達が遅れることが示唆されている（図7-7）。なお，チンパンジーは限定的な心の理論しかもたないと考えられている。

　バロン・コーエンら（Baron-Cohen et al., 1985）は他者の心を読むための機構として，意図検出器（Intentionality Detector：ID），視線検出器（Eye-Detection Detector：EDD），注意共有の機構（Shared-Attention Mechanism：SAM），心の理論の機構（Theory-of-Mind Mechanism：TOMM）を提唱し，自閉スペクトラム症では，SAMとTOMMに問題があると指摘している。

4．遊びの発達

(1) 遊びの定義と発達段階

　ホイジンガ（Huizinga, J.）は，「遊びの目的は行為そのものの中にある」と説明している。遊びとは遊びそのものが面白く，遊びの行為そのものを楽しむことである。子どもにとって遊びは心地よいものと考えられる。

図7-6　サリーとアンの誤信念課題（Frith, 1989）

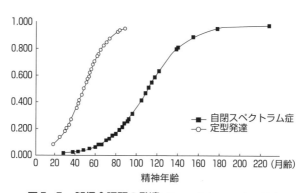

図7-7　誤信念課題の発達（Baron-Cohen et al., 1985）

表 7-2　物を用いた遊びの発達順序（物の操作）
(Belsky & Most, 1981)

1. 口による探索
2. 単純操作
3. 機能的操作
4. その物の用途を無視した物と物との関連づけ
5. 機能的な関連づけ
6. 動作的命名
7. 自己に向けてふりをする行為
8. 他者に向けてふりをする行為

　パーテンとニューホール（Parten & Newhall, 1943）は社会性の発達に着目し，遊びの形態を4段階に分けている。第1段階はひとり遊びの段階である。おもちゃを相手に子どもが1人で遊ぶもので，遊び仲間としての他者を必要としない遊びである。第2段階は並行的遊びの段階である。他の子どもと一緒に絵を描いたり，折り紙をしたりして同じ遊びをする。ただし，一緒に遊んでいるという感覚はあるが，同じ遊びを並行して展開しているだけで，子どもどうしの遊びを通じた関わりはない。第3段階は連合的遊びの段階である。子どもどうしで遊び，やりとりやおもちゃの貸し借りを行う。遊び相手を選んだりするが，分業やリーダーによるグループの統制などはない。第4段階は協同的遊びの段階である。5歳前後にみられる遊びで，共通した目的をもって遊び，競争やルールのある遊びで役割が分業され，グループの統制が行われる。リーダーが存在し，社会的地位を築きながら子どもたちで1つの遊びを展開していく。子どもどうしでルールをつくったり，話し合ったりすることも行う。

(2) 物との遊び

　1歳過ぎの子どもにおける物を用いた遊びは表7-2のような発達順序を示す。物を用いた遊びは，物を口に入れたりする探索遊びから徐々に物の機能に合致した操作遊びを行うようになり，物の慣用的操作が可能になる。表象の発達に伴い，遊びも象徴的な遊びへと発達する。表象とは，その物が目の前になくても考えたり思い出したりする能力をいう。表象的遊びとしては，ごっこ遊びやふり遊びなどがある。

(3) 大人との共同遊び

　大人との共同活動や観察学習は，子どもをより高次の遊びへと発達させる。大人と同じような見方で外界を見て操作することができるようになり，それが子どもの内的世界に取り入れられてくる。生後10か月頃から，大人が示す「イナイイナイバー」や「オツムテンテン」などの遊びを子どもは模倣し，遊びとして楽しむようになる。

　子どもは象徴機能の発達に伴い，ふり遊びをさかんにするようになる。食べる，寝

るといった養育者からされている行為のふりは，食べるふりをすることによって現実生活の中での食事場面を象徴化して，他者の行為を理解しようとするものである。自分自身の食べるふりや飲むふりから，人形やぬいぐるみを相手に，それらに食べさせているふりへと発達する。また，日常生活において他者の行為や経験について子どもが理解することでふり遊びを発達させる。このように，子どものふり遊びは自己に向けたものから，他者に向けたものへと発達する。人形やぬいぐるみを自分の行為の受け手として扱っている受動的他者の段階から，人形やぬいぐるみが本当にその行為をしているように動かす能動的他者の段階へと発達する。子どもが人形やぬいぐるみがあたかもヒトと同じような行動をとれるものと考える傾向を，現実とごっこの混同と呼んでいる。

(4) 象徴遊び

子どものふり遊びは次第に系列化された象徴遊びへと発達する。象徴機能とはあるもの（能記）を別のもの（所記）で表すものである。これらは日常生活で観察される経験を子どもが象徴遊びとして遊びの中で取り入れていくものである。象徴遊びの発達は表7-3のような発達過程をたどり，現実経験の再現遊びが行われる。また，子どもの象徴遊びには計画性がみられ，遊びの実行に不足するものを探したり，言葉で遊びを説明することができるようになる。

幼児期の後半になると象徴機能の発達に伴って，ふり遊びやごっこ遊び，見立て遊びがさかんに行われるようになる。見立て遊びでは形態的類似性をもとに見立てが行われるが，発達に伴い，形態的類似性が低いものに対しても見立て遊びがみられるようになる。

表7-3　象徴遊びの水準 (McCune-Nicolich, 1982：小山, 2000)

水準	基　準
1	子どもは簡単な再認的シェマによって，物の用途や意味を理解している（物の慣用的操作）ことを示す。ふりをすることはみられない。
2	子どもは自己に関連のある活動のふり遊びをする。象徴化は子どもの身体に直接関係している。子どもは遊びを楽しんでいるように見え，ごっこの意識がうかがえる。
3-A	人形や母親のような他者または行為の受け手がふり遊びに含まれてくる。他者への投射。
3-B	犬，トラック，電車などの物や他者がする活動のふりをする。
4-1	1つのふりシェマが何人かの行為の受け手，動作主に関係する（行為の連鎖のある象徴遊び）。
4-2	いくつかのふりシェマが順序を追ってお互いに関係づけられる。
5-1	単一シェマによるふり遊びであるが，計画性が出てくる（水準5で見立て行為が出現する）。
5-2	水準2から5-1の遊びで構成され，遊びの中でいくつかの計画性を組み合わせ始める。

(5) 構成的遊び

　年齢とともに，ごっこ遊びやふり遊びは現実通りに再現する構成的遊びへと発達する。電車のミニチュアやジオラマで遊んだり，ままごとセットでホットケーキをつくるなどの遊びを行うようになる。実物を本物そっくりに遊びの中に取り入れた再現遊びを好むようになるのである。このような現実に即した遊びを通じて，子どもはものについての概念を発達させ，象徴機能をさらに発達させることになる。その後象徴的遊びは減少し，次第に絵を描いたり，折り紙を折ったりして造形的遊びを楽しむようになる。

　これら遊びの発達を通じて，子どもは想像力や創造力を伸ばし，さらに，字や数の概念を発達させていく。また，遊びの相手が，養育者との相互作用から，ひとり遊び，集団遊びへと変化しながら，社会性を発達させていく。

コラム⑦
社会脳

　霊長類の脳の大脳新皮質は，厳しい自然環境に適応して生きるために進化したと考えられていました。ところが，1970年代の半ば，ハンフリー（Humphrey, N.）というイギリスの心理学者は，"*The social function of intellect*" の中で，大脳新皮質の進化は環境への適応よりも，むしろ社会集団の中で他のメンバーとの争いや軋轢を生き抜く社会的な能力を得るためだったと述べました。

　その後1980年代には，大脳は社会で権力を握る権謀術数の能力を獲得するために進化したと考える「マキャベリ的知性仮説」が提唱されると，それは流行語にもなりました。さらに1990年，イギリスの進化人類学者ブラザーズ（Brothers, L.）は，初めてヒトを対象にして「社会脳（social brain）」ということばを使いました。すなわち，ヒトの脳の大脳皮質が極度に発達しているのは社会集団の中で生き抜く社会性を身につけるためだった，というヒト脳の進化に関する「社会脳仮説」というものです。これについて，イギリスの人類学者ダンバー（Dunbar, R.）が，いろいろな霊長類の活動特性とその大脳皮質の大きさとを比較した結果，ほとんどの特性は大脳の大きさと無関係であるが，集団の大きさとはある程度の相関がある，という社会脳仮説を支持するデータを報告しています。

　こうした研究が世界中で積み重ねられ，今も社会脳仮説の検証が進められていますが，社会脳の研究の中でも，「共感」の研究は最先端のテーマの１つです。共感とは，大雑把に言えば自分と相手が気持ちを共有していることを指しますが，1990年代に発展した機能的磁気共鳴画像法（fMRI）という脳の血流活動を精密に測定する技術を使って，共感しているときには大脳辺縁系や前頭葉内側部などが賦活されることがだいたいわかってきています。

　このように心理学が脳神経科学，認知科学などの分野と結びつくことにより，さまざまな心理学的現象が科学的に解明されつつあります。近い将来，ヒトの「こころ」も可視化され，科学的に説明できるようになるかもしれません。余談ですが，ダンバーはヒトがお互いに気持ちを通じ合えることのできる集団の最大の大きさとして，100〜200人を想定しました。現代のようなグローバル化社会においては，インターネットの高速の通信網などにより地球上の何十億人という人間が１つの社会集団として生きていく時代になりました。ヒトの脳もこうした社会に後れをとらないために，今後どこまで進化し続けるのでしょうか。

第8講

児童期の発達
他者との関わりを通して

1節≫児童期の身体的変化と特徴

1. 身体的発達

シュトラッツ（Stratz, 1922）は体重の増加率が身長の増加率よりも大きい時期を充実期と呼び，反対に身長の増加率が体重の増加率よりも大きい時期を伸長期と呼んだ。また，伸長期は一生の間に2回繰り返されるとして，身体発達を4段階に分類している。児童期は第1伸長期の終わりから第2充実期にあたる。第2充実期の終わりは性差が激しく，女子が男子よりも早く終わる（表8-1）。

児童期は比較的安定した身体的発達を示す時期であるが，小学校6年間で身長・体重ともに変化する。身長は幼児期に110cm程度であったものが，6年間で40cmほど伸びる。体重は20kgほどだったものが6年間でおよそ2倍の重さになる。なお，児童期の身長は1958（昭和33）年よりも高くなる傾向にあるが（図8-1），体重は5歳児ではほとんど変わらず，11歳児では重くなる傾向にあり（図8-2），身長・体重ともに1997（平成9）年がピークとなっている。一般に女子は男子に比べて体位は劣るが，女子のほうが思春期に入るのが1〜2年早いため，児童期後半には女子のほうが男子よりも優れる時期がある。

身長と体重の増加に伴い，体型が変化する。幼児期は他の部位に比べて頭が大きく，腹が出ていて，手足が小さく，筋肉のしまりがない，幼児体型と呼ばれる状態である。このような体型が児童期には身体の発達に伴い，頭がそれほど大きくなく，筋肉にしまりのある体型へと発達する。また，児童期は筋肉と骨格，神経系が発達する時期でもあり，発達に伴い，それらが協応することで，運動の持続性や正確性，安定性や繊細さがみられるようになる。

表8-1 身体発達からみた発達段階の区分 (Stratz, 1922)

発達段階	年齢
第1充実期	2〜4歳
第1伸長期	5〜7歳
第2充実期	8〜12歳（男児） 8〜10歳（女児）
第2伸長期	13〜16歳（男児） 11〜14歳（女児）

（依田新ほか編：児童心理学　東京大学出版会　p.40〜41　1978より作成）

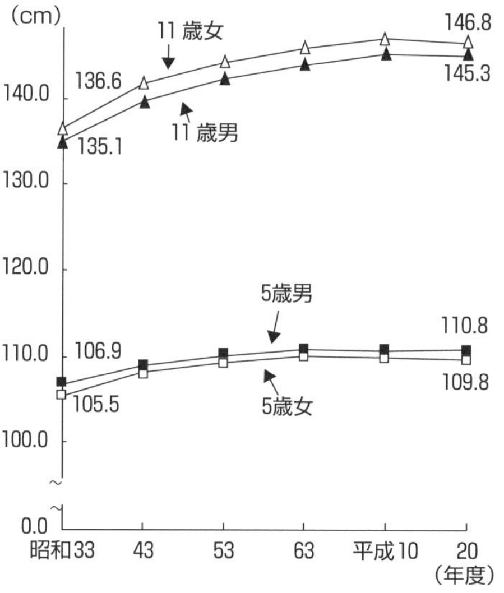

図8-1　児童期の身長の変化
（文部科学省，2008）

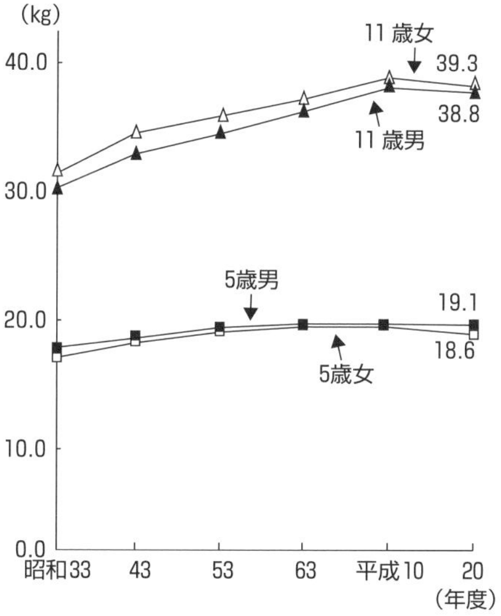

図8-2　児童期の体重の変化
（文部科学省，2008）

2．運動機能の発達

　児童期は，遊びの種類や運動量が増加し，運動能力が伸びる時期であり，スポーツに関する運動の段階とされている。幼児期までに獲得した基本的運動能力を基礎として，児童期の子どもはさまざまな運動を行うことができるようになる。運動能力の発達は子どもの性格や社会性の発達にも影響を及ぼし，運動能力の発達が十分でないと，小学校の集団生活に適応できないような状況が生じる場合もある。

　児童期後半には脳神経の発達と脳の局在性がほぼ完成し，身体の発達に伴い実施できる身体運動が多くなり，大人と同じ程度の運動を遂行できるようになる。児童期の運動機能は運動の速さや正確さ，協応性，柔軟性，平衡性（バランス）が青年期にい

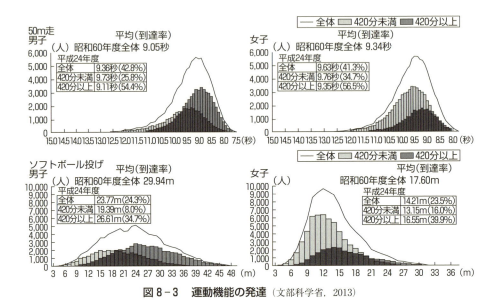

図8-3　運動機能の発達（文部科学省，2013）

たるまで徐々に発達していく。文部科学省は1964（昭和39）年以来「体力・運動能力調査」を実施し，国民の体力・運動能力の現状を明らかにしている。小学生を対象とした標準化されたテストの結果，50m走やソフトボール投げなどの運動機能は一般に男子が女子よりも優れ（図8-3），年齢に伴い男女差は大きくなっていく（文部科学省，2013）。反復横跳びは男女とも60％以上の児童が1985（昭和60）年度の平均値以上の値であるが，それ以外の50m走やソフトボール投げ，握力は男女ともに平均値を下回り，運動機能は低下傾向にある。最近は栄養状態が改善され身体的発達はよくなっているが，運動する機会をあまりもたない児童が多く，運動機能の低下が徐々に進んでいる。

　児童期の子どもの運動時間の総数は1週間当たり1時間未満で，運動をほとんどしない児童が多い（文部科学省，2011）。特に，女子は1週間の総運動時間が60分未満の児童が23.9％と多く，土日でも運動を行わず，1週間の総運動時間が60分未満の児童が男子で8.8％，女子で19.4％となっており，男女ともに運動時間が少ない傾向にある。運動をしない理由は「運動が苦手で自信がない」や「疲れている」「してみたいと思わない」などがあげられ，活発に活動するはずの児童期の子どもが運動を好んで行う傾向がないことが示唆されている。

2節»学校生活の始まり

1. 学習の始まり
(1) 読み書き能力

　岡本（1984）は，書き言葉が導入されてからの書き言葉と話し言葉を二次的言葉，それ以前の話し言葉を一次的言葉として，二次的言葉の出現で一次的言葉が終わるのではなく，二次的言葉に影響されて一次的言葉が変容することを提唱した。

　文字を読んだり書いたりする能力は，年々習得が早まっており，ほとんどの幼児は小学校に就学する前に読み書き能力はある程度習得し，ひらがなを読むことや文字を書くことができている。幼児期の子どもは文字を学習しているという感覚はなく，あいうえおかるたで遊んだり，五十音パネルを使ったり，友だちに手紙を書いたりして，遊びながら読み書き能力を習得していく。そのため，幼児期の子どもの書く能力は左右が反転した鏡文字を書いたり，書き順を間違ったり，外言を伴わなければ書けなかったりする。それが，小学校入学後の組織的な教育を受けることで，正しい文字を習得し，文字には機能があることを学びながら，学習が進められる。小学1年生の9月までに75％の子どもが黙ってすらすら文字を書けるようになる（内田，1989）。これは，子どもが一つひとつの文字に注意を向けなくても安定して書けるようになったためだと考えられている。

　就学以降，子どもの作文は大きく変化する。作文スタイルがそれまでの会話体（たとえば，「～しちゃった」「～ネ」）から文章体へと変わり，作文形式や句読点など，文章を書く場合のルールに従って文章を作成する。また，作文で自分自身の考えを自覚し，文字として書くことができるようになる。さらに，作文を書き終えた後には自分で書いた文章全体を読み返し，文字の誤りや文を修正・追加する作業を行う。このような過程を通じて，子どもは作文力を発達させていく。

(2) 計算能力

　幼児期の子どもは数を数えたり，簡単な計算をしたりする能力をもって小学校に入学する児童が多い。計算ができるためには，カウンティングの原理（Gelman & Gallistel, 1978）が理解されていなければならない。カウンティングの原理では，数を数えるための前提条件として，①1対1対応の原理（ものと数詞を対応づける），②安定順序の原理（一定の順序で数詞をいう），③基数の原理（数えて最後の数が全体の数を表す），④抽象の原理（どんな対象でも数えられる），⑤順序無関係の原理（どこから数えても全体は同じ），の5つが設定されている。

小学校では計算が本格的に始まり、さまざまな経験を通じて、加えれば増え、取り去れば減ることの意味を理解するようになる。

2. 思考の発達
(1) 自己中心性からの脱却
児童期はピアジェ（Piaget, J.）の認知発達理論の具体的操作期にあたる。前操作期に子どもが示していた未分化で非論理的で自己中心的な思考の仕方が、児童期に入ると、自己中心的思考から脱却して、具体物に対して可逆性や保存の概念が確立する。

表8-2 直観的思考段階と具体的操作段階における子どもの思考の特徴 (内田, 2003)

ピアジェの課題		直観的思考段階	具体的操作段階
液量の保存		子どもはA、Bの容器に等量の液体が入っていることを認める。それからBをCに移しかえると、液体の高さに惑わされCのほうを「たくさんだ」とこたえたり、容器の太さに惑わされCのほうが「少しになった」とこたえる。	子どもは、A、Bの容器に等量の液体が入っていることを認める。それからBをCに移しかえると、液体の高さは変わるが、CにはAと等しい量の液体が入っていることを理解する。
数の保存		子どもは2つの列の長さや密度の違いに惑わされて、並べ方次第で数が多くも少なくもなると判断する	子どもは、2つの列は長さと密度が異なるが、ともに同じ数であることを理解する。
物理量と重さの保存		子どもは、A、Bの粘土のボールが等しい量で、同じ重さであることをまず認める。それからBをつぶしてCのソーセージ型にすると、大きさの違いや長さの違いに着目して、量は変化し、重さも変わるとこたえる。	子どもは、A、Bの粘土のボールが等しい量で、同じ重さであることをまず認める。それからBをつぶしてCのようにしても、それはBのときと等しい量でしかも同じ重さであることを理解する。
長さの保存		子どもは個数の異なった積み木を使って、Aと同じ高さの塔をつくることができない。	子どもは個数の異なった積み木を使って、Aと同じ高さの塔をつくることができる。
客観的空間の保存		子どもはテーブルの上の山がもう1人の子どもにどのように見えるか表象できない。自分に家が見えていると、相手の子どもにも見えていると思っている。	子どもはテーブルの上の山がもう1人の子どもにどのように見えるか表象できる。すなわち、自分に見えている家が相手の子どもには見えていないことが理解できる。

可逆性とはもとに戻せば同じ状態になるということを理解することである。また，保存の概念では，数，長さ，重さ，体積の順に発達し，客観的空間の保存ができるようになる（表8-2）。

(2) 想像と創造性

想像とは，目に見えないものを思い浮かべる能力である。非現実的なものや，現実と一致しないものについて心的イメージを生成し，さまざまな経験を複合して脈略や筋道をつける働きであり，1歳半頃から青年期にかけて発達する。創造性は，想像力をもとに発揮される。過去の経験をもとにそれらを結び付けて，新しい考えや新しいイメージをつくり出し，新たに価値あるアイデアや洞察，発明を生み出す能力である。創造性は遊びの中で発達し，学問や発明，芸術活動などでその能力が発揮される。

(3) 領域固有性と領域一般性

ひとつの領域で獲得した知識・認知・思考スキルなどが他の領域で有効に働くかどうかを記述する概念を領域一般性といい，それに対して，それぞれの認知能力には相互に独立したモジュール性をもつという領域固有性の考え方がある。固有領域には言語，物理，数処理，顔知覚，空間推理などが考えられている。

3. 道徳性の発達

私たちはある行為に対して自分なりに善悪や公正さの基準に照らして道徳性を判断している。コールバーグ（Kohlberg, 1976）は道徳性判断の発達を6段階で示している（表8-3）。段階1は，罰を避けるために規則に従う段階で，養育者が絶対的な存

表8-3 道徳性の発達段階 (Kohlberg, 1976)

1. **罪と服従**　罪を避け，人や所有物を傷つけないようにし，規則や権威に従う。
2. **道具的目的と交換**　人の興味や要求に役立つときには規則に従う。公平な取引つまり等しい交換という観点をとる。
3. **対人期待，対人関係，同調性**　自分と密接な関係にある人々の期待に従って行動する。つまり自分に対する役割期待に従って行動する。よい役割を果たすことが重要である。
4. **社会システムと良心維持**　実際の義務を充足する。法律は他の社会的権利と義務と矛盾するような極端な例を除き，守らなければならない。社会，集団，制度に寄与するという観点をとる。
5. **権利と社会的契約**　人々はさまざまな価値と意見をもっていることを知っている。ほとんどの価値と規則は自分自身の集団にとって相対的なものであるが，それは社会的契約であるから常に守るべきである。生活と自由のような絶対的価値や権利はどの社会でも保持されなければならない。
6. **普遍的倫理原理**　特定の法律や社会的同意は倫理的原理に基づくものであるから一般に妥当である。もし法律が倫理的原理に背反するときは，倫理的原理に従って行為すべきである。倫理的原理は普遍的正義であり，人間が平等にもつ権利である。

注）各段階の間には移行段階がある。

在でそれに背くことが罰になるため，養育者の道徳性が判断基準になる。段階2は，賞が徳であり報われようとして同調する段階で，自分や他者の欲求が満たされるかどうかという利他的・快楽的なものが判断基準になる。段階3は，他者による非難や嫌悪をさけるために同調する段階で，社会的な慣習をもとに道徳性の判断を行う。多数の意見に同調し，まわりから認められるかどうかが重要な判断基準となる。段階4は，罪を犯したことによる法的権威による制裁を避けるために同調する段階である。判断基準が個人から社会的な関係へと変化し，社会の中の規範が道徳性判断の基準となる。段階5は，多数決の意思と福祉のために同調する段階である。段階6は，確立された良心を基礎に，自責の念を避けるために同調する段階である。

3節 » 対人関係の発達

1. 遊びの発達

幼児期は友だち数人と一緒にごっこ遊びをするが，児童期になると鬼ごっこやかくれんぼなどルールのある協同遊びや，ドッジボール，サッカー，野球などの集団ゲームをするようになる。集団で協同遊びや協同活動をしながら，子どもは友だちとの対人関係の中で役割や責任，協力，約束，思いやりなどの大切さを経験する。また，集団内での役割が明確になり，リーダーシップを学んでいく。

2. 対人関係の発達

(1) 家族との関係

母子関係は家族の中で最も重要な人間関係である。日本では身のまわりの世話やしつけはもっぱら母親がその役割を担う。母親の態度や行動が子どものパーソナリティ発達に影響をもたらすが，その反対を生じさせる場合もある。家族は1つのシステムであり，循環的に相互作用していると考えられている。父子関係については，父親は遊び中心の役割を担う。しかし日本では父子間のコミュニケーションが少なく，応答性も低い傾向にある。

(2) 教師との関係

小学校に入ると，親以外の大人との関係が始まる。その中心となるのが先生である。先生に勉強を教えてもらい，わからないところは質問し，本格的な勉強が始まる。また，学校では，学校の習慣や規則に従い，約束ごとを守ることを強いられる。子どもは教師から能力や知識，人格，情動，価値観などの影響を受ける。

小学校は学級担任制となっており，1～2人の担任が窓口となって子どもとの相互

関係を築き，子どもは担任教師からの影響を大きく受ける。子どもと教師間でよりよい関係を築くことができると，教師は個々の子どもの適性を把握し，それに応じた学級運営をする。しかし，学級は閉鎖的であるため，子どもとの関係がかたよる場合がある。小学校低学年では，子どもは教師への依存度が大きいが，対人関係は徐々に仲間関係へと変化し，親や教師などの大人とは距離を置くようになる。

(3) 仲間との関係

　児童期は学校生活の始まりとともに仲間関係が拡大する時期でもある。幼児期までの養育者中心の対人関係が，児童期に入ると同年齢との親しい対人関係を築くようになる。児童期初期の対人関係は家や席が近いことなどの物理的距離の近さや遊び仲間により形成される。9歳頃になると同性の友人どうしで徒党を組み，興味や関心，社会的欲求が一致していることなどの精神的な近さにより仲間関係を築き，さまざまな活動を行うようになる。この時期に形成される凝集性が高く，閉鎖的な集団をギャング・エイジ（徒党）集団という。

　ギャング・エイジは4〜8人の同性で構成されており，リーダーやフォロワーなどの役割が分化している。徒党集団内でのみ適用する約束やルールが存在し，ギャング・エイジ集団が思考や判断のよりどころとなる。また，集団規範への同調を強いる斉一性の圧力を行う時期でもある。一方，集団以外のものに対して閉鎖的・排他的であり，集団外のものに対する行動や言動が攻撃的になる可能性がある。ギャング・エイジ集団内の地位や役割を通じて社会性が発達する。ただし，最近は近隣社会との希薄化により，対人関係が変化し，ギャング・エイジ集団の活動が低下しているとの指摘もある。児童期の対人関係はギャング・エイジに所属することで，情緒的な安定を得るとともに，社会性を獲得していく。

　学年が上がるにつれ，好都合のときだけの協同的友人関係が，5〜6年生になると，それまでの友人に対する表面的な関係から，内面的な親密性をもった自律的な友人関係へと発達する。

3. 社会的スキルの発達

(1) 社会的スキル

　社会的スキルとは，人が他者とよりよい相互作用をするために，自分にも相手にも有益な結果をもたらし，両者の関係を円滑にする対人行動で必要とされる能力である。児童期の子どもは，あいさつをしたり，適切なタイミングで質問したり，笑顔で反応したり，「仲間に入れて」と言えるなど，先生や友だちとの円滑な人間関係を築くことができるようになる。

社会的スキルは対人関係を円滑に運ぶための能力で，相手から肯定的な反応を得て，否定的な反応を避ける能力でもある。社会的スキルが乏しい子どもは引っ込み思案で，対人不安，孤独感，攻撃性などの問題行動を示すことが多いため，社会的スキル・トレーニングによって，学校不適応の改善が図られている。また，発達障害のある子どもは，この社会的スキルが乏しいことが問題となり，対人関係でつまずくことが多くなる可能性が考えられる。

(2) 学校不適応

　学校における問題行動や不適応行動には，ひきこもりや不登校などの非社会的行動と，暴力やいじめなどの反社会的行動がある（本書，第12講参照）。

　不登校とは，心理的な理由で1年間に30日以上欠席した児童・生徒をいう。最近の不登校児童生徒数は2013年度から再び上昇に転じ，少子化による若年人口の減少を考慮すると，不登校児童生徒の割合は増加の傾向にある。

　いじめは年々陰湿・長期化し，携帯電話やインターネットの普及により，さらに深刻化している。いじめはしてはいけないことだという認識はあるが，自分もいじめられないかと心配し，傍観者となることから，さらにいじめが助長されるケースが多い。いじめ予防には昼休みや休み時間の監視体制が効果的であるとの研究もあるが，いじめの原因の根本的な解決策にはいたっていない。

コラム⑧
自己肯定感

　文部科学省は，「子どもの発達は，自らの経験を基にして，周囲の環境に働きかけ，環境との相互作用を通じ，豊かな心情，意欲，態度を身につけ，新たな能力を獲得する過程であるが，身体的発達，情緒的発達，知的発達や社会性の発達などの子どもの成長におけるさまざまな側面は，相互に関連を有しながら総合的に発達する」ため，子どもの発達やその課題をふまえた適切な対応と支援が重要であると述べています。児童期は，身体も大きく成長し自己肯定感をもちはじめる反面，自分自身に肯定的な意識をもてず自尊感情の低下により劣等感をもちやすくなる時期でもあります。

　わが国は，都市化や地域における地縁的つながりの希薄化，価値基準の流動化等により保護者の子育て不安は高まり，子どもどうしの交流活動や自然体験の減少もあいまって，周りの児童との人間関係がうまく構築できず集団生活になじめない，いわゆる「小１プロブレム」が顕在化しています。また，知的な活動においてもより分化した追究が可能となる９歳以降は，自分のことを客観的にとらえることができる一方で，発達の個人差も顕著になります（いわゆる「９歳の壁」）。平成19年度に国が実施した「全国学力・学習状況調査」によると，「自分には，よいところがあると思いますか」との問いに，「当てはまらない」または「どちらかといえば当てはまらない」と答えた児童・生徒は小学校６年生で28.3％，中学校３年生で39.1％にのぼり，日本の子どもたちは，自己評価が国際的にみて著しく低く，自己評価が他者との相対比較に影響されており，学習して豊かになるという自分を実感できないことが指摘されています。

　ローゼンバーグ（Rosenberg, M.）は，自尊感情について，２つの異なる意味について述べています。自分を「とてもよい（very good）」と考えるものと自分を「これでよい（good enough）」と考えるものです。前者は完全性や優越性を含む感覚で，他者との比較関係を基にした「優劣」が基準となっています。後者は，自分なりの満足を感じる感覚であり，自分の中の価値基準をベースとして自分を受容する考え方であり，他者との比較は含まれていません。

　児童期から安定した自己肯定感をもち，継続的にそれを高めていくためには，いつのときも，他者との関わりの中で自分の存在が認められ，受け入れられている実感がもてるような支援を考えていくことがこれからの課題でしょう。

第9講

乳児期から幼児期に生じる発達に関わる問題
発達障害

1節»発達障害

1. 発達障害とは

　発達障害（developmental disorders/developmental disabilities）は，発達障害者支援法（厚生労働省，2005年；2016年改正）によると「自閉症，アスペルガー症候群その他の広汎性発達障害，学習障害，注意欠陥多動性障害その他これに類する脳機能の障害で，通常低年齢で発現する障害で，発達障害及び社会的障壁により日常生活または社会生活に制限を受ける」と定義されている。また，『心理学辞典』（有斐閣，1999年）によると，「通常，幼児期や児童期または青年期に初めて診断され，その障害の起因が精神的，または身体的であるか，あるいは心身両面にわたり，その状態がいつまで続くか予測することができず，自己管理，言語機能，学習，移動，自律した生活能力，経済的自立等のいくつかの領域で機能上の制限のあるもの」と定義されている。
　アメリカ精神医学会の『精神疾患の診断・統計マニュアル（*Diagnostic and Statistical Manual of Mental Disorders*）』第5版（DSM-5；APA，2013／日本語版，2014）によると，発達期の間に発症する障害として神経発達症群(neurodevelopmental disorders) を設定し，その中に，知的能力障害，コミュニケーション症群（コミュニケーション障害群），自閉スペクトラム症（自閉症スペクトラム障害），注意欠如・多動症（注意欠如・多動性障害），運動症群（運動障害群），他の神経発達症群（他の神経発達障害群）が含まれている。また，WHO（世界保健機構）の『疾病および関連保健問題の国際統計分類（*International Statistical Classification of Diseases and Related Health Problems*）』第11版（ICD-11；WHO，2018）では，従来と同じカテゴリーの精神と行動，神経発達症に発達障害の各障害が分類されている。なお，DSM-5やICD-11の病名・用語の邦訳において，これまで，disorderは「障害」と訳されていたが，今後は「症」と表現されることになる。そのため本書では症を主の表現とし，障害を

（　）表記とする。

　発達障害の原因は，生まれつき，もしくは，周産期（妊娠22週から出生後7日未満）や新生児期（生後4週間まで）における何らかの問題（遺伝的，妊娠中・出産時の異常，乳幼児期の病気など）により，中枢神経の器質的もしくは機能的障害によって起こるものといわれているが，いまだ，原因が明確に解明されていないものもある。いずれの原因にせよ，脳機能の発達にかたよりが生じ，言葉や社会性，情緒のコントロールなどに問題が起こるものである。

　文部科学省が2012年度に実施した「通常の学級に在籍する発達障害の可能性のある特別な教育的支援を必要とする児童生徒に関する調査」の結果では，通常学級に在籍する子どもの6.5％に学校において何らかの困難が示されている。困難な状況は学習面（「聞く」「話す」「読む」「書く」「計算する」「推論する」のいずれかの領域における困難な状況）が4.5％，行動面（「不注意」「多動性－衝動性」などにおける困難な状況）が3.1％，行動面（「対人関係やこだわり」などにおける困難な状況）が1.1％と報告されている。また，それぞれの困難な状況は重複して生じている場合が多い。困難な状況の性差は男子9.3％に対して，女子は3.6％と，男子が女子の2倍以上である。これら困難な状況に対して必要な支援を受けている（もしくは受けていた）子どもは92.2％となっており，全員が適切な支援を受けてはいない状況がうかがわれる。発達障害者支援法の改正により，発達障害の早期発見と発達支援を行い，支援が切れ目なく行われること。また，発達障害者の自立および社会参加のための生活全般にわたる支援を図り，共生する社会を実現することが基本概念としてあげられている（厚生労働省，2016）。なお，軽度発達障害という用語は，発達障害の中で知的能力障害が軽度であったり，知的能力障害が伴わなかったりする症状に用いられてきたが，発達障害の症状が軽いと誤解される可能性があることから，文部科学省においては2007年3月15日以降使用しないこととなった。

2．知的能力障害

　知的能力障害には知的発達症（知的発達障害），全般的発達遅滞，特定不能の知的発達症（障害）が含まれる。知的能力障害は，脳の障害のために知的能力に障害があり，同時に運動能力や認知能力，言語能力などに遅れが生じ，学習活動や集団活動，身辺の自立，他者とのコミュニケーションなど社会で適応する上で大きな制限があり，支援を必要とするものである。知的能力障害は発達期の間に発症し，知能検査のIQがおおよそ70未満の水準を示すもので，障害の重症度によって軽度〜最重度に分類される。東京都[注]では知的障害者（児）に「愛の手帳」が交付され，知的障害者の保護

表 9-1　知的障害の程度による分類（東京都，2013）

分類	知能指数の目安	成人における日常生活の困難度
軽度	50-69	簡単な社会生活のきまりに従って行動することが可能である。 たとえば，日常生活に差し支えない程度に身辺の事柄を理解できるが，新しい事態や時や場所に応じた対応は不十分である。
中度	35-49	何らかの援助のもとに社会生活が可能である。 たとえば，ごく簡単な読み書き計算ができるが，それを生活場面で実際に使うのは困難である。具体的な事柄についての理解や簡単な日常会話はできるが，日常生活では声かけなどの配慮が必要である。
重度	20-34	社会生活をするには，個別的な援助が必要となる。 たとえば，読み書きや計算は不得手だが，単純な会話はできる。生活習慣になっていることであれば，言葉での指示を理解し，ごく身近なことについては，身振りや2語程度の短い言葉で自ら表現することができる。日常生活では，個別的援助を必要とすることが多くなる。
最重度	20未満	生活全般にわたり常時個別的な援助が必要となる。 たとえば，言葉でのやりとりやごく身近なことについての理解も難しく，意思表示はごく簡単なものに限られる。

および自立更生の援助を図るとともに，知的能力障害の児童や生徒に対する社会の理解と協力が求められている。愛の手帳要綱による判定基準に基づいて，知能検査による知能指数（IQ）と日常生活のようすから，知的障害の程度は総合的に判断され，その程度が，1度（最重度），2度（重度），3度（中度），4度（軽度）に区分されている（表9-1）。なお，IQ70～79は境界線とされている。

アメリカ精神医学会の『精神疾患の診断・統計マニュアル』第5版（DSM-5；APA，2013）では，概念的領域と，社会的領域，実用的領域における知的機能と適応機能の欠如があり，3領域ごとに軽度・中等度・重度の重症度が設定されている。アメリカ精神遅滞学会（American Association of Mental Retardation：AAMR, 2002）では，知的な能力に顕著な制限があり，かつ概念的スキル，社会的スキル，実際の適応スキルに顕著な制限がある障害であり，18歳までに発現するものと定義されている（表9-2）。

全般的発達遅滞は5歳未満で知的機能の3つの領域のいくつかに遅れがある状態で，一定期間をおいて，再度評価を行う必要がある。また，5歳以上で感覚または身体障害のために，知的発達症（知的能力障害）の評価が困難な場合には，特定不能の知的発達症と診断され，現在，盲聾唖など重複障害などにより知的能力が適切に評価できない児童生徒の数が把握できていない状況である。

注）2015年5月現在，東京都の「愛の手帳」交付要綱では"知的障害者（児）"という用語が使用されている。

表9-2　精神障害によって制限される社会生活スキル（AAMR, 2002）

●概念的スキル
1．言語表現や言語理解が十分できない
2．読んだり書いたりすることが十分できない
3．お金の概念が十分理解できない
●社会的スキル
1．人間関係をうまくやることが十分できない
2．責任をもって役割を果たすことが十分できない
3．十分な自尊心が育ちにくい
4．だまされやすいことがある
5．素朴さ
6．規則を理解し守ることが十分できない
7．理不尽な扱いをされないようにすることがうまくできない
●実際的スキル
1．基本的な日常生活動作が十分できない
　　食事・移動・トイレ・服を着る
2．日常生活を営む上で必要なことが十分できない
　　食事の準備・掃除や整理整頓・交通機関の利用
　　薬の管理・金銭管理・電話の使用
3．職場で必要なことが十分できない
4．完全な環境を確保することが十分できない

　知的能力障害の原因は，出生以前の原因による先天性と出生後の原因による後天性がある。先天性としては，染色体異常によるダウン症候群やエドワーズ症候群（18トリソミー症候群）など，21番や18番の常染色体の異常により，知的能力の問題だけでなく，心疾患などさまざまな疾患が併存している場合がある。ダウン症候群などは母体血清マーカー検査などにより出生前診断を行うことができる（詳しくはp.54コラム④参照）。知的障害のその他の原因としては，代謝性疾患（フェニルケトン尿症）や神経筋疾患（先天性筋ジストロフィー），妊娠中の毒物・薬物中毒や中枢神経感染症（風疹），てんかんによるものなどがある（表9-3）。
　後天性の原因として，出産前後の新生児仮死や低酸素性虚血性脳症や，出生後の外傷性脳損傷などによるものがある。また，虐待など出生後の環境要因により全般的発達遅滞が生じる可能性もある。
　出生直後の新生児の状態を評価する指標であるアプガースコア（Apgar score）は心拍数，呼吸，筋緊張，反射，皮膚の色の5つの評価基準について0～2点の3段階で点数をつけ，合計点が10～7点が正常，6～4点が軽症仮死，3～0点が重症仮死となる。重症仮死では知的能力障害が生じる可能性が高い（表9-4）。

表9-3　知的発達症（知的能力障害）の原因となりうる身体疾患 (宮本, 1999)

1. 染色体異常
   ①常染色体異常：Down 症候群・5 p-症候群（猫なき症候群）など。
   ②性染色体異常：脆弱 X 症候群・Turner 症候群など。
2. 中枢神経系・頭蓋骨の奇形
   ①脳の奇形：小頭症・脳梁欠損など。
   ②頭蓋骨の奇形：狭頭症。
   ③閉鎖の奇形：二分脊椎（髄膜瘤・髄膜脊髄瘤）。
3. 神経皮膚症候群
   神経線維腫症（Ricklinghausen 病）・結節性硬化症・Sturge-Wever 病など。
4. 奇形症候群
   脳性巨人症（Sotos 症候群）・Cornelia de Lange 症候群など。
5. 代謝性疾患
   フェニルケトン尿症・ガラクトース血症・Hurler 症候群・Wilson 病など。
6. 内分泌疾患
   先天性甲状腺機能低下症（クレチン症）・先天性副甲状腺機能低下症など。
7. 神経筋疾患
   先天性筋ジストロフィー・先天性筋緊張症など。
8. 周産期に生じる脳障害
   低酸素性能障害・頭蓋内出血・高ビリルビン血症など。
9. 外傷・物理的要因
   頭部外傷・脳血管障害（もやもや病）など。
10. 毒物・薬物中毒
    胎児アルコール症候群・鉛中毒など。
11. 中枢神経感染症
    先天性感染症（風疹・トキソプラズマなど）・髄膜炎・脳炎など。
12. てんかん
    点頭てんかん（West 症候群）・Lennox 症候群など。

表9-4　アプガースコア

徴候	点数		
	0	1	2
心拍数	なし	100未満	100以上
呼吸	なし	緩徐・不規則	良好な啼泣
筋緊張	なし	四肢やや屈曲	活発な運動
反射	なし	顔をしかめる	せき・くしゃみ
皮膚色	蒼白　チアノーゼ	四肢チアノーゼ　躯幹淡紅色	全身淡紅色

・反射はカテーテルで鼻腔刺激を行ったときの表情で評価する。
・6点以下が仮死，3点以下が重症仮死。

3. コミュニケーション症（コミュニケーション障害）

　言語の習得や使用が困難で，効果的なコミュニケーションや社会参加，学業成績，職業能力の機能に制限がもたらされる言語症や，語音の産出に困難がある語音症，流暢な音節の表出が困難な小児期発症流暢症（吃音），社会的状況で適切な挨拶や非言語的合図の使用や理解が困難な社会的コミュニケーション症（communication disorder）などがある。

　言語症は語彙の少なさや限定された構文，話題や出来事の語りや会話において語や文をつなげて表現することが困難という特徴がある。語彙が乏しいために適切な語で表現できなかったり，文が短く情報量が乏しいために，相手に理解されにくい。また，医学的診断カテゴリーではないが，言語発達のみに困難を示す特異的言語発達障害（Specific language Impairment：SLI）では文法能力での問題が指摘されている。

　語音症は，持続的に声帯振動に不規則性が生じかすれ声になる発声障害や，音が歪んだり不明瞭になる構音障害などがある。小児期発症流暢症（吃音）は発話の非流暢性だけでなく，まばたきするなど緊張に伴う随伴的な身体運動がみられることがあり，2～6歳の男児に多い（1：2.5～3.0）。吃音を意識すると，コミュニケーション場面への不安や恐怖心が多くなる場合がある。

　コミュニケーション症は語用（pragmatics）の問題で，社会的状況に適切な挨拶などが困難であったり，場面や相手によって話し方を変えることが困難，相槌や柔軟な言い換えができなかったり，皮肉やユーモアが理解できなかったりする。

4. 自閉スペクトラム症（自閉症スペクトラム障害）

　1943年アメリカの精神科医カナー（Kanner, L.）により引きこもりや同一性保持，反響言語などを特徴とする早期幼児自閉症が報告された。1944年オーストリアの小児科医アスペルガー（Asperger, H.）によりカナーの症例に酷似する一生を通じて認められる自閉的精神病質が報告された。その後，イギリスの精神科医ウィング（Wing, L.）はかかわりの障害，コミュニケーションの障害，こだわりの障害の３つの特徴を有する自閉スペクトラム症という定型発達とのスペクトラム（連続体）の考え方を報告した。

　自閉スペクトラム症は先天的な脳機能障害で社会性やコミュニケーションの発達に問題があり，反復的常同行動やエコラリア，クレーン現象などの問題行動がある。男女比は５：１と圧倒的に男児が多い。根本的な原因がわかっておらず，早期から療育を行い，適応を図る必要がある。

　DSM-5（APA, 2013／日本語版, 2014）によると，自閉スペクトラム症（自閉症

スペクトラム障害，Autism Spectrum Disorder：ASD）は発達期早期から存在し，社会的コミュニケーションおよび対人的相互反応における欠如と，行動，興味，または活動の限定された反復的な様式という2つの典型的な症状を必須症状とした障害である。領域ごとにレベル1「支援を要する」からレベル3「非常に十分な支援を要する」まで重症度水準が示されている。

　たとえば，社会的コミュニケーションおよび対人的相互反応における欠如の一例として，対人的に異常な近づき方や，視線を合わさない，身振りの異常，想像上の遊びを他者と一緒にできない，友人づくりが困難，などが示されている。行動，興味，または活動の限定された反復的な様式には，おもちゃを一列に並べたりものをたたいたりするなどの単調な常同運動や反響言語，独特な言い回し，儀式のような挨拶や習慣，柔軟性に欠ける思考様式，一般的でないものへの強い愛着，感覚刺激に対する過敏もしくは鈍感さがある。

　低年齢では多動性や感覚の異常，極端な偏食，睡眠障害などの問題行動を示し，年齢の上昇とともに，こだわりや強迫症状，自傷行為，他害などの問題行動が目立つようになる。

5. 注意欠如・多動症（注意欠如・多動性障害）

　注意欠如・多動症（注意欠如・多動性障害，Attention-Deficit/Hyperactivities Disorder：ADHD）とは，落ち着きがなく，注意集中の持続が困難で，気が散りやすかったり，不注意傾向などの困難がみられる障害である。症状には，不注意と多動性および衝動性があり，不注意または多動性・衝動性の症状が12歳以前に始まるのが特徴である。たとえば不注意は，注意の集中や持続が困難で，注意がそれたり，注意の転換が困難だったり，忘れ物が多く，指示を聞いていなかったり，順序立てて考えたり行動することができなかったりする。多動性は，どんなときもじっとしていられず，教室内を動き回ったり，手足をいつも動かしていたり，一方的におしゃべりをしたりする。衝動性は，その場で思いついたことを状況など考慮せず行動に移してしまったり，相手の質問が終わらないうちに回答したり，遊びやゲームの順番を守れず，行事などでその場にそぐわない無遠慮で突飛な言動をしたりする。また，不注意が優勢な場合と，多動・衝動が優勢な場合，両者が混在している場合の3タイプがある。3タイプの診断基準は表9-5の通りである。

　ADHDの有病率は4～12％で，家族性に発生する傾向がある。男女比は5：1～10：1と報告者によりその率は異なるが，男子が圧倒的に多い。また，ADHDの50％以上に読み障害や算数障害などの学習障害が合併するとの報告もある。うまく適応で

表9-5 注意欠如・多動症（注意欠如・多動性障害）の診断基準（DSM-5より）

A．(1)および／または(2)によって特徴づけられる，不注意および／または多動性－衝動性の持続的な様式で，機能または発達の妨げとなっているもの：
(1) 不注意：以下の症状のうち6つ（またはそれ以上）が少なくとも6カ月持続したことがあり，その程度は発達の水準に不相応で，社会的および学業的／職業的活動に直接，悪影響を及ぼすほどである：
注：それらの症状は，単なる反抗的行動，挑戦，敵意の表れではなく，課題や指示を理解できないことでもない。青年期後期および成人（7歳以上）では，少なくとも5つ以上の症状が必要である。
 (a) 学業，仕事，または他の活動中に，しばしば綿密に注意することができない，または不注意な間違いをする（例：細部を見過ごしたり，見逃してしまう，作業が不正確である）。
 (b) 課題または遊びの活動中に，しばしば注意を持続することが困難である（例：講義，会話，または長時間の読書に集中し続けることが難しい）。
 (c) 直接話しかけられたときに，しばしば聞いていないように見える（例：明らかな注意を逸らすものがない状況でさえ，心がどこか他所にあるように見える）。
 (d) しばしば指示に従えず，学業，用事，職場での義務をやり遂げることができない（例：課題を始めるがすぐに集中できなくなる，また容易に脱線する）。
 (e) 課題や活動を順序立てることがしばしば困難である（例：一連の課題を遂行することが難しい，資料や持ち物を整理しておくことが難しい，作業が乱雑でまとまりがない，時間の管理が苦手，締め切りを守れない）。
 (f) 精神的努力の持続を要する課題（例：学業や宿題，青年期後期および成人では報告書の作成，書類に漏れなく記入すること，長い文書を見直すこと）に従事することをしばしば避ける，嫌う，またはいやいや行う。
 (g) 課題や活動に必要なもの（例：学校教材，鉛筆，本，道具，財布，鍵，書類，眼鏡，携帯電話）をしばしばなくしてしまう。
 (h) しばしば外的な刺激（青年期後期および成人では無関係な考えも含まれる）によってすぐ気が散ってしまう。
 (i) しばしば日々の活動（例：用事を足すこと，お使いをすること，青年期後期および成人では，電話を折り返しかけること，お金の支払い，会合の約束を守ること）で，忘れっぽい。
(2) 多動性および衝動性：以下の症状のうち6つ（またはそれ以上）が少なくとも6カ月持続したことがあり，その程度は発達の水準に不相応で，社会的および学業的／職業的活動に直接，悪影響を及ぼすほどである：
注：それらの症状は，単なる反抗的態度，挑戦，敵意などの表れではなく，課題や指示を理解できないことでもない。青年期後期および成人（17歳以上）では，少なくとも5つ以上の症状が必要である。
 (a) しばしば手足をそわそわ動かしたりトントン叩いたりする，またはいすの上でもじもじする。
 (b) 席についていることが求められる場面でしばしば席を離れる（例：教室，職場，その他の作業場所で，またはそこにとどまることを要求される他の場面で，自分の場所を離れる）。
 (c) 不適切な状況でしばしば走り回ったり高い所へ登ったりする（注：青年または成人では，落ち着かない感じのみに限られるかもしれない）。
 (d) 静かに遊んだり余暇活動につくことがしばしばできない。
 (e) しばしば"じっとしていない"，またはまるで"エンジンで動かされているように"行動する（例：レストランや会議に長時間とどまることができないかまたは不快に感じる；他の人達には，落ち着かないとか，一緒にいることが困難と感じられるかもしれない）。
 (f) しばしばしゃべりすぎる。

(g) しばしば質問が終わる前に出し抜いて答え始めてしまう（例：他の人達の言葉の続きを言ってしまう；会話で自分の番を待つことができない）。
　　(h) しばしば自分の順番を待つことが困難である（例：列に並んでいるとき）。
　　(i) しばしば他人を妨害し，邪魔する（例：会話，ゲーム，または活動に干渉する；相手に聞かずにまたは許可を得ずに他人の物を使い始めるかもしれない；青年または成人では，他人のしていることに口出ししたり，横取りすることがあるかもしれない）。
　B．不注意または多動性－衝動性の症状のうちいくつかが12歳になる前から存在していた。
　C．不注意または多動性－衝動性の症状のうちいくつかが2つ以上の状況（例：家庭，学校，職場；友人や親戚といるとき；その他の活動中）において存在する。
　D．これらの症状が，社会的，学業的，または職業的機能を損なわせているまたはその質を低下させているという明確な証拠がある。
　E．その症状は，統合失調症，または他の精神病性障害の経過中にのみ起こるものではなく，他の精神疾患（例：気分障害，不安症，解離症，パーソナリティ障害，物質中毒または離脱）ではうまく説明されない。

きずに年齢が高くなると，反抗的行動や挑戦，敵意の表れが併う場合がある。ADHDの治療には薬物が用いられる。中枢神経刺激薬のメチルフェニデート系が用いられ，73～77％に行動上の効果がみられ，20～30％は無効との報告がある。

6．学習症（学習障害）

　学習症（学習障害，Learning Disabilities：LD）は，小学校入学後に学習面での能力のアンバランスさから顕著に示される障害である。たとえば，小数点や分数の加減算ができなかったり，先の見通しを立てることができないなどの困難を示して障害が疑われる。原因としては，何らかの脳機能障害と考えられ，親のしつけや本人のやる気などの環境的なものが原因ではない。また，学習能力が単に遅れているのではなく，年齢や就学年，知的水準から期待される能力よりも十分に低い，もしくは能力にでこぼこが生じることから学習面で困難が示される。学習面における具体的な困難としては，聴覚提示された指示を理解することができなかったり，計算や文章問題，図形問題が解けなかったり，作文を作成することができなかったりする。
　学習症の定義には，医学領域による定義と，心理学的・教育学的定義がある。アメリカ精神医学会の『精神疾患の診断・統計マニュアル』第5版（DSM-5；APA, 2013）では，限局性学習症（Specific Learning Disorder：SLD）とし，読字や読み，綴り字，書字表出の困難さや，数字の概念，数値，計算の習得に困難が示される。具体的には，読字障害，算数障害，書字表出障害などがある。たとえば，読字障害は，文字や行を抜かして読んだり，促音（「っ」）や拗音（「きゃ」「しゃ」）長音（「う」）の読み方が覚えられないなど，読みの困難が示される。算数障害は，加減乗除の計算や繰り上がり，小数点や分数の計算が困難で，図形認知や時間概念に困難が示される。書字表出

障害は，鏡文字を書いたり，一文字抜かしたり，特殊音節（「っ」「ゃ」「ゅ」「ょ」）の書字や，発音と書字のルール理解に困難が示される。

心理学的・教育学的定義は文部科学省（1999年）によって，「学習症とは，全般的な知的発達の遅れはないにもかかわらず，聞く，話す，読む，書く，計算する，または推論する能力のうち特定のものの習得と使用に著しい困難を示す様々な状態を指すもので，その原因として，中枢神経系になんらかの機能障害があると推定されるが，視覚障害，知的障害，情緒障害などの障害や，環境的要因が直接の原因になるものではない」と定義されている。聞くことの困難では，話し言葉（聴覚提示）の理解に問題があり，集団場面での説明や指示の理解が弱くなる。話すことの困難では，考えや思いを話し言葉にうまく置き換えられなかったり，他者にうまく伝えられなかったりする。読むことの困難では，文字や文章を読むことに困難があり，読んだ文章の内容を理解することが困難になる。これは視覚的に提示されたものの形や位置を記憶や認識することができないことが原因の一部と考えられている。書くことの困難では，文字や文章を書くことや綴ること，形を整えることが困難になる。これは視覚と運動の協応や手先の精巧さの問題から生じる場合が考えられる。計算することの困難では，九九を覚えられなかったり，繰り上がりや分数の計算が理解できなかったりする。これは数量の概念がつかめていないことや論理的に思考することができないためと考えられている。推論することの困難では，図形の展開図や位取り，時間，場所の認識が弱く，状況判断が困難になる。

学習症の有病率は欧米では5～10％，日本では2～5％で，男女比は3：1と圧倒的に男子が多く，注意欠如・多動症（ADHD）や自閉スペクトラム症（ASD）を合併する場合が多い。

7．運動症（運動障害）

脳性まひなどによる障害ではなく，協調運動技能の獲得や遂行が劣っている発達性協調運動症（developmental coordination disorder）は，不器用で運動の発達に遅れがある。日常生活では，靴ひもを結んだり，ボタンをはめたり，ボール遊びや片足ケンケン，縄跳び，平衡バランスなどが年齢や知能水準より大きく下回る場合をいう。そのほかに，手を震わせたり，身体を揺するなどの反復的でかりたてるような運動行動を起こす常同運動症や運動チックもしくは音声チック症などがある。

8．発達障害による二次的障害

発達障害の子どもは問題行動が障害によって生じているものと認知されず，周囲の

人から単なるわがままだとか，やる気がなく努力しない，変わった子どもと指摘されることがある。そのため，発達障害の子どもたちは適切な支援が受けられず，自信喪失や自己評価の低下などを示し，その結果として社会に対してなみなみならぬ怒りをもっている場合がある。また，情緒不安に陥ったり，人間関係や社会生活に疲れていることもある。もともとの障害である一次的障害に，このような社会の中でのストレスが加わり，望ましくない言動を発したり，学級の適応に問題を示すという二次的障害を伴う場合がある。

二次的障害は適切な支援を受ければ軽減されたり，社会の中でうまく適応したりすることができるようになる。また，適切な支援を受けることで，社会生活における不安やストレスを軽減し，うまく適応できるようになる。養育者や周囲の人間は本人や関係者に支援や助言を行う必要がある。

2節 » 胎児期から新生児期に起こる発達上の問題

(1) 聴覚障害

聴覚器官もしくは，脳の聴覚中枢のいずれかに障害があり，音が聞き取れない，もしくは聞きづらい状態をいう。日本では聴力レベル70dB以上でないと聞き取れない人には身体障害者手帳の交付がある（健聴は0〜20dB）。

聞き取れないことによって，言葉の発達が遅れる可能性があるため，聴覚障害はできるだけ早期に発見し，適切な対応をとることで，その後の不適応を最小限にとどめることができる。

(2) 視覚障害

視覚障害は，視力や視野の障害，色覚障害，眼球運動障害などにより，視覚機能に生じる障害である。見ることは子どもの発達に重要な役割を果たしており，日常生活に大きく影響する。そのため視覚障害を早期に発見し，適切な訓練を行うことが必要である。

(3) 肢体不自由

四肢もしくは体幹，あるいはその両方の障害により運動機能の障害があり，日常生活に支障をきたす，もしくは将来きたす恐れのある障害を肢体不自由という。姿勢を保ったり，移動したりするなど，日常生活に不自由をきたしている状態である。

肢体不自由の原因は脳性まひが70％を占め，脳の障害により，運動発達が遅れたり，筋緊張の異常がみられたり，姿勢の異常がみられたりする。多くの場合，コミュニケーション障害や知的能力障害，けいれん発作を合併する。

■第9講　乳児期から幼児期に生じる発達に関わる問題　111

3節》合理的配慮とユニバーサルデザイン

　特別支援教育は，障害のある幼児・児童・生徒の自立や社会参加に向けた主体的な取り組みを支援するという視点に立ち，幼児・児童・生徒一人ひとりの教育的ニーズを把握し，そのもてる力を高め，生活や学習上の困難を改善または克服するため，適切な指導及び必要な支援を行うことを目的としている。発達障害をはじめとする生徒一人ひとりの発達特性に合わせた個別的な合理的配慮を行うことが要求される。

　障害者差別解消法（2016年施行）はすべての国民が，障害の有無によって分け隔てられることなく，相互に人格と個性を尊重し合いながら共生する社会の実現に向け，障害を理由とする差別の解消を推進することを目的として，不当な差別的取り扱いの

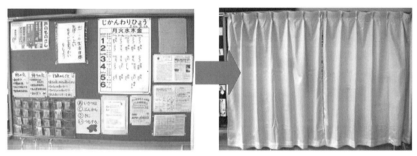

黒板に集中できるように，黒板周辺の不要な情報をカーテンで隠す。

図 9-1　教室におけるユニバーサルデザインの例（さいたま市教育委員会，2017）

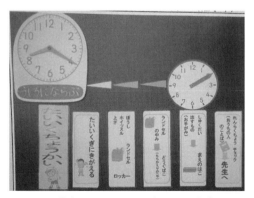

図 9-2　教室におけるユニバーサルデザインの例（スケジュールの視覚化）（さいたま市教育委員会，2017）

禁止と合理的配慮の提供義務が提唱されている。合理的配慮（reasonable accommodation）とは障害者が他の者との平等を基礎としてすべての人権及び基本的自由を享有し，または行使することを確保するための必要かつ適当な変更および調整であって，特定の場合において必要とされるものである。たとえば，学校現場では障害のある子どもと障害のない子どもそれぞれが授業内容を理解し，学習に参加している充実感や達成感を得ながら，充実した時間を過ごしつつ，生きる力を身につけていけるかどうかが最も本質的な視点である。そのため障害のある児童もそうでない児童もよりわかりやすい環境整備を行うユニバーサルデザインの考え方が必要である（図9-1，図9-2）。

コラム⑨
発達障害者支援法と特別支援教育

　これまで既存の障害者福祉制度の谷間に置かれ，その気づきや対応が遅れがちであったASD（自閉症スペクトラム症／自閉症スペクトラム障害），LD（学習症／学習障害），ADHD（注意欠如・多動症／注意欠如・多動性障害^{注)}）などを「発達障害」と総称して，それぞれの障害特性やライフステージに応じた支援を国・自治体・国民の責務として定めた法律が2005（平成17）年に施行された「発達障害者支援法」で，2015（平成27）年に法改正され「社会的障壁により」という文言が追加され，途切れない支援を目標に現在にいたっています。

　文部科学省の調査では小学校普通学級の児童生徒の6.5％が発達障害の可能性があるとされ，クラスに1人はいる割合です。国際的には，1994年にユネスコ・特別ニーズ教育に関する世界会議で採択された「特別ニーズ教育における原則，政策および実践に関するサラマンカ宣言および行動のための枠組み」において，インクルージョン（inclusion：包含）という概念，すなわちすべての子どもにはそれぞれのニーズがあり，子どもの障害の程度や内容によって区分すべきではなく，もともと子どもという1つのグループしかないという発想から，障害のある児童生徒に対して，その一人ひとりの教育的ニーズを把握し，そのもてる力を高め，生活や学習上の困難を改善・克服できるよう，必要な支援を行う教育の必要性が認知されました。

　わが国における障害児教育は1878年から始まっていますが，実に130年ぶりの大改革として，2006（平成18）年6月成立の学校教育法の一部改正によって法的根拠を得，特殊教育から特別支援教育への転換がはかられました。従来の特殊教育（障害児教育）の対象（盲・聾，知的障害，肢体不自由，病弱）に，LD，ADHD，ASDを加え，これまでの盲・聾・養護学校を特別支援学校として，障害種別によらない教育の場が実現することになったのです。特別支援学校や小中学校の特別支援学級に通う子どもは，全国で28万人を超えており，今後はさらに増えることが予想されます。

　各小・中学校等に配置された特別支援教育コーディネーターは，①学校内の関係者や関係機関との連絡・調整，②保護者に対する学校の窓口として機能することが期待されています。

注）ADHDは発達障害者支援法では「注意欠陥多動性障害」と記述されているが，2013年のDSM-5では「注意欠如・多動症／注意欠如・多動性障害」と記されている。

第 3 部

疾風怒濤の時代　青年期から成人前期

第 10 講

青年期の特徴と自我同一性の獲得
己を知ること

1節 » 身体的成熟と精神的未成熟

1. 青年期の身体的成熟

　青年心理学の創始者であるホール（Hall, S.）は青年期を「疾風怒濤の時代」と呼んだ。これは，比較的安定した時期である児童期から独立と安定が確立される成人期への移行期である青年期が，まるで一艘の小舟が大海の荒波の中に船出するかのごとく，危険と不安に満ちた時期であることを意味したものである。

　青年期になると身長，体重の変化は緩やかになっていく（図10-1）。身体的には成人と変わらず，人によっては両親よりも大きく，また力も強くなることもめずらしくない。また第二次性徴により，男子は筋骨の発達，変声，体毛の発生，生殖器の発

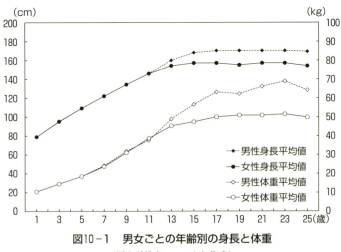

図10-1　男女ごとの年齢別の身長と体重
（厚生労働省，2017より作成）

達，精通現象，そして女子は乳房の発達，丸みを帯びた体型への変化，初潮現象などの変化を通じて，男女異なる身体的特徴を際立たせていく。スキャモンの発達・発育曲線（p.5，図1-2参照）を見ても，生まれてから急速に発達する神経系，リンパ系とは異なり，生殖系は14歳頃から急速に成長し始めるのがわかる。

　このような身体的成長に対して，精神的な成熟は青年期を通しての課題となる。第二次性徴という身体的変化をきっかけにして，青年期前期（思春期）では児童期とは異なる自己が芽ばえ，青年期を通して「自分とは何者なのか」という課題に取り組むことになる。言い換えれば，精神的成熟とは自己の存在の確信と社会における自己の位置づけ，そして周囲の人との関係性の中で適切な判断や将来への見通しがもてることといえるであろう。

2．青年期の認知的発達と第二反抗期

　青年期は認識の発達により，可能性の世界や論理的判断も可能となり，適切な情報処理も可能となる。自分への洞察，状況を判断しながら自分の将来を考えることが可能となる基礎を獲得していく。ピアジェ（Piaget, J.）によれば，思春期は形式的操作期に位置づけられるが単なる形式的な操作だけではなく，個人の感情の上に社会的理想を目指す感情も出現する。理想社会論から人生論にいたるイデオロギーを論じることが可能となる。それらは必ずしもすべてが現実社会から受け入れられるものではないが，青年たちは社会に準拠していこうとする存在として発達をしていく。このような中で社会の中で果たす自己の役割を，さらに自らのパーソナリティ価値を位置づけていくようになる。

　しかし，現実には認識能力の発達による判断能力の向上と社会的経験の不足という不均衡さから理想主義的傾向も強くなりがちである。親に対する見方が変化し，これまで疑問をもたず依存してきた親との生活に距離を置くようになり，友人関係に重きを置くようになっていく。時には親や社会の制度やあり方に強い不満を感じ，批判や嫌悪感をもつことも少なくない。これは親，社会への反抗としてとらえられ，第二反抗期と呼ばれている。

　また，親への依存と自立の葛藤が生じ，相反する感情が混在もするようになる。さまざまな葛藤や社会的経験を積むことによって，徐々に自立への自信を深めていくようになる。

3．青年期の終了

　「こころ」と「からだ」がアンバランスな状態で始まり，その過程で精神的な成熟

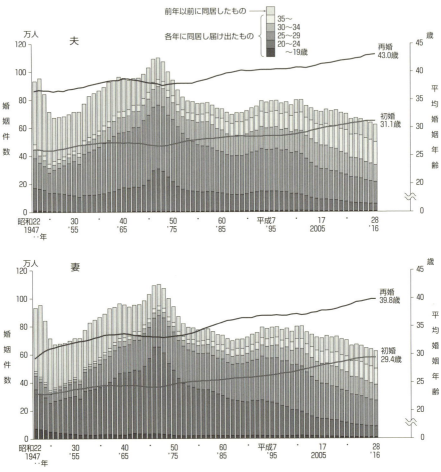

注) 昭和42年までは結婚式をあげたときの年齢，43年以降は結婚式をあげたときと同居を始めたときのうち早いほうの年齢である。

図10-2　夫・妻の年齢階級別にみた婚姻件数及び平均婚姻年齢の年次推移（昭和22～平成28年）（厚生労働省政策統括官，2018）

を目指していくのが青年期といえる。言い換えれば心身の成熟をもって青年期は終了し，成人期へと移行すると考えられる。青年期の終了が身体的・精神的な成熟で示されるのであれば，親や大人から庇護される存在ではなく，社会的に自立した他者と対等な存在として認められることが指標となるであろう。日本ではおおよそ18歳人口の半数が大学に進学しており，学生の多くが授業料，生活費を親などに依存している現

状を考えれば，経済的・精神的な自立が20代初頭でなされるとは言いがたい。また，自立できるだけの経済力をもちながらも親に依存した状況を続ける若者や，就職しても年齢にそぐわない常識を逸脱した言動をとり続ける人は精神的に成熟しているとはいえない。

　このようなことから，現代においては青年期が延長され30歳頃までを青年期とするべきという考え方も示されている。しかし，一般的には大学を卒業し社会生活を開始する22〜23歳頃をもって青年期は終了するという考え方が多いようである。

　家族形成の過程からみても，年々晩婚化が進んでおり青年期の延長が指摘されている。1975（昭和50）年と2017（平成29）年の平均初婚年齢を比較すると，男性は27歳から31.1歳と4.1歳，女性は24.7歳から29.4歳と4.7歳ほど晩婚化が進んでいる。パートナーとの結婚生活を開始することも成人期の発達課題の1つであり，結婚までの準備期間の延長は青年期から成人期への移行の先延ばしを示唆している（図10-2）。

　このような状況を受けて，青年期と成人期の間に成人形成期という概念を唱える研究者も現れている（Arnett, 2000）。

2節》アイデンティティの獲得と危機

1. アイデンティティとは何か

　青年期とは，児童期から成人期への移行段階であり，大人になるための準備期間といえる。しかし，社会的な意味での「大人」にはさまざまな基準があり，青年期の若者たちは時には「大人」として扱われ，時には「子ども」として扱われる。このような状況に対してレヴィン（Lewin, K.）はこの時期の若者たちを境界人（marginal man）とよび，青年の置かれた不安定な立場を表現した。

　この不安定な状況の中から，若者たちは自分の存在が他者と異なる独自の存在であることに目覚めていく。ルソー（Rousseau, J. J.）は著作『エミール』の中で「われわれは二度生まれる。一度は生存するために，もう一度は生活するために。一度は人間として生まれ，もう一度は男もしくは女として生まれる」と述べ，この時期を第2の誕生と呼んでいる。また，シュプランガー（Spranger, E.）は青年期の心理的特徴として「自我の発見」をあげ，新しく形成された自己内部に目を向け自分のあり方を探ろうとしていると論じている。

　エリクソン（Erikson, 1959）は青年期の課題としてアイデンティティの確立をあげている。エリクソンによればアイデンティティとは，「私はいつも同じ自分である」という自己の連続性・斉一性という特徴が，自分以外の他者とも共有できているとい

う，そしてそれが社会からも認められているという感覚をもてることだとしている。青年期は急激に起こる身体の変化に動揺し，認知的な発達により自己内部への関心が高まるとともに時には自分の存在に疑問をもつ。そして社会や歴史からの要請に対応していく中で，これらを統合し，自らのアイデンティティを確立していくことが求められる。しかし，この確立に失敗しアイデンティティが拡散してしまうのではないかという感覚も生じ青年を混乱させることもある。アイデンティティの確立と拡散という葛藤を経験することも青年期の自己形成には必要なことであり，適度の葛藤の経験は人生の転機にもなりうる。

2. アイデンティティの拡散とモラトリアム

青年期は人生の中でも自己への関心が高まり，自己の性格や対人関係について思い悩み，そして将来を模索する時期である。時には自己への関心の高まりから自分以外のものとの隔たりを感じ，孤独や孤立を経験する時期でもある。このような中で，自分が何者であるかを確信することができず，また自分の進むべき道（人生）を見つけられずに混乱をきたすような危機あるいは葛藤の状態を「アイデンティティの拡散」と呼んでいる。

エリクソンは，自分がわからない，自分がないという自我同一性の危機に直面しながら本当の自分を模索していくのが青年期であり，青年期は社会もその模索を援助すべく成人に課せられる義務や責任を一時的に免除した猶予期間であるとしている。このことにより，青年もアイデンティティ獲得のためにこの保護された時間でさまざまな役割実験や社会的な体験を行うことが可能となる。エリクソンは，本来，国家が債権債務の決済を一定期間延期し猶予することによって，金融機構の崩壊を防止する措置を意味する「モラトリアム（moratorium）」という言葉を，青年期における発達の可能性を示す準備期間を意味する用語として転用したのである。

小此木（1978）はエリクソンの「モラトリアム」とは異なった概念として「モラトリアム人間」という言葉を用いて当時の若者の状況を描写している。ここでいう「モラトリアム」とはエリクソンのいう「時期」を示すものではなく，社会的責任や義務を無限に引き伸ばし，幼児的な万能感と欲求の追及に浸っている状態を示した一種のアイデンティティの拡散状態を指している。また，この状況を示す言葉としての「アイデンティティ」は後述するマーシア（Marcia, J. E.）の研究にもみられ，最近ではごく一般的に用いられるようになっている。

表10-1　4つのアイデンティティ・ステイタス（無藤, 1979；伊藤, 2012）

同一性ステイタス	危機	傾倒	概略
同一性達成	経験した	している	幼児期からの在り方について確信がなくなり，いくつかの可能性について本気で考えた末，自分自身の解決に達して，それに基づいて行動している。
モラトリアム	経験中	しようとしている	いくつかの選択肢について迷っているところで，その不確かさを克服しようと一生懸命努力している。
早期完了	経験していない	している	自分の目標と親の目標の間に不協和がない。どんな体験も，幼児期以来の信念を補強するだけになっている。堅さ（融通の利かなさ）が特徴的。
同一性拡散	経験していない	していない	危機前（pre-crisis）：今まで本当に何者であったか経験がないので，自分が何者であるかを想像することが不可能。
	経験した	していない	危機後（post-crisis）：すべてのことが可能だし可能なままにしておかなければならない。

3. アイデンティティ・ステイタス

　マーシア（Marcia, 1966）はアイデンティティ理論を実証的に検討している。マーシアは青年期の自我同一性の問題を，達成と拡散という2極構造に限定してみていくことに批判的な見解を示し，それまでアイデンティティが適応状況や自己，社会的役割との関連で間接的に検討されていたのに対し，アイデンティティそのものを，面接を通して直接測定しようとした。そして，危機と傾倒の2つの心理・社会的基準を軸にし，その両者のあり方から青年期の自我同一性の状況を「同一性達成」「モラトリアム」「早期完了」「同一性拡散」という4つの型のアイデンティティ・ステイタスとしてとらえている（表10-1）。

　このアイデンティティ・ステイタスの発達についてはエリクソンの描いたマトリックスの階段を登るように進むのではなく，過去の経験や性差，コーホートの影響をうけるなど多様性があることも指摘されている（Whitebourne et al., 2009）。

3節》青年期の人間関係と恋愛

1. 思春期・青年期の友人関係

　思春期・青年期は，それまでの親子関係を中心とした人間関係から友だちや仲間を中心とした人間関係への変化がみられるようになる。友人関係についても児童期から青年期にかけて段階的に変化していくことが知られており，「友人」の位置づけも異なっている。

保坂・岡村（1986）によれば，児童期後半における友人関係は"gang-group"と呼ばれ，同性の集団で，集団にのみ通用するルールに従って行動し，結束を高める傾向がある。小学校高学年頃から中学生にかけて友人関係は"chum-group"に変化し，同性で共通の興味・関心をもつ者どうし，集団を形成するようになる。類似性をもつ者どうしという安心感が集団の基盤となっている。そして，高校生頃になると互いの価値観や生き方，理想を知り，理解しようとする関係，互いに自立した個人としての違いを認め合う共存状態を指す"peer-group"へと友人関係は発達的変化をみせるという。

　しかし，現代においては，"gang-group"の消失や"chum-group"の肥大化，"peer-group"の遷延化（保坂，2000）が指摘されている。須藤（2014）は"chum-group"では，異質性を集団から排除することにより集団を維持しようとする傾向が現れ，いじめが生じやすい時期であることを示唆している。

2. 友人関係の特徴

　そもそも「親友」はどのようにとらえられているのであろうか。チャップマンとチャップマン（Chapman & Chapman, 1980）は「親友」について「お互いのことを何でも話すことができ，相手を自分と同じように大切に感じる，親密な感情体験のある間柄」と定義している。小学生から中学生の思春期に対してその友人関係の発達的調査を行った朝日と青木（2010）は「親友関係」を規定する要因として親密性体験に加えて，相手によって自分が情緒的に動かされること，相手に向けて強い思い入れをもつことという「情緒的な入れ込み」をあげている。また斎藤と野中（2011）は高校生・大学生に対する調査から，「親友」について「言動に敏感になり過ぎなくてもよい相手」とし，その相手との関係では自分の感情に素直に行動できる，内面的理解を図る行動を通して相手のことを深く理解しているという確信がある，自分のことも理解してもらいたいという思いからともに行動する時間が多く，相互理解活動が積極的に行われる相手として位置づけている。

3. 現代青年の友人関係の希薄さ

　青年期の友人関係は「親友」という言葉にみられるように，親密で内面を開示し合う関係として青年期以降の対人関係の発達に大きな影響を与えている。しかし近年ではこの友人関係に変化がみられている。自分が傷つくことを恐れて他者との深い交流を避けようとする傾向もみられる。大平（1995）は，距離を置いて傷つけ合わないこと，相手の気持ちを詮索せずに踏み込まない関係を保つことが「やさしさ」となって

表10-2　現代青年の友人関係の特徴 (松下・吉田, 2007より作成)

特　徴	内　容
ふれあい恐怖 (山田, 2002)	顔見知りからより親密な関係に発展させることに困難を感じる。浅いつきあいはじょうずにこなすが，深いつきあいができないという青年像を反映。
表面的な関係と自己愛 (岡田, 1998)	社会と距離を置いて接することを望む傾向が高いが，他者の目を気にする傾向がある。強迫的に表面的な見映えにこだわる。自分自身の自己愛が他者の評価に規定される。
閉鎖性と自己受容・他者受容の低さ (高井, 1999；廣實, 2002)	人間関係における閉鎖性・防衛性の強さと自己受容の低さの関連。自己受容的でない人は他者に対して閉鎖性・防衛性を強める。
自己と関係の保持と希求の葛藤 (大平, 1995；藤井, 2001)	距離を置いて傷つけ合わないこと，相手の気持ちを詮索せずに踏み込まないあたたかい関係を保つことが「やさしさ」となっている。友人関係の「希薄さ」の背後にある「親密性」への希求。

いると論じている。これをベラック (Bellak, 1970) は「山アラシ・ジレンマ」と呼んでいる。これは現代の青年期における友人関係の「希薄さ」とその背後にある「親密性」への希求を示していると考えられる。

松下と吉田 (2007) は現代青年の友人関係における"希薄さ"についてのレビューから，現代青年の友人関係の特徴を①ふれあい恐怖，②表面的な関係と自己愛，③閉鎖性と自己受容・他者受容の低さ，④自己と関係の保持と希求の葛藤という4つにまとめている (表10-2)。

そして現代青年の自己と友人の関わりの特徴を，①表面が整ってポジティヴなものに見えるという「見映え」が重視される傾向，②その背後に「深く関わる」ことでネガティヴな面に向き合ったり，傷ついたりすることを恐れる傾向，③ネガティヴな体験や傷つけないように「気遣い」，距離を置いて表面上のあたたかさを保とうとする「やさしさ」志向，の3点にまとめ現代青年の関係性保全のための努力というべき心の動きがあることを指摘している。

岩宮 (2012) は，近年の中学生・高校生は「好きな人とだけつきあえばよい」という意識で同級生との関係を結んでおり，教室内でともに過ごすクラスメートの共同体意識やクラスに所属しているという意識が希薄化していることを指摘している。その反面，特定の人間関係を維持することに腐心し，それが壊れることは自分の居場所を失うことにつながるとしている。さらに，思春期の若者にとって最大の恐怖は「ぼっち」であるとし，人間関係維持のためのストレスが溜まっていることも指摘している。

現代では情報ネットワークが高度に発展をし，人間関係もこのネットワークに依存する状況が生まれている。また，このネットワークへ常に接続している環境により人

表10-3　アイデンティティのための恋愛の特徴 （小塩，2014より引用）

1．相手からの賛美・賞賛を求めたい（「好きだ」「素敵だ」と言ってほしい）
2．相手からの評価が気になる（「私のことどう思う」と言う）
3．しばらくすると，呑み込まれる不安を感じる（あまり「好きだ」と言われるとかえって不安になる）
4．相手の挙動に目が離せなくなる（「自分のことを嫌いになったのではないか」と気になる）
5．結果として多くの場合交際が長続きしない

間関係も疑似的にフルタイム化することとなり，ネットワークにつながらない状況は人間関係から遮断されたと考えてしまう傾向が限られた人への依存を高めているという（須藤，2014）。

4．青年期の発達課題と恋愛

　青年期から成人初期の発達課題に異性との交際をあげることができる。青年期では性に関する意識，興味・関心といった性意識の変化が顕著となるとともに，男性としてまたは女性として社会でどのようにふるまうべきかという社会的性役割（ジェンダー・スキーマ）も意識するようになる。

　エリクソンは，成人前期の心理社会的危機に「親密性 対 孤立」をあげており，この時期に異性との性愛も含めた愛情関係をつくり上げていくことを課題としている。エリクソンのライフサイクル論においては青年期の「自我同一性の確立」を経て異性との親密な交際や結婚などの「親密性」が成人前期に獲得されるとしている。大野（1995）は，「たとえば，夫婦として1つの人格を共有することを意味している」とし，さらに「夫婦が1つの個性をもち，意思決定を行い，社会参加していることは確かに観察できる」と述べている。

　思春期や青年期では自己の「アイデンティティ」や「親密性」の獲得が十分になされていない状態で恋愛に陥ることが多い。大野はこれを「アイデンティティのための恋愛」と呼び，このような若者は自分のアイデンティティを他者の評価によって定義づけようとすることがあるとしている。そしてその特徴として5つをあげている（小塩，2014：表10-3）。

5．青年期の恋愛意識

　第二次性徴による身体・生理的な変化を経て，思春期・青年期の恋愛に関する態度は変化し，異性に対する性的な関心は急激に高まっていく。若尾（2017）は大学生に対して，異性交際の経験年齢に対する規範意識について調査を行っている。その結果，異性交際経験（デート，手や腕，恋人，キス，抱きあう，ペッティング，セックス，

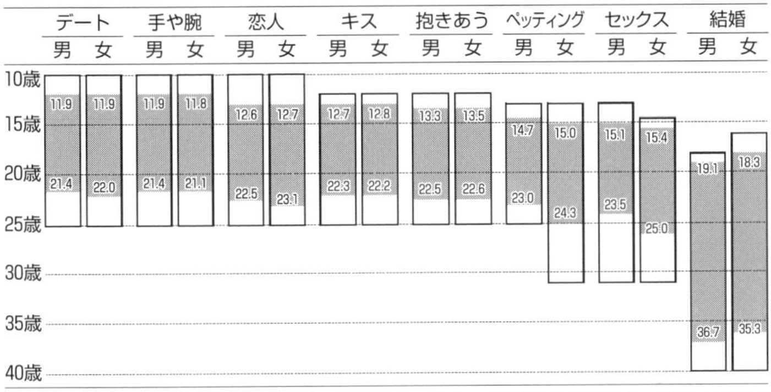

	デート		手や腕		恋人		キス		抱きあう		ペッティング		セックス		結婚	
	男	女	男	女	男	女	男	女	男	女	男	女	男	女	男	女
10歳〜15歳	11.9	11.9	11.9	11.8	12.6	12.7	12.7	12.8	13.3	13.5	14.7	15.0	15.1	15.4	19.1	18.3
〜20歳																
〜25歳	21.4	22.0	21.4	21.1	22.5	23.1	22.3	22.2	22.5	22.6	23.0	24.3	23.5	25.0		
〜30歳																
〜35歳																
〜40歳																36.7	35.3

注) □の範囲は80％以上が認識している基準年齢であり，■範囲は基準年齢の平均の範囲である。

図10-3　大学生が認識する異性交際の開始が許容される年齢範囲
(若尾, 2017)

結婚）が許容されると認識されている範囲を示し（図10-3），現代の若者が異性交際を経験する年齢に関する規範的な意識が存在していることを明らかにしている。

　異性交際開始の下限年齢は，小学生のうちはデート（男11.9歳，女11.9歳）をして手をつなぐ（男11.9歳，女11.8歳）くらいまで，中学生になったら恋人としての交際（男12.6歳，女12.7歳），キス（男12.7歳，女12.8歳）や抱きあう（男13.3歳，女13.5歳）という身体接触が許容され，性的な行動は高校生になったら経験してもよいと認識されていた。また，上限基準年齢についても規範意識が存在しており，20歳代までに異性交際を経験しておくべきと認識されていることが示されている。現実の異性交際未経験者の割合を見ると，20代後半の未婚者において，交際経験がない者が男女とも約4割弱もいるという調査結果がある（内閣府政策統括官, 2014）。

　青年期は，純粋な恋愛の対象としての異性と性的関心の対象としての異性との境があいまいで，興味・関心の高まりが衝動的な性的行動につながってしまうこともある。性行動の低年齢化や性的知識の欠如による性病の罹患や若年妊娠は教育現場では深刻な問題である。行きすぎた行為は問題ではあるが，異性に興味をもち，好意をもつ異性から自分が好かれるためにはどうしたらよいかについて悩むことなどは精神的な成熟のためには不可欠な課題である。

コラム⑩
性同一性障害と LGBT

　人間には生物学的な性（sex）と，心理的・社会的な性（gender）があり，性同一性障害は，個人の中で両者の性に対する自己意識が一致しないこと，つまり，生物学的には完全に男女どちらかの性に属し，本人もそれをはっきりと認知していながら，人格的には自分が〈別の性に属している〉と確信している状態を指します。
　LGBTとは，「Lesbian」（レズビアン，女性同性愛者），「Gay」（ゲイ，男性同性愛者），「Bisexual」（バイセクシュアル，両性愛者），「Transgender」（トランスジェンダー，出生時に診断された性と自認する性の不一致）の頭文字をとり，セクシュアル・マイノリティー（性的少数者）の一部の人々を指した総称です。
　「性自認」と「性的指向」は異なるものであり，対応にあたって混同しないことが必要です。性的指向とは，恋愛対象が誰であるかを示す概念とされています。「人権の擁護（平成27年度版）」（法務省人権擁護局）では，性同一性障害の人々は「社会の中で偏見の目にさらされ，昇進を妨げられたりするなどの差別を受けてきました」と記載されています。また，性的指向が同性に向かう同性愛，男女両方に向かう両性愛の人々についても「少数派」であるがために正常と思われず，自分の居場所を失うことさえあります。
　「LGBTの学校生活調査」（平成25年度実施，609名回答）では，①自分自身が性的少数者であることを，小学校～思春期の頃に大半が自覚，②男子5割，女子3割は誰にもそのことを話せなかった，③カミングアウトの相手は大半が同級生で，教員や親などの大人を選ぶ割合は低い，④LGBTをネタとした冗談やからかいを84％が見聞きした，⑤全体の7割がいじめを経験し，その影響によって3割が自殺を考えた，という結果が出ています。また就職してからも，社会のLGBT対応が進まないという現状があり，同僚に避けられたり偏見をもたれたりすることへの不安，本当の性別を隠すことのストレスから仕事に集中できないという人も少なくありません。
　誰もが自己のアイデンティティを確立して自分らしい生涯を過ごす。そんな理想社会を目指すには，それぞれのセクシュアリティにおいてさまざまな社会的困難・法的困難を抱えているということを社会全体で理解し合うことが第一歩です。

第11講

青年期から成人期へ
キャリア発達と社会生活

1節»成人期の発達課題

1. 成人期の発達課題と自己

　成人期の準備期間である青年期に「自分とは何か」を自身に問いながらアイデンティティを確立し，他の人間との深い関係をもつ成人期へと進む。エリクソン（Erickson, E. H.）は，成人期初期の発達課題は「親密性 対 孤独」であると唱えた。すなわち職場の上司・部下，夫婦，家族，親友などの重要な関係にある人と親密な信頼関係を築き上げるということである。

　人は成人期に就職や結婚を通して，新しい環境に自分の身を置くことになる。これまでの学校生活以上に，より幅広い年代の多様な価値観をもつ多くの人々と日常的に接することになる。このような環境に適応し，社会活動の中で自分自身のアイデンティティを失わずに周囲と協力し，時には競争しながら，他者と親密な関係性を発展させていく。そして結婚し，新しい家族を形成することで，自己のアイデンティティの基盤を固めていく。

　中村（1990）は自己の構成化を社会的過程ととらえ，その中で機能する自己過程を4段階に分けている。まず，自我の覚醒による「自己の姿への注目」がなされ，その結果「自己の姿を把握」し，把握した自己内容が自己概念や自己像となり「自己の姿への評価」につながり，自尊感情や劣等感が生まれ，「自己の姿の表出」を通じて自己開示，自己呈示にいたると述べている。すなわち，成人期の前段階である青年期でアイデンティティを確立できていないことは，「自己の姿の把握」が不十分であることを意味し，それ以降の「自己の姿への評価」「自己の姿の表出」の段階へ移行が難しくなることを意味している。

　これでは相手と正面から向き合えず，たとえ，相手と接触しても表面的な交流にとどまってしまう。表面的な交流だけでは，相手が自分のことを深く理解し，受け入れ

ることは難しく，また相手も自分の内面を開示できないので，自分も相手のことを理解できず深い人間関係を構築することはできない。このように青年期の発達課題であるアイデンティティの確立が不十分であると，成人期の発達課題である親密性の達成は難しくなると考えられる。

2. 現代社会における成人期の課題

　これまでの日本は，社会制度的にも，個人の職業観からも一度就職すると定年までその企業で働き続ける終身雇用の形態が多くとられてきた。結果的に将来の見通しがつきやすく，環境的，経済的にも安定を促す条件が整っていた。しかしながら近年，終身雇用は崩壊し離職率，転職率は増加の傾向にある。また，年功序列型の賃金制度を見直す企業の増加や経済情勢の低迷によって，将来の見通しがつきにくい状況に変化してきている。

　経済的要因と結婚・子育てには関連性があることが知られている。どんなにお互い好意をもっていたとしても，結婚後の家計をまったく気にしないで結婚を決めることができるであろうか。「2015年社会保障・人口問題基本調査〈結婚と出産に関する全国調査〉第15回出生動向基本調査結果の概要」（国立社会保障・人口問題研究所，2017）によると，結婚をしていない男性・女性（25～34歳）に対し「結婚できない理由」を聞いたところ，その理由の第1位は「適当な相手にめぐり合わない」で，男性45.3％，女性51.2％であった（図11-1）。次いで「結婚資金が足りない」が高く，男性の29.1％が，女性でも17.8％が理由にあげている。

　結婚相手の条件でも女性は「経済力」を，「性格」に次いであげている。また，既婚で子どものいない男女に「子どもをもたない理由」を聞いてみると，「子育てや教育にお金がかかりすぎるから」であり，6割以上がこの理由を選択している（国立社会保障・人口問題研究所，2010）。とくに，妻の年齢が30歳未満の若い世代では8割以上に上っている（図11-2）。

　婚姻に関しては晩婚化だけでなく，離婚率の動向にも目を向けなければならない。離婚率は2002年をピークに減少傾向がみられ，2016年の1000人当たりの離婚率は1.73となっているが，婚姻率の低下に連動していることを考慮しなければならない。

　結婚しても職業観や経済的問題から夫婦共働きを選択するなどの要因から，子どもの合計特殊出生率（2017年度は1.43）は低迷が続き（図11-3），子どもを出産する年齢も上昇の傾向を示している。もちろんこのような状況の中で，政府はさまざまな少子化対策に取り組んでいるが，根本的な改善が示されるまでにはいたってはいない。

■第11講 青年期から成人期へ

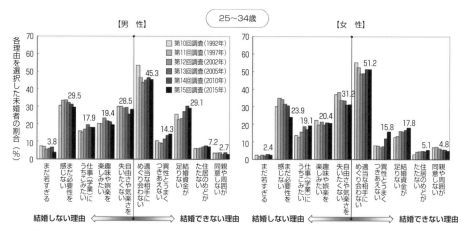

注）対象は18～34歳の未婚者。何%の人が各項目を独身にとどまっている理由（3つまで選択）としてあげているかを示す。グラフ上の数値は第15回調査のもの。

設問「あなたが現在独身でいる理由は，次の中から選ぶとすればどれですか。ご自分に最もあてはまると思われる理由を最高3つまで選んで，右の回答欄に番号を記入してください（すでに結婚が決まっている方は，「最大の理由」の欄に12を記入してください）。」

図11-1　「独身にとどまっている理由」の選択割合（国立社会保障・人口問題研究所，2017）

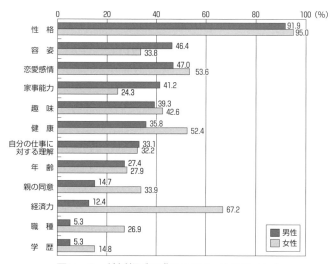

図11-2　結婚相手に求めること（内閣府，2010）

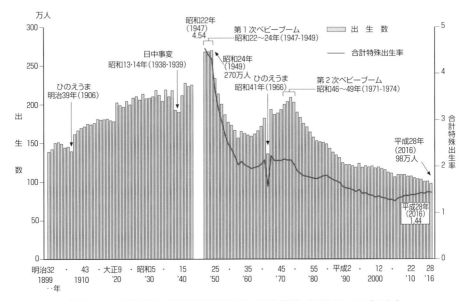

図11-3　出生数及び合計特殊出生率の年次推移（明治32～平成28年）

(厚生労働省政策統括官，2018より)

2節》職業選択と社会生活の開始

1. キャリアとキャリア教育

　「キャリア」とは単なる職業経験を意味するものではなく，私たちが年齢を重ねることによって変化していく人生における役割，あるいは個人の長期にわたる職業的経歴を含めた発達そのものを指すと考えることができる。キャリア教育の理論的根拠を示したスーパー（Super, D. E.）は，キャリアについて「個人の生涯にわたって自己関与することの表現として職業およびその他のさまざまな役割の連続であること，そしてキャリアは，個人がそれを追及することによってのみ存在するのである」と説明している。また，ハー，クレマー，ナイルズ（Herr, E. L., Cremer, S. H., & Niles, S.. G.）は「個人が生涯のなかで経験する『何を選び，何を選ばないか』によって創造されるダイナミックな個人の人生」とも説明している。渡辺（2010）はキャリアに関するさまざまな定義で共通する概念として，①積み重ねられた体験の連続，②生涯という長期にわたる時間的ながれ，③職業だけではなくさまざまな活動への「個人的かかわり」，④意思決定の連続，という4つをあげている。

「キャリア」という言葉が「職業」という言葉と混同されていることから、「キャリア教育」についても「職業教育」というとらえ方がされてしまうことが多い。本来キャリア教育は、学校教育の中で児童生徒が将来社会人・職業人として自立的に生きていくために必要な能力や態度を段階的に発達させることを目標としたものであり、将来遭遇するであろう「何のために働くのか」という問いに対して自ら答えが出せるような基礎的な力と態度を育てていくものである。また、上級学校への移行指導に偏重しがちな「進路指導」から自分の将来を見据えた「キャリア教育」へ転換をはかることによって、フリーターやニート、あるいは新卒者の早期離職問題への対応としても期待されている。

2. スーパーのキャリア発達の理論

職業選択における理論を代表するものとしてスーパーの理論を上げることができる。スーパーは5つの「ライフステージ（キャリアの段階）」と、それぞれの個人が演じる人生のさまざまな「ライフロール（キャリアの役割）」という2つの概念からキャリア発達をとらえ、この2つの概念を通してその後のキャリアを計画していく過程で自己概念を形成していくと考えた。

スーパーは「成長」「探索」「確立」「維持」「衰退」（のちに「解放」）というキャリア発達の5つの段階（キャリアステージ）を提唱し、このサイクルを通してキャリア発達とパーソナル発達は互いに関連し合いながら発達すると提唱している（表11-1）。

表11-1　スーパーのキャリアステージ（発達段階）（渡辺, 2010より作成）

段階	段階名	年齢	課題
第1期	成長期	0～14歳	自己概念が、学校と家庭における主要人物との同一視を通して発達する。興味や能力の探求が始まる。
第2期	探索期	15～24歳	学校、余暇活動、パートタイム労働において、自己吟味、役割試行、職業上の探求が行なわれる。その分野で仕事をするための必要条件を知り、特定の仕事に特化していき、その仕事に就く。
第3期	確立期	25～44歳	職業に関する適切な分野に根を下ろし、そして永続的な地歩を築くための努力がなされる。生産的に活動し、より責任のある地位を求める。
第4期	維持期	45～64歳	この段階では、職業の世界である地歩をすでに築き、その関心はその地歩を保持することにある。この段階の終わりには退職に向けた計画が立てられる。
第5期	衰退期（解放期）	65歳以上	身体的、精神的な力量が下降するにつれて、職業活動は変化し、少しずつ有給の雇用から遠ざかる。余暇や家族、地域社会とのつながりのある新しい役割が開発が求められる。

青年期はこの「探索」段階（15〜24歳）に該当し，学校や余暇活動，パートタイム労働において，自己吟味，役割試行，職業上の探求が行われるとしている。

また，スーパーはキャリアを人生のある年齢や場面でのさまざまな役割の組み合わせであるとも定義し，人は8つのライフロール（子ども，学生，職業人，配偶者，ホームメーカー，親，余暇を楽しむ人，市民）をいかようにも組み合わせてさまざまな舞台（家庭，学校，職場，地域社会など）で生きるものであるとしている。

3. その他のキャリア発達理論

ホランド（Holland, 1985）は，職業および個人のパーソナリティや職業的興味は「現実的」「研究的」「芸術的」「社会的」「企業的」「習慣的」という6つの類型に分けることができるという理論を提唱している。ホランドは職業選択において自分のパーソナリティや興味と同じ類型に属する職業を選択することで，職業満足や職業上の安定性，業績などを高めていくと考えた。さらにこのパーソナリティや興味の類型も，幼少期からの環境との相互作用によって形成されていくと論じている。

環境との相互作用の重要性を示していることや，生育歴を通してパーソナリティが発達するというホランドの考え方は，スーパーの「自己概念」の形成という視点に通じるところがあるなどスーパーの理論を補完するところが多い。しかし，すべての人が単一な発達過程をたどるというスーパーの考え方について，ホランドは批判的であるとされている。

サヴィカス（Savickas, M. L.）はスーパーの理論や概念を発展させ，キャリア構築理論を提唱している。サヴィカスは「人が主体となってキャリアをつくり上げていく」ということを基調にしており，人々が生活している「時代」や「生活環境」に影響を受けるとする「文脈主義」と，個人の物のとらえ方や考え方，感じ方によって同じ物でも異なった見方が構成されるとする「構成主義」が合わさってキャリア発達が促されるという考え方を示している。さらに変化が速いといわれる現代において，キャリア発達に「キャリア関心」「キャリア統制」「キャリア好奇心」「キャリア自信」と呼ばれる4つの概念を重視したことも大きな特徴といえる。

4. 現代の就職事情

高校や大学の卒業を控え，学生を最も悩ませるのが将来の進路であろう。事実，多くの若者たちが就職を希望するが，すべての人が希望通りの企業や職業につけるわけではない。むしろ希望通りにいくことのほうがまれである。1991年の「バブル経済の崩壊」をきっかけに就職氷河期に突入し，その後，有効求人倍率は緩やかに回復する

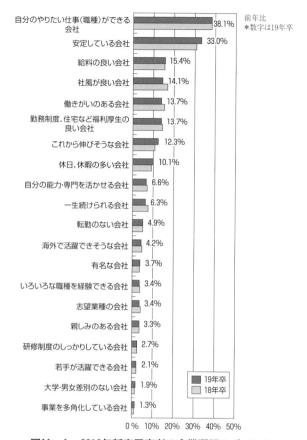

図11-4　2019年新卒予定者の企業選択のポイント
（株式会社マイナビ就職情報事業本部HRリサーチセンター，2018）

傾向にあったものの，1992年以降2006年と2007年を除き1.0倍を下回っている。特に2008年のリーマンショックで2010年には0.52倍にまで低下した。2018年5月には求人有効倍率は1.60倍まで回復したものの即戦力となる人材を求め，新卒採用を抑え中途採用に力を入れる企業も増加し，新卒者には厳しい就職状況が続いている。

　このような状況の中で，大学生はどのような基準で企業を選択し，就職活動に望んでいるのであろうか。就職支援を行っているマイナビの調査では（図11-4），学生の企業選択のポイントとして「やりたい仕事ができる」「安定性」「給料がよい」「社風の良さ」が上位を占めている。その反面，「事業を多角化している」「若手が活躍」「男女差別のない会社」などはポイントが低くなっている。現代の若者が仕事の内容

よりも安定性や安心を志向している傾向がうかがえる。

　一方，企業側はどのような人材を求めているのであろうか。その1つの指標となるのが社会人基礎力である。社会人基礎力とは「企業が採用時に重視する能力」や「経営者がほしいタイプの人材像に関する調査」などの調査結果をもとに，2006年に経済産業省が提唱した「職場や地域社会で多様な人々と仕事をしていくために必要な基礎的な力」を表す概念である。社会人基礎力から考えると，積極的に自ら考え，周囲と連携を取りながら，成果や新しい価値を生み出すことを企業は求めているといえる。

　このような厳しい状況での中で就職しても，新卒で入社した人の10%以上は1年以内に，およそ30%は3年以内に会社を退職してしまう現状がある。初職継続年数1年未満の離職理由の回答では「仕事が自分に合わない」「労働時間・休日・休暇の条件がよくなかった」「人間関係がよくなかった」などが30%を上まわり，初職離職理由全体でもこれらは20%を超えていた（表11-2）。これら早い離職には，仕事とのミスマッチや職場の問題点などの要因が大きいと考えられる。

表11-2　初職が正社員であった離職者の初職を辞めた理由（単位：%）（独立行政法人労働政策研究・研修機構, 2016より作成）

初職離職理由	初職継続年数			
	全体	1年未満	1年以上3年未満	3年以上
労働時間・休日・休暇の条件がよくなかった	29.2	35.7	32.0	25.3
人間関係がよくなかった	22.7	35.3	24.8	16.1
仕事が自分に合わない	21.8	35.8	24.6	13.7
賃金の条件がよくなかった	18.4	17.7	19.7	18.9
ノルマや責任が重すぎた	15.8	22.0	16.5	13.2
会社に将来性がない	14.3	12.5	13.7	16.8
結婚，子育てのため	12.6	3.2	9.8	21.1
健康上の理由	11.4	13.7	13.2	9.3
自分の技能・能力が活かせられなかった	8.6	9.4	10.2	7.4
倒産，整理解雇または希望退職に応じたため	5.2	5.8	4.9	5.6
不安定な雇用状態が嫌だった	3.8	3.1	4.2	4.1
1つの会社に長く勤務する気がなかったため	3.8	2.3	3.7	4.8
責任のある仕事を任されたかった	2.0	1.4	2.1	2.3
家業をつぐまたは手伝うため	1.2	0.4	1.1	1.9
介護，看護のため	1.0	0.8	1.1	1.1
雇用期間の満了・雇止め	1.0	1.5	0.9	1.0
独立して事業を始めるため	0.5	0.0	0.3	1.0
その他	19.1	15.0	18.3	23.4
無回答	3.3	0.4	0.3	0.5

5. 就労における男女間の差

　女性の就労において意識されるのが結婚・子育ての問題である。1999年に男女雇用機会均等法が改正され，募集・採用・配置・昇進，教育訓練，福利厚生，定年・退職・解雇において，男女差をつけることが禁止された。これによって女性の職業選択の幅は広がり，それまで制限されていた深夜労働が可能となり，深夜勤務が必然的に伴う職業への女性の就業も増加している。また，2007年の再改正は男女双方に対する差別を禁止し，差別禁止の対象を追加・明確化した。

　近年では従業員のもつ個性の多様性を企業に生かすダイバーシティ・マネジメントに象徴されるように，男性と同じように女性も働くのではなく，女性向けの商品開発や男性にない視点に基づくアイデア・企画の提案など，女性の特性を活かした仕事も現れている。しかし，自分しかできない仕事で成果を上げることは，自分の代わりがいない重責ある役割を担うことでもある。以前に比べて出産休暇・育児休暇の制度は整っており制度を利用することはできても，その期間は職場から離れることには変わりなく，女性が仕事を通じての自己実現か結婚・出産か，という選択が求められるのが現状のようである。

3節 » 家族の形成と社会的役割の獲得

1. 家族とは

　家族に関する生涯発達的研究は，個人の変化，社会の変化，家族過程，世代間の関係，生物進化的な変化とさまざまな学問領域からのアプローチがされている。ゆえにこれらの領域は重なり合う部分も多い反面，それぞれの研究の方向性が異なり，「家族」の定義についても統一の見解は得られていない。たとえば，経済学者であるフリードマン（Friedman, M.）は，家族とは「絆を共有し，情緒的な親密さによって互いに結びついた，しかも，家族であると自覚している2人以上の成員である」と定義している。しかし，今日のような家族変動が激しさを増している中では，多くの研究者はいかなる既存の定義にも有用性を見いだせていないようである。

2. 家族の形成と青年

　青年後期は家族との関係においても変化がみられる。青年期までは自分が生まれ育った出生家族を中心に親子という関係によって生活が組み立てられる。しかし，成人期を迎えると，やがて結婚し夫婦となって自らの生殖家族を築くための準備が必要となる。すなわち結婚し夫婦となった当事者の家族として次世代をつくるという機能

が付与されていく。

　家族発達論では家族の発生からその終焉までを人間のライフサイクルと同様に家族ライフサイクルと考え，その各段階にはそれぞれの段階ごとに特有の発達課題があり，それに伴う発達的危機があると仮定している。カーターとマクゴルドリック（Carter & McGoldrick, 1980）の家族発達段階論によれば，6段階のうち最初の第1段階は一般的にいう青年期に該当し，「親元を離れて独立して生活をしているが，まだ結婚していない若い成人の時期」であり，親子の分離を前提とした仲間関係や職業的な発達を課題としている。そして第2段階を「結婚による両家族のジョイニング，新婚の夫婦の時期」とし，結婚を通して新しい家族システムの構築と，これまでのさまざまな人間関係の再編成を課題としている。

　青年期はアイデンティティの確立を課題とする中で親から独立したひとりの人間としての存在も確信していかなければならない。成人前期の若者はエリクソンの「親密性　対　孤立」という心理社会的危機に立ち向かう中で自ら新しい家族をもち，そして自らが家族発達の核を担うことになっていく。

3. 家族の発達と役割の変化

　現在は個の自由を優先する家族の個人化の時代を迎え，特に女性においては結婚すること，出産することが当たり前ではない時代となり，シングルマザーやステップファミリー，子どもをもたない DINKS（Double Income No Kids）など，さらには同性婚の許容など多様な家族形態が出現した。

　どのような形態であれ，家族が形成されることにより夫婦関係あるいは親子関係という関係が発生し，それに応じた役割の獲得が不可欠となる。自らの家族が形成されることにより夫婦としての関係は出生家族からの心理的・物理的な独立を求められ，経済的にも夫婦で収支の責任を分担することが必要なる。岡堂（1991）によれば，この時期にみられる家族の葛藤は，発達の前段階で未解決だった問題を新婚生活に持ち込んでいる場合や，配偶者と出生家族間でうまくバランスがとれていないときに生じるとしている。いずれも新しい家族内での役割が獲得されていないことがうかがえる。第1子の誕生によって三者関係への家族システムの変更が求められるとともに，親としての役割が発生しそれを受け入れることが求められる。育児によって増大した家庭内の役割分担や増大した経済的負担を調整することも課題となっていく（表11-3）。

　このように家族が形成されることによりそこで生じる役割は家族発達とともに変化し，個人の社会的役割に大きな影響を与えていく。しかし現在，少子高齢化を背景に若年層の非正規雇用の増加に伴う経済的自立問題，あるいは地域社会での互助的役割

表11-3　家族発達のプロセスにみられる課題と危機 (岡本, 1999より)

発達段階	主要な心理的課題	顕在しやすい夫婦間の危機
Ⅰ　新婚期 (結婚から第1子誕生まで)	1. 夫婦双方がそれぞれの出生家族から、物理的・心理的に分離しひとつの統合体としての夫婦システムを構築する。 2. 性関係に通じて、夫婦の親密性を深めるとともに、家族計画の面で、合意に達する。 3. 経済的に自立し、収支の責任を分担する。	・自立と依存、権利と義務の葛藤。(性的不適応、家庭内役割の不適応、職業的不適応など)
Ⅱ　出生・育児期 (第1子の誕生から第1子の就学まで)	1. 夫婦の二者関係から子どもを含めた三者関係へ家族システムを再編する。 2. 増大する経済的負担の調整。 3. 育児によって増大した家族内役割の分担。 4. 親役割の受容。	・親役割への不適応 ・「思春期」的目標と現実目標との葛藤
Ⅲ　拡大期 (子どもが学童期の時期)	1. 子どもの自立と家族への所属感・忠誠心とのバランスが適切であるようにつとめる。 2. 子どもに期待しすぎて重荷を感じさせることがないように、また何も期待しないことで悲しませることがないように、親子間のバランスを維持する。 3. 親として子どもとの心理的な分離にともなう不安や心配に対応する。 4. 家族システムにおける親子間の境界や親子のまわりの境界の変化に適応する。	・個々人の目標と家族目標の不一致と葛藤 ・妻の生活領域の拡大にともなう葛藤
Ⅳ　充実期 (子どもが10代の時期)	1. 親子関係における自立と責任の制御の面で、基本的信頼感を損なわずに、親子関係を再規定する。 2. 夫婦がそれぞれのアイデンティティを見直し、老年期に向けての心理的な準備を始める。	・夫婦関係の再確認にともなう葛藤 ・さまざまな次元での対象喪失にともなう不適応と葛藤 ・更年期の混乱にともなう葛藤 ・夫の「自己価値」の認識にともなう葛藤
Ⅴ　子どもの巣立ち期 (第1子の自立から末子の自立まで)	1. 親子の絆を断つことなく、親と子が分離する。 2. 2人だけの夫婦システムの再構築。	・対象喪失にともなう葛藤 ・衰退への不安 ・老後の生活安定への志向をめぐる葛藤
Ⅵ　加齢と配偶者の死の時期	1. これまでの生活体験を総括し、自分たちの生涯を意味深いものとして受容する。 2. 一旦分離した子どもの家族との再統合。	・子どもの家族との再統合をめぐる葛藤

の減少に伴うコミュニケーションの希薄化，退職後の人生が延びたことによる熟年離婚や老後の生きがい・老々介護の問題等，個人あるいは家族がその段階における発達課題を達成することが困難な時代を迎えている。

コラム⑪
キャリア・カウンセリングとは

　文部科学省の「キャリア教育の推進に関する総合的調査研究協力者会議中間報告」（2003年）では，「学校におけるキャリア・カウンセリングは，子どもたち一人ひとりの生き方や進路，教科・科目等の選択に関する悩みや迷いなどを受け止め，自己の可能性や適性についての自覚を深めさせたり，適切な情報を提供しながら，子どもたちが自らの意思と責任で進路を選択できるようにするための個別またはグループ別に行う指導援助である」と位置づけられ，キャリア発達を促すためには児童生徒一人ひとりに対するきめ細やかな指導・援助を行うキャリア・カウンセリングの充実がきわめて重要であるとされています。
　キャリア・カウンセリングは従来の進路相談や進路指導をキャリア教育の視点からとらえ直したものです。すなわち，目先の進路を決めるだけではなく，その人の生き方に関する悩みを聞き，これからの方向性を自己決定できるようにする援助です。キャリア・カウンセリングは目的による分類では，開発的カウンセリングと呼ばれるものに属しており，治療的カウンセリングや予防的カウンセリングとは異なり，人間としての発達をより積極的に高めるためのものとされています。その代表的な手法の1つにコーチングがあります。コーチングは当初，「その人の人生をどう設計するか」というテーマを扱うことが多かったことからキャリア・カウンセリングと深く結びついています。
　このコーチングは有名な学者がつくり出した理論やメソッドではなく，特別に新しい考え方や技術でもありません。企業には自然にうまく人の力を引き出せる「ネイティブ・コーチ」と呼ばれる人々が存在し，若手に対する技術の伝承，職場での人間関係の構築などを行ってきました。こうしたネイティブ・コーチや技術伝承の優れた事例を集め，彼らが何をしているかを観察し，うまくいっているパターンをコード化し集積していったものがコーチングというものです。コーチングの目的は，未来に向けて相手の行動変容を促すことです。つまり，相手が未来に向けて行動を起こす，あるいは行動を変えるというのが，コーチングの成果を測る1つの指標となります。『コーチング・リーダーシップ』（ダイヤモンド社，2010年）では，コーチングの大きな特徴である「対話」をより前面に出して，「対話を重ねることを通して，クライアント（コーチを受ける対象者）が目標達成に必要なスキル，知識，考え方を備え，行動することを支援し，成果を出させるプロセス」と定義されています。日本でコーチングが最初に紹介されたのは，1997年のことでした。アメリカ同様，当時は，ライフ・コーチへの関心が少なくはなかったものの，この十数年で「組織のマネジメントにおける人材開発手法」としての認知が高まり，多くの企業・組織が人材開発，リーダー育成，組織変革のためのコーチングを導入し始めています。

第12講
青年期以降のメンタルヘルスと精神保健

1節 » 思春期・青年期の問題行動

1. 青年期の問題行動

　青年期の問題行動は知能，身体的な要因から二次的に起こる場合もあるが，おもに情緒面での障害によって起きる行動上あるいはパーソナリティ上の不適応を指すことが多い。特に社会的規範からの逸脱や社会的基準の軽視から起こる行動を「反社会的行動」と呼び，青年期においては非行，いじめ，校内暴力，家庭内暴力，性非行，飲酒，喫煙，薬物乱用，暴走族など他者に脅威を与え，自己の欲望を満たすとする行為がこれにあたる。文部省（1979）は問題行動を「親や教師や仲間が迷惑を被っている行動，法に触れ，当局が統制の対象とする行動，本人が悩み，困惑している行動」とし，具体的に「盗み，校内暴力，家庭内暴力，性非行，飲酒，喫煙，薬物乱用，暴走族，家出，自殺」などを列挙している。狭義に反社会的行動を問題行動と位置づけている。

　また，社会的関与を減少させ，社会的適応を積極的に目指すのではなく，逃避的な行動で，社会の人には迷惑をかけないが，本人の成長にはマイナスの行動を「非社会的行動」と呼ぶ。具体的には孤独，学校嫌い，怠学，不登校，家出など現実からの逃避，自殺，薬物の乱用など，特に周囲との人間関係が円滑にいかなくなるような行動など，問題行動のうち反社会的行動を含まないさまざまな行動を指すことが多い。また，問題行動と区別して不適応行動と呼ぶ場合もある。いずれにしても反社会的行動と非社会的行動の一部は重複し，その概念にあいまいなところがあるのも事実である。

　心理的側面から反社会的行動と非社会的行動をとらえると，この両者は異質に見えるが，内的・力動的特性では共通した側面が多いといわれている（徳田，1982）。たとえば，その根底には長期にわたるフラストレーションがあり，それを解消しようとする一種の防衛機制としての働きであるとする見方や，思春期の危機として自我の弱さが行動化したものとする見方がそれである。欲求不満の葛藤状態にあるとき，この

状態から抜け出すため，親・教師や社会の統制から外れ，自己の外部に破壊衝動が向けられれば反社会的行動として現れ，本人の内側へ向かってその破壊衝動が働けば非社会的行動として現れるとも考えることができる。いずれにしても，欲求不満耐性の欠如が根底にあることは確かである。

2. 学校における問題行動の現状

現代社会における青年期の問題行動の詳細については専門書に譲るが，特に注目されている不登校，いじめについて，その現状についてふれておく。

(1) 不登校

不登校は1950年代にアメリカにて「学校恐怖症」として恐怖症の形態として認知され，1970年代には「登校拒否」，そして1980年代には「不登校」へと概念が変化してきた。文部省（1997）は「何らかの心理的，情緒的，身体的あるいは社会的要因・背景により，登校しないあるいはしたくともできない状況にあるために年間30日以上欠席した者のうち，病気や経済的な理由による者を除いたもの」と定義し，文部科学省においても「学校基本調査」や「児童生徒の問題行動等生徒指導上の諸問題に関する調査」で継続的に調査している。

平成29年度「児童生徒の問題行動等生徒指導上の諸問題に関する調査」（文部科学省，2018）によれば，小・中学校における，不登校児童生徒数は約14万4千人（小学校：約3万5千人，中学校：約10万9千人）で，不登校児童生徒の割合は1.5％，高等学校における不登校生徒数は約4万9千6百人で，不登校生徒の割合は1.5％であ

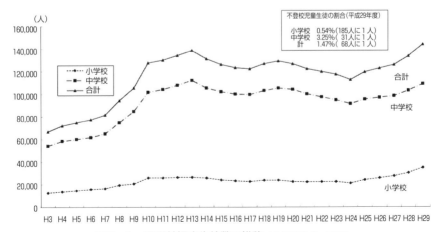

図12-1　不登校児童生徒数の推移（文部科学省，2018）

る。小・中学校においては学年の上昇とともに不登校児童生徒の数は増加しており，小学生の185人に1人（0.54％），中学生の31人に1人（3.25％）が不登校となっている（図12−1）。学校数では，国公私立小・中学校の半数以上（66.8％，小学校では56.2％，中学校では87.3％）の学校に不登校児童生徒が在籍しているという状況にある（文部科学省，2018）。保健室や相談室への登校，高校生の不登校による中途退学者は数に入っていないため，実数は調査の数字よりもかなり多いと思われる。

　不登校を理解する手がかりとして，不登校をタイプ別に分けて考察していく試みがなされている。代表的なものとして，①精神障害を背景とする不登校，②神経症的な不登校，③発達障害を背景とする不登校，④積極的・意図的不登校，⑤怠学傾向の5分類が用いられる（磯邉，2008）。

(2) いじめ

　学校における問題行動，不適応行動の重要な課題として「不登校」とともに取り上げられるのが「いじめ」の問題である。いじめの定義について時代とともに修正が加えられ，文部科学省は2007（平成18）年の調査より「子どもが一定の人間関係のある者から，心理的・物理的攻撃を受けたことにより，精神的な苦痛を感じているもの。いじめか否かの判断は，いじめられた子どもの立場に立って行うよう徹底させる」と定義しており，それまでの「自分よりも弱いものに対して一方的に，身体的・心理的な攻撃を継続的に行う」という立場の強弱による関係性からみた定義から多様な人間関係において起こりうる問題行動として，特にクラス内や友人関係にある状況においても発生する問題行動としてとらえるようになった。さらにそれまではいじめと認定された発生件数を調査対象としていたが，訴えがあった認知件数を対象とした調査に変更している。2013（平成25）年にはいじめ防止に関する基本方針や措置に関する「いじめ防止対策推進法」が制定され，「いじめ」を「児童生徒に対して，当該児童生徒が在籍する学校に在籍している等当該児童生徒と一定の人的関係にある他の児童生徒が行う心理的または物理的な影響を与える行為（インターネットを通じて行われるものを含む。）であって，当該行為の対象となった児童生徒が心身の苦痛を感じているもの」と定義している。

　平成29年度「児童生徒の問題行動等生徒指導上の諸問題に関する調査」によれば，2017（平成29）年度における小・中・高・特別支援学校でのいじめの認知件数は約41万4千件で，児童生徒1千人当たりの認知件数は30.9件となっている（図12−2）。2015（平成27）年度のいじめ認知件数が22万5千件であったのに対して約18万4千件の増加となった背景には小学校でのいじめの認知件数の増加に加え，いじめによる中学生の自殺事件などに社会的関心が集まり，いじめに対する積極的な認知が行われた

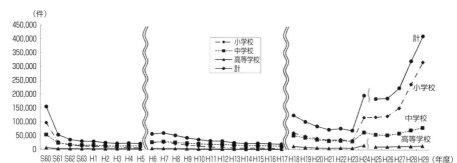

注1）平成5年度までは公立小・中・高等学校を調査。平成6年度からは特殊教育諸学校，平成18年度からは国私立学校を含める。
注2）平成6年度及び平成18年度に調査方法等を改めている。
注3）平成17年度までは発生件数，平成18年度からは認知件数。
注4）平成25年度からは高等学校に通信制課程を含める。
注5）小学校には義務教育学校前期課程，中学校には義務教育学校後期課程及び中等教育学校前期課程，高等学校には中等教育学校後期課程を含む。

図12-2　いじめ認知（発生）件数の推移（文部科学省，2018）

結果であると考えられる。さらに，「いじめ防止対策推進法」の制定により，いじめに関する定義が学校現場にも浸透し学校関係者が定義に照らし合わせて事案の報告が行われるようになったとも推測される。これは裏を返せばいじめ件数が増加したのではなく，これまでいじめとして認知されてこなかった事案が表面化した結果にすぎない。

いじめの形態も「1人からいじめられた」「2人からいじめられた」というものよりも「大勢からいじめられた」が，小6〜中学生にかけて高くなり，中2ではいじめの50％に達している。このことから小学校高学年から中学校にかけて集団化傾向が強くなっていることがわかる。これは自我形成過程での同調行動と深く関係し，仲間との規範に従わないと集団から無視されるといった孤立を恐れる気持ちが，児童生徒を同調行動に駆り立てるものと思われる。

いじめの原因については「児童生徒の問題」「家庭の問題」「学校の問題」が複雑に絡み合っているものと考えられている。

2節　青年期の発達と精神病理

1. 青年期の不適応状態

これまで述べてきたように，青年期は身体の急激な変化をはじめ，心理的・社会的な課題を多く抱え，葛藤と混乱の中で生きていかなければならない。これらの変化は

速く,その個人差が大きいことがさらに自分の存在について疑問を強めていくことになる。このようなことから青年期のあり方として青年期危機説が示され,代表的なものとして,アンナ・フロイト（Freud, A.）やエリクソンのように精神分析の立場から青年期の危機を強調しているものがある。

それに対して,青年期の危機は普遍的なものではなく,青年期に入っても安定した同一性を確立する可能性を示し,実証的な研究を通して「平穏な青年期」の存在を指摘する青年期平穏説という考え方も示されている。それによれば,青年期の危機は社会的要因によるところが多く,本来青年は危機とは無縁であるという考え方を示している（村瀬,1976）。

青年期においては精神医学的疾患名ではなく,その時代における青年の逸脱状態の組み合わせで現れる不適応状態を「シンドローム（症候群）」としてとらえ,青年期の精神病理として論じられる場合もある（表12-1）。代表的なものとしてカイリー（Kiley, 1983）の"いつまでも大人になろうとしない"「ピーターパン・シンドローム」や清水（1983）の一流意識や肥大化した自己イメージを打破できず転職を繰り返すような「青い鳥症候群」をあげることができる。これらは疾患名ではないが時代における青年の病理を示したものであることには違いない。近年においてもこれらの「症候群」は広く知られるところであり,さらに自分に自信をもつことができない反面,承

表12-1　青年期にみられる各種の症候群（名島,1997より作成）

症候群の名称	提唱者	主な内容
ピーター・パン・シンドローム（Peter Pan syndrome）	Kiley, D.（1983）	自尊心は強いが内心自信がなく淋しがり屋,自己中心的で感情を表に出さず,怠惰で無責任,無関心,責任転嫁,性的なコンプレックスがみられる。
思春期挫折症候群（adolescent setback syndrome）	稲村　博（1983）	神経症様症状,逸脱行動,思考障害,意欲障害,退行の5つの主徴候からなる。
青い鳥症候群（blue-bird syndrome）	清水將之（1983）	容易に職場を放棄したり転職を繰り返したりする青年が示す症候群。謙虚さがなく尊大,こらえ性がない,協調性が極めて乏しい,機転が利かない,などが主徴候。
アパシー・シンドローム（apathy syndrome）	笠原　嘉（1984）	大学生を中心に無気力感,目標喪失感,意欲の喪失がみられ本業からの退却がみられる。予期される敗北と屈辱からの回避が背景にみられる。
手首自傷症候群（syndrome of the wrist cutting/wrist cutting syndrome）	Graff, H.ら（1967）Rosenthal, R. J.（1972）	自分の手首を傷つけるという自己破壊行為であり,習慣化する傾向がある。不安や孤独などの精神的重圧からの逃避のための行為としてみられるが,背景に精神障害の可能性を否定できない。

認欲求が強いなどの傾向もみられている（木村，2016）。
　青年期にはさまざまな危機や問題が生じることを否定することはできない。時代によって危機や問題の形態や現れ方は変化しているが，青年期は神経性障害などの各種精神障害の好発時期であることも変わりない。特に身体に表現される問題としての自傷行為や摂食障害は特殊な事柄ではないことを認識しておかなければならない。

2. 現代の青年期における精神病理

　ここでは，青年期の問題として身体的な表現をとるとされる自傷行為と摂食障害を中心に取り上げてみる。

(1) 自傷行為

　自傷行為とは，自らの意思のもと，致死率の低い方法によって自らの身体に危害を加える行為として定義されている。統合失調症や広汎性発達障害にみられる自傷行為（病的抜毛やヘッドバンギングなど）とは異なり，青年期の自傷行為は単に身体を傷つけるだけでない自己破壊的な行為も多くみられる。薬物の多量摂取（オーバードーズ）や性感染症や妊娠中絶のリスクを負いながらも避妊をしない性行為，暴走行為も広い意味では自傷行為として考えることができる。

　自傷行為の中でもリストカット（手首自傷症候群）は青年期の危機の１つとしてマスメディアに取り上げられることも多い。しかし，女性に多いことは知られているがその実態は把握されておらず，潜在的なものも含めるとかなりの数に上るといわれる。教育に関わるものならば遭遇することも決してまれなことではないといわれている。

　リストカットは対人関係のトラブルやアイデンティティをめぐる問題など青年期に起こりやすい問題によって不安や緊張が高まったときに生じやすいといわれ，気づくと自傷行為を行っていたり，意識がはっきりしないなど解離的な状態でその行為を行っている場合もあるようである。そして，その自傷行為の痛みによって後悔や罪悪感をもつとともに，自分の存在に対して安堵感も感じられるといわれる。リストカットの背景には未熟なパーソナリティと不安定な親子関係があることが指摘され，これらの葛藤を解消するための方法として自傷が行われるとする見方もあるが，行為後の後悔の念や不安を考えるとさらに複雑な心理的背景が潜んでいることは否定できない。

(2) 摂食障害

　思春期・青年期の女性に多くみられるという点では自傷行為と共通しているものが摂食障害である。摂食障害は神経性無食欲症（拒食症：Anorexia Nervosa）と神経性大食症（過食症：Bulimia Nervosa）の２つのタイプを見ることができる。いずれも痩身願望が認められダイエットなどのささいな契機から始まることが多いとされる。

しかしその発症には多くの要因が絡み合っており，機制については諸説さまざまである。ブルック（Bruch, H.）は摂食障害の本質はアイデンティティの葛藤にあるとし，身体知覚の障害と身体像のゆがみを指摘している。その他，女性としての成熟拒否あるいは成熟に対する不安や嫌悪の表出として，あるいは低い自己評価や同一性の混乱に対する否認の行動化としての拒食，またはそれらへの敗北の行動化としての過食という考え方も示されている。さらに時代の変遷の影響を受けることも示唆され，ダイエット文化の浸透によって発症の低年齢化や慢性化が進み，享楽的で，体重が減ることに対する達成感と美的追求を建前とした摂食障害に変化しているといわれている（下坂, 1999）。

(3) その他

青年期は精神疾患発症の好発時期であることは先にも述べたが，不安障害や強迫性障害，解離性障害などの神経性障害や，統合失調症，双極性障害・抑うつ障害（DSM-5では，うつ病と双極性障害は別のカテゴリーになり，気分障害という項目はなくなっている）などの精神病の発症についても同様である。自己意識の高まる青年期は自己の存在に対する不安や葛藤を抱えやすく，また感受性が高くなることから不安障害や各種の恐怖症性不安障害（いわゆる恐怖症）の発症が危惧される。統合失調症については青年期後期からの発症が多いが，児童期における発症も認められるようになっている。抑うつ障害についてもかつては子どもにはみられないとされてきたが，現在は思春期・青年期の有病率は2〜8％といわれている。身体的愁訴や不登校など行動上の問題が表面に出るため見落とされがちな傾向にあることも否定できない。

3節》成人期の危機と職場のメンタルヘルス

1. 職場不適応とその背景

自分のやりたいことや自分に合った仕事内容について熟考することをおろそかにしたまま就労を決定すると，入社後，就職した企業の組織風土や業務内容にミスマッチが生じてしまい，会社に行くこと自体がストレスに感じられることがある。また就職後に自分のやりたい仕事が他の職業であることに気づくことも少なくない。このような場合，結果的に早期退職や職場不適応につながるケースが多い。職場不適応とは，職場に関連するストレス要因によって情緒面や行動面の症状が引き起こされ，社会的機能が著しく低下している状態のことを指す。

適応障害は，DSM-5では「心的外傷およびストレス因関連障害群」に含まれ，はっきりと確認できるストレス因に反応して，そのストレスに不釣り合いな著しい苦痛や

機能の重大な障害をもち，ストレス因が除去されると症状も消失するとされる精神障害である。こうした症状を引き起こすストレス因が職場と関連している場合，職場不適応と呼ばれる。

2. ストレスとバーンアウト

　セリエ（Selye, H.）はストレスを「外界のあらゆる要求に対して生じる生体の非特異的反応」であると定義している。一方，ラザルス（Lazarus, R. S.）とフォークマン（Folkman, S.）は，個人と環境の相互作用によってストレスは引き起こされるとしている。ラザルスらの考え方は心理的ストレスモデルと呼ばれ，個人が外部からの刺激に対してそれをどのように受け止めるかが問題であるとした。

　一般的に労働者のストレスは対人関係に起因するものと，業務内容に起因するものがある。さらに対人援助職の場合，ミスが許されない安全上の問題や，利用者や家族，他職種との関わりという緊張にさらされており，これが大きなストレス因となっている。このようなストレス状況を乗り越えるためのコーピング方法を学ぶストレス・マネジメントが重視されている。コーピングは意識的に行われるものであり，ストレスの本質を知り，自分のストレス状態を知り，その対処方法を身につけることでストレスを軽減することが可能となる。特にストレス対処方法として問題焦点型方略や情動焦点型の対処方略が知られている。

　また，対人援助職者の場合，陥りやすい心理状態の1つにバーンアウトをあげることができる。マスラック（Maslach, C.）は，「長期間にわたり人に援助する過程で心的エネルギーが絶えず過度に要求された結果，極度の心身の疲労と感情の枯渇を主とする症候群であり，卑下，自己嫌悪，関心や思いやりの喪失を伴う状態」と定義している。文字通り燃え尽きてしまった状態であり，職務や労働に対する急激な意欲の低下を示した状態である。対人援助職にみられる特有の職場ストレスは援助者の情緒的資源を枯渇させバーンアウトにつながりやすい。バーンアウトはストレスの結果生じた現象で，ストレス対処資源や方略についての検討がバーンアウト回避につながると考えられる。

3. 職場におけるメンタルヘルス

　現在，多くの企業で従業員のメンタルサポートが重要視されている。厚生労働省によると労働者のおよそ60％が強いストレスを感じているとしている。職場などに適応できず体調を壊し休みがちになったり，抑うつや不安を訴えたりする労働者が増えてきている。また適応障害などの症状を呈する者も増えてきているといわれており，精

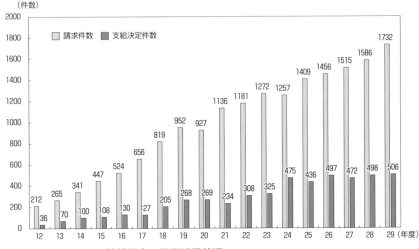

図12-3　精神障害の労災補償状況 （厚生労働省, 2018をもとに作成）

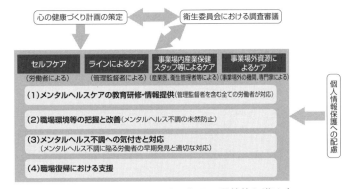

図12-4　メンタルヘルスケアの具体的な進め方
（独立行政法人労働者健康安全機構, 2017）

神障害への労災補償状況を見ると2000（平成12）年の請求件数は212件であったものが2017（平成29）年には1,732件と8.17倍になっている。うち支給決定件数（発病した精神障害が「業務上」と認定された件数）は36件から506件と14.06倍になっている（図12-3）。

　このような状況をふまえ，厚生労働省は「労働者の心の健康の保持増進のための指針」（メンタルヘルス指針，2006年3月策定，2015年11月30日改正）でメンタルヘルス不調を未然に防止する「一次予防」，メンタルヘルス不調を早期に発見し，適切な

措置を行う「二次予防」，メンタルヘルス不調となった労働者の職場復帰支援等を行う「三次予防」が円滑に行われるようにする必要性を示している。またメンタルヘルスケアの具体的な進め方について，①セルフケア，②ラインによるケア，③事業場内産業保健スタッフ等によるケア，④事業場外資源によるケア，の４つを効果的に推進していく必要性も示している（図12-4）。

　こころの健康づくりのためには，一人ひとりがメンタルヘルスについて学び，能動的に自分をケアすることが必要である。このメンタルヘルスケアに有効なものが良好な人間関係であり，それはまさにこれまで述べてきた成人期の発達課題である「親密性」に相当するものといえる。

コラム⑫
新型うつ病

　現在，日本人のうつ病有病率は12％程度と推定され，全国民の約8人に1人はうつ病かうつ状態にあるともいわれています。近年の労働者のメンタルヘルスに関わる労働問題の中では，「従来型のうつ病」とは異なる「現代型うつ病」患者の増加傾向が指摘されています。この現代型うつ病は，20代から30代に多く，自己愛が強い，他人へ配慮する傾向が乏しいなどの性格特徴を有し，他人を責める・職場に来ると抑うつ気分に襲われるため出社できない（週末は遊べる）・叱責されると過度に落ち込む（褒められると元気になる）・頭が重い・イライラする・疲労感がとれない・よく眠れない・リストカット・摂食障害・過食・過眠・体が鉛のように重いなどの症状がみられ，従来型うつ病によくみられるような日内変動は目立ちません。

　これらの特徴を悪く解釈すると，「仕事はしないくせに，遊びは熱心で元気」「都合が悪いときだけうつという」「対人関係にすごく敏感で傷つきやすい」「居眠りが多い」などといったイメージにつながります。周囲から甘えているだけととらえられることで病状は悪化することが多いため，この病気は病状への理解が欠かせません。また，慢性の経過をとることが多く難治性（薬物抵抗性）といわれます。それゆえ，社会復帰に向けてどうしていけばよいのかについては現代型うつ病患者の大きな課題です。現在，その治療法についてはさまざまに議論されていますが，まずは当事者の話をよく聞くことが大切だということです。

　ところで，マズロー（Maslow, A.）によると，人間の欲求は5段階のピラミッドのように構成されていて，「生理的欲求」，「安全欲求」，「社会的欲求（帰属欲求）」，「尊厳欲求（承認欲求）」と，より高次の階層の欲求をもつとし，その最終段階は自己実現欲求です。発展途上の国では第1，2段階を必死で満たそうとする多くの人々がいるのですが，先進国であるわが国では，多くが第4段階以上の欲求を求めているようです。文明や経済の発展に伴い，どう生きるかという生きることの質が問われる時代では，より心の働きも複雑化し生きにくさを抱えることになるのでしょうか。他者からの承認を得ながら，成功体験や社会的認知を積み重ねることで最終段階への道が開かれるのだとしたら，道はまだまだ遠いのかもしれません。ちなみに，この欲求階層にはさらにその上の「自己超越」の段階があるそうです。

第 4 部

喪失の時代から超越へ

第13講

中年期の発達と危機
人生の正午

1節 » 中年期の発達課題

1. 中年期とは

　中年期とは具体的にどの時期を指しているのであろうか。法律上は「中高年齢者」として45～65歳未満と定めているものもある。また，30歳以上から老年期までの間を中年期と呼ぶ場合もある。身体的，精神的，社会的にもさまざまな特徴がみられ，また個人差も大きくなることから具体的にその時期を特定することは難しいといわれている。現実的には40歳頃から始まって65歳頃までの時期を「中年期」と呼ぶことが多いようである。

2. 中年期の発達課題

　青年期を過ぎると，精神的に落ち着きがみられる成人期，そして中年期へと移っていく。中年期は人生で最も安定した時期であるとする考え方が存在する。しかし，人生の前半期から後半期への転換期であり，発達的には頂点から下降に向かう時期でもある。現実にはさまざまな場面で中年期にある人たちは"板挟み"の状態にあるなど，「中年期クライシス」といわれる状況もみられ，とても安定しているとはいいがたい。このような危機的な状況における中年期の課題とはどのようなものであろうか。
　ユング（Jung, C. G.）は，40歳頃を「人生の正午」と呼び，中年期の課題として若さや能力の減少という事実を受容し，人生目標を振り返って再検討すること，人生を正しく見直し，内面的な生活を重視することをあげた。エリクソン（Erikson, H. E.）においては，成人期の心理・社会的危機として「生殖性 対 停滞性」をあげ，その課題は次世代を担う人たちへの援助や世話，指導を行っていくことであり，その社会的責任を負うことだとしている（p.30, 図3-1を参照）。ハヴィガースト（Havighurst, R. J.）は中年期の課題として，社会との関わりの中で自らの責任を果たし，次の発

達段階への準備を示唆する7つの課題をあげている（p.14, 表1-3を参照）。
　これらの理論はその表現には違いがみられるものの，それまでの人生を省みることと次世代への橋渡しとして役割を担うことが課題として表現されている。また暦年齢によってその発達が一定の順序で進むという立場も共通している。

3. レビンソンのライフサイクル論

　レビンソン（Levinson, 1978）らは4種の職業をもつ男性40名を対象とした研究から，ライフサイクルを誕生から死までの旅とし，万人に共通したパターンがあるとするライフサイクル論を提唱している（第3講参照）。

　特に40〜45歳を，自分のやってきたことを評価し，葛藤の中から新しい生き方を見つけ出す時期として人生半ばの過渡期と設定している。若さの喪失と老いの自覚，死への対峙と，残された生への渇望などの葛藤を経験していくとしている。そして，45〜50歳を中年に入る時期，50〜55歳を50歳の過渡期，55〜60歳を中年の最盛期として，中年期を分けて論じている。また，60〜65歳は老年への過渡期として位置づけている（図13-1）。

　レビンソンも中年期に転換期を迎えるとし，それは生物学的変化よりも社会的発達の反映であると考えた。そして60歳以上の老年期では，新たに自己と社会の関わり方のバランスを見つけていくと論じている。われわれは老年期に向かって自己に集中し，自己の内面的資質を活用することに関心が増し，自己を優先させる新しい形でバランスを求めていく。老年期は衰えのときであるが，同時にさらなる成長の好機でもある。

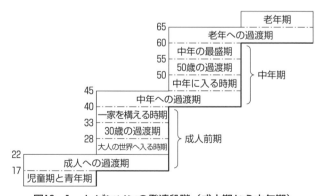

図13-1　レビンソンの発達段階（成人期から中年期）
（Levinson, 1978／南, 1992）

4. 中年期の課題と危機

　エリクソンは社会的文化的影響の重要性を指摘した上で人間の人生を8つの発達段階に分け，青年期に続く段階として「成人期（成人前期）」「中年期（成人中期）」「老年期（成人後期）」の3つの段階を設定している。特に，「中年期（成人中期）」については以下のような特徴をあげている。

　「中年期（成人中期）」の課題と危機として「生殖性　対　停滞性」をあげ，重要な対人関係の範囲を「共同と分業における家族」としている。ここでの課題は他者への援助に関心を向けることであり，家族や子どもたちに対する養育・援助，職場では後続する者たちへの指導という形でそれらは現れてくると考えられる。この時期に与えられた危機的な課題を解決できずにいると，関心は自分自身にとどまり，没入，自己耽溺という状態に陥ると考えられる。

　これに対してエリクソンの成人段階を拡張してとらえたペック（Peck, 1968）は，中年期（成人中期）の課題として次の4つをあげている。

①英知の尊重　対　体力の尊重：中年期には避けることのできない体力やスタミナの減少が起こるが，それを乗り越え，経験によってもたらされた豊かな英知を基本とした精神面に力を置き換えていくことが課題となる。

②社会的人間関係　対　性的人間関係：中年期には体力の低下に並行して性的能力の危機も訪れる。そこで，異性を性的対象ではなく，個々の人格，そして仲間として再認識することにより対人関係に深みを求めることが課題となる。

③備給的柔軟性　対　備給的貧困さ：親を亡くしたり，子どもが成長したりすることによって中年期以降，対人関係構造の崩壊が起こり，同時に青年期よりも地域や社会での広がりや分化した対人関係が展開される。このように他者に柔軟で情緒的に関与できる能力をもつことが課題とされる。

④精神的柔軟さ　対　精神的固さ：社会的地位や職業的地位が上がるこの時期には，新しい課題に対してはこれまでの経験によって処理するという精神的努力を怠る傾向がみられる。そこで自分のやり方に固執しない精神的な柔軟性をもつことが課題となる。

　これら4つの課題は暦年齢から分離されたものとして考え，個々人によって異なった順序で通過することがあることもペックは強調している。

2節》中年期のライフイベント

1. 子どもの独立

　中年期以降のライフイベントの1つに「子どもの独立」がある。子どもは成長とともに家族との関係を変化させ，夫婦が中年世代になると子どもは独立して巣立っていく。特に青年期の子どもには親からの心理的自立という発達課題があり，心理的自立に伴うさまざまな心理的葛藤にも直面する。親側も自身の子育ての結果として現状に対峙することが求められ，さらにこれまでの人生の再評価を迫られることになる。

　子どもの独立というイベントは，母親が子育ての主たる責任を負っている現代の状況を考えると，母親はその役割から開放され自身の自立への転機となるが，子どもの成長や育児・世話を生きがいにしてきた女性にとっては自身の存在理由の喪失につながり，心理的空白状態である「空の巣（empty nest）症候群」に陥ることもあるといわれる。しかし，「空の巣症候群」のような危機的状況は必ずしも起こるわけではない。むしろ子どもの独立を契機に仕事や趣味を開始する女性もみられ，新しい可能性の始まりとして受け止められている。さらにこの新しい可能性を模索する傾向は高学歴者や有職者という現代的な生活スタイルを選択した女性に多いようである。中年期の親と青年期の子どもの関係においては，互いの「自己」をめぐる課題が強調される。特に母親は子どもとの日常的な関わりを通してライフサイクルの連鎖の中で自己を問い直すという課題に取り組むことになる。

　子どもの独立と時を同じくして，女性は40歳代後半から閉経やエストロゲン分泌の低下などに代表される身体的変化の時期（更年期）を迎える。若さの終焉というという女性としての意義や価値の変化から更年期障害といわれるさまざまな心身症状が現れやすくなる。ただ，更年期の症状は個人差が大きくすべての女性が不可避的に経験するものではないとされ，むしろ心身面で健全な女性は種々の更年期現象を経験しても，それで病むことはないといわれている。

2. 中年期と社会

　中年期には社会における関係性の変化が個人に大きな影響を与えることが多くなる。たとえば職業生活における地位の変化などによって責任が増大し，職場の人間関係の調整など新しい役割を担うことが求められる。また，自らの親世代と自らの子世代の両方から経済的・サービス的支援を求められるという中年世代はサンドイッチ世代とも呼ばれ，親であると同時に子どもでもあるという期間を過ごす時期でもある。子世

表13-1 キャリア発達の諸要因と発達命題（成人期）(渡辺, 2007をもとに作成)

発達段階	特徴	下位段階	命題
確立段階 25歳～	適切な分野を見つけたら，その分野で永続的に地歩を築くための努力がなされる。この段階のはじめにおいて，若干の試行がみられる場合がある。その結果，分野を変える場合もあるが，試行なしに確立が始まるものもある。	試行期・安定期（25～30歳） 選択した職業に落ち着いたり，永続的な場所を確保する。自分に適していると考えた分野が不満足なものだとわかる場合もあり，その結果，生涯の仕事を見いだせないうちに，あるいは生涯の仕事が関連のない職務のつながりだということがはっきりしないうちに分野を1～2回変更することがある。 向上期（31～41歳） キャリアパターンが明確になるにつれて，職業生活における安定と保全のための努力がなされる。多くの人にとって，創造的な時期である。	希望する仕事をする機会を見つける。 他者との関わり方を学ぶ地固めと向上。 職業的地位の安定を築く。 永続的地位に落ち着く。
維持段階 45歳～	職業世界である地歩をすでに築いているので，この段階での関心はそれを維持するところにある。新しい地盤が開拓されることはほとんどなく，すでに確立されたパターンの継続がみられる。向上期にある若手との競争から現在の地位を守ることに関心が寄せられる。	なし	自らの限界を受容する。 働き続ける上での新たな問題を明らかにする。 本質的な行動に焦点を当てる。 獲得した地位や利益を確保する。

代からは進学・就職・離家・結婚・出産などのライフイベントへの援助の要請，親世代からは経済的扶養・介護・死の看取りなど困難に対する支援も期待されることになる。サンドイッチの具のように両世代からの援助要請に苦慮することも多くなる。

　スーパー（Super, D. E.）の職業的キャリア発達段階における45～64歳は「維持期」とされ，自分の限界を受け入れ，働き続ける上での問題点を明らかにすることが求められる段階とされている。この時期はすでに職業世界である地位を築いており，この段階での関心事はそれを維持するところにある。新しい地盤が開拓されることはほとんどなく，すでに確立されたパターンの継続がみられる。31～44歳の向上期にある成人との競争から，現在の地位を守ることに関心が寄せられているという（表13-1）。

　エリクソンの中年期の課題である「生殖性 対 停滞性」という後進への指導や貢献という課題がある反面，スーパーが論じているように現在の地位を守るという課題を

中年期はもっていることになる。中年期は社会から要請される課題と自己概念の保持という葛藤をうまく処理していくことが求められる。

3. 中年期以降の夫婦関係

近年，家族関係，特に中年期以降の夫婦関係の動向が注目されている。その1つに中高年層の離婚の増加傾向が指摘され，特徴として，妻側からの離婚の申し立てが圧倒的に多いことがあげられる。これは子育て期を終えた夫婦における妻からの夫婦関係に対する問題提起となっている。同居期間別離婚件数の年次推移を見ると，同居期間が30年以上の離婚件数が1975（昭和50）年では866件であったものが，2016（平成28）年には1万1000件と12.7倍（2015年度は1万1582件）となっている（厚生労働省，2017「平成28（2016）年度人口動態統計（確定数）」，表13-2）。全体としての離婚増加率が約1.82倍であることを考えると同居期間30年以上の増加率は突出している。現在婚姻期間が30年以上というと年齢的には男性が58～59歳頃，女性では55～56歳頃となり，定年退職の時期と重なることとなる。

夫が職場に過剰適応し，家庭生活を犠牲にし，家族や夫婦間のコミュニケーションを怠った結果として離婚や家庭内離婚が家族関係の1つの形態をなすとするならば，

表13-2　同居期間別離婚件数の年次推移 (厚生労働省，2017より)

同居期間	昭和50年	昭和60年	平成7年	12	17	22	26	27	28	対前年(28年-27年) 増減数	増減率
総数	119135	166640	199016	264246	261917	251378	222107	226215	216798	△9417	△4.2
5年未満	58336	56442	76710	96212	90885	82891	70056	71719	68011	△3708	△5.2
1年未満	14773	12656	14893	17522	16558	15697	13499	13863	13157	△706	△5.1
1～2年	13014	12817	18081	21748	20159	18796	15779	16272	15330	△942	△5.8
2～3年	11731	11710	16591	21093	19435	17735	14910	15349	14499	△850	△5.5
3～4年	10141	10434	14576	18956	18144	16193	13489	13807	13299	△508	△3.7
4～5年	8677	8825	12569	16893	16589	14470	12379	12428	11726	△702	△5.6
5～10年未満	28597	35338	41185	58204	57562	53449	46389	47082	44391	△2691	△5.7
10～15年未満	16206	32310	25308	33023	35093	34862	30839	31108	29531	△1577	△5.1
15～20年未満	8172	21528	19153	24325	24885	25618	22905	23941	22986	△955	△4.0
20年以上	6810	20434	31877	41824	40395	40084	36771	38644	37601	△1043	△2.7
20～25年未満	4050	12706	17847	18701	18401	17413	16535	17051	16857	△194	△1.1
25～30年	1894	4827	8684	13402	10747	10749	9382	10011	9744	△267	△2.7
30～35年	566	1793	3506	5839	6453	5729	5034	5315	5041	△274	△5.2
35年以上	300	1108	1840	3882	4794	6193	5820	6267	5959	△308	△4.9

注）総数には同居期間不詳を含む。

定年退職はその転機として考えてもおかしくない。さらに，伝統的な日本の家族形態における性的役割分業の行き詰まりもみられ，女性の社会進出と多様なライフコースが認められる現代においては，定年退職後の男性の家族との関わり方にも変化が求められていることも事実であろう。

4．定年退職と家族関係

中年期から老年期にかけて男性を中心として起こる定年退職というライフイベントはそれまでの生活に劇的な変化をもたらす。それは単に「職業からの引退」ということではなく「人間関係の変化」や「家庭での地位の変化」という社会的側面での変化や喪失を示すものとなる。

人間関係においては職業からの引退で，仕事上の人間関係は疎遠になり希薄化することが当然のこととして現れる。それだけではなく職業からの引退により「経済的基盤」が低下し，それまで家庭を支えてきた「大黒柱」としての立場からの引退も余儀なくされる。このような状況にあっても有効に余暇を使うことができる人であるならば，老年期の自身のあり方について模索することも可能であろう。しかし，日本人の職業スタイルは現在大きく変化しつつあるとはいえ，企業人として会社に忠誠を尽くして働き，職業生活に過剰適応してしまった人にとって，定年退職は自分の拠り所を失うことにつながりかねない。

3節 » 老いの兆候

1．中年期・老年期の特徴

中年期以降の身体的変化として白髪や脱毛，しわの増加，中年太りといわれる体型の変化，視力の低下，体力の低下などがあげられる。これらは40歳頃から多くの人に自覚される生理的老化現象である。しかしその個人差は大きく，特に筋力の低下は日頃の運動量と大きく関係しているようである。以前は成人病と呼ばれていた肥満，心臓病，高血圧などの生活習慣病は中年期に多いとされてきた（近年では生活習慣との関係から必ずしも中年期特有の疾病とはいえなくなってきている）。

中年期には社会におけるさまざまな関係性の変化が個人に大きな影響を与えることが多くなる。たとえば職業生活における地位の変化などによって責任が増大し，職場の人間関係の調整など新しい役割を担うことが求められ，それにより家庭内において，親として夫としてあるいは妻としてその役割を十分果たせない状況に陥り，家族の結びつきや家庭への帰属意識が薄らいでいく危険性も指摘されている。

老年期は一般的に65歳以上を指すことが多い。さらに65〜74歳までを young-old，75歳以上を old-old と呼び分けてとらえることが多くなってきている。さらに85歳以上を oldest-old として細分化する考え方も広まりつつある。その背景には現代のような長い高齢期を1つの発達段階としてとらえることに限界がきていることがあげられるであろう。

老年期の特徴として，「老い兆候」から「老人としての自覚」への変化をあげることができる。中年期以降，生理的兆候をはじめとして老いの兆候がみられるようになるが，決してこれは自らを「老人」として認めることではない。本来，「自らを老人として認めること」は「老性自覚」として「老人として意識すること」であるとされているが，タックマン（Tuckman, J.）や橘（1971）が報告しているように，自らを老人として認めることと老いを感じることは，必ずしも等しいものではない。多くの人が実際に自らを老人として認めていくのは，おおよそ70歳ぐらいではないかといわれている。

老年期の発達的変化については後述するが，老年期は「喪失の時代」といわれるように，喪失体験の増加が顕著になる時期である。特に身体面，精神面，社会面の変化によってその喪失を自覚することが多くなるといわれる。たとえば身体面では生理的機能や健康の喪失を，精神面では配偶者や同胞の死など人間関係の喪失を，社会面では職業や家庭での中心的地位からの引退という喪失をあげることができる。さらにこれらの喪失は回復が難しいものが多く，新たに獲得するものよりも喪失するものが多いことも老年期の特徴といえる。

2. 中年期の生理的特徴

前述のとおり，身体的変化としては白髪や脱毛，しわの増加，中年太りといわれる体型の変化，視力の低下，体力の低下などがあげられる。特に筋力の低下は日頃の運動量と大きく関係している。

体力指標の年齢変化は25歳頃をピークとして年齢とともに衰えていく。垂直跳びや連続跳び（ジャンプ・ステップ）などの筋力は45歳以降からの衰えが顕著であり，特に下肢の筋力の低下が目立ってくる。それに対して日常的に用いる握力は中年期においても低下が小さい。また肺活量も30歳頃から加齢とともに低下し循環器機能の低下とともに息切れなどが起きやすくなっていく。

視力の低下においては，「焦点調節能力」の衰えが顕著になってくる。一般的に「老眼」といわれているものであるが，実際には10歳代から歳をとるとともに直線的に低下する。焦点の調節力 "D（diopters）" は "焦点の合う最も近い距離（m）分の1"

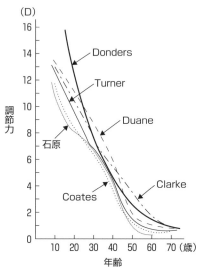

図13−2　焦点調節能力の年齢曲線
(湖崎, 1989)

で表され，40歳代には30cmを超え，50〜60歳代以降では1mを超えないと焦点が合わなくなる。通常3D以下になると老眼鏡等が必要となってくる（図13−2）。

3. 中年期の健康と疾患

　以前は成人病と呼ばれていた肥満，心臓病，高血圧などの生活習慣病は，近年では生活習慣との関係から必ずしも中年期特有の疾病とはいえなくなってきている。しかし，心臓機能低下や40歳頃から徐々に上昇する血圧などは中年期以降の変化としてとらえることができる。

　中年期は「危機の時期」「転換期」などと表現されるようにさまざまな問題が生じてくる時期でもある。社会的には職業生活における地位の向上や責任の増加，自己の能力の限界の自覚などから心の動揺を生じることが多くなり，うつ状態や心身症状を呈することもみられる。近年の余暇を重視する社会的な気運から職場に過剰適応してしまった者への批判もこれに拍車をかけている。フリードマンとローゼンマン（Friedman & Rosenman, 1974）は仕事においても余暇においても物事を達成する意欲が旺盛で，競争心が強く，せっかちで攻撃的な性格を「タイプＡ」と名づけ冠血管疾患になりやすい傾向を指摘し，職場への過剰適応者の病前性格と共通することを見いだしている。

女性においては40歳代後半から閉経による更年期を迎え，更年期障害といわれるさまざま心身症状が現れやすくなるが，これについても個人差が大きくすべての女性が不可避的に経験するものではないとされている。また，子どもが独立して巣立っていくことによって母親の役割から解放されるとともに無力感や孤立感に陥りやすい。このような心理状態は心身症状やうつ状態を引き起こしやすく，アルコール依存症にも発展しやすいといわれている。

4. そして老年期の発達課題

　エリクソンは老年期（成人後期）を発達段階の第8段階としてその心理・社会的危機として「統合 対 絶望」をあげ，それまでの自我同一性の積み重ねの結果として得られる統合の重要性を指摘している。さらにペックは老年期を3つに分け，それに挑戦していかなければならないとしている。

①自我分化 対 仕事-役割没入：仕事や家庭を唯一の役割としてきた人は，退職や子どもの独立などさまざまな役割からの引退の衝撃によって老年期の生活が絶望の危機にさらされる。自己の多様な役割を自覚し，自己の価値を確信することが課題とされ，価値ある活動を確立することが重要である。

②身体超越 対 身体没入：身体的な機能や活動性が衰えていく中で，身体的な変化にとらわれることなく，衰えていく身体を超越し創造活動や人間関係に価値を見いだすことが課題となる。

③自我超越 対 自我没入：人生の末期を現実のものとして予感したときに，この事実に立ち向かい死すべきものとして自己を受容することが求められる。この自己を受容することができなければ死の不安に耐え切れず不適応状態に陥ってしまう。友情の深化，他者への貢献などを通して自我を超越することが課題となる。

　また，ニューマン夫妻（Newman & Newman, 1975）はエリクソンの「統合 対 絶望」の危機を乗り越えるための3つの発達課題を提起している。第1に，喪失した役割に代わる新たな役割の獲得とそれをスムーズに行うためのエネルギーを必要とする「新しい役割の獲得と活動へのエネルギーを再方向づけること」である。第2は，すべての人生における出来事をあるがままに受容するという「老年期をライフサイクルの最後の時期として，それまでの人生をいかに評価し，受け入れることができるか」である。そして第3に，人生の終わりを意味する「死に対する見方の発達」である。

　このように，老年期を安定した時期としていくためには自分自身の人生をありのままに受け入れていくとともに，「死」を自然な発達のプロセスとして受け止めることが不可欠なようである。

コラム⑬
熟年離婚

　わが国の離婚率は2008年ごろまでは右肩あがりに35％まで上昇し，その後は横ばい状態が続き，婚姻カップルの3組に1組が離婚していることになります。熟年離婚とは，夫婦の年齢によって分類されるものではなく，「長年連れ添い，結婚生活（人により解釈が異なりますが，一般的には20年以上のようです）を続けてきた夫婦がする離婚」を意味します。人によっては結婚期間を基準とするのではなく，子どもの養育を終えた後にする離婚のことを"熟年離婚"と呼ぶ考え方もあるようです。離婚数は1975年の6,810件から，1990年の21,718件，さらに2007年4月の年金分割制度開始以降は40,349件に増加し，このうちの約20％をこの熟年離婚が占めています。仕事一筋だった夫が定年退職を迎えた日，長年連れ添ってきた妻から突然三行半（みくだりはん）を突きつけられる。そんな象徴的なテレビドラマもありました。妻の離婚理由の第1位は「夫が家事を手伝わない」というものです。日本は1960年代の高度成長期，「男は仕事，女は家庭」という根強い伝統的性役割観が社会規範となり，女性は子育てや家庭を守ることでその一生を終えるというライフスタイルが一般的でした。

　しかし，1990年以降の女性の高学歴化・社会進出による自立志向の高まりと，少子高齢化社会の到来により，母親・妻役割のみでは女性自身の自己アイデンティティを確立することが困難な時代になったのです。ところが，男性はそんなことには気づかず家庭をかえりみないで仕事三昧。その上，夫は「思いやり」が足りない，感謝の一言もない，となると妻の不満はつのる一方です。あげくの果てに，夫は家庭での居場所もないまま定年の日を迎えることになるのです。

　今までの世間の常識の中で生きるには人生が長くなりすぎたのでしょうか。いいえ，そうではなく，常識自体が変化していることに気づくことが大切です。人の心を研究するには，その社会的な背景にも目を向けなければ事象の正確な分析はできないということでしょう。

　「熟年離婚なんて，うちに限っては大丈夫！」と思っている人ほど危ないのだそうです。男性諸君，要注意です。

第14講

エイジングと心理的変化
「老い」への対応

1節》老いの特徴

1. 身体・生理的変化と特徴
(1) 老いの自覚
　成人期以降の身体的変化は加齢に伴い「老化」「衰退」といった下降的変化に転ずる。この下降的変化の自覚は中年期以降に顕著となり，やがてそれによって本人自身が「老い」を自覚し始める。しかし，これは老いの兆候への自覚であり「老人としての自覚」（老性自覚）ではない。

　この「老いの兆候」は身体的側面，精神的側面，社会的側面のさまざまな現象から自覚されるが，中年期以降，特に身体的な側面での変化がそのきっかけとなることが多い。一般に50歳未満では身体的変化により老いの自覚が始まるが，50歳を過ぎる頃からはそれ以外の要因によって影響を受けることが多くなるといわれる。

(2) 身体面の変化
　身体機能の低下は決して回避することができないものではあるが，1984年にWHOが高齢者の健康を「生死や病気の有無ではなく，生活機能が自立していること」と定義しているように，高齢者においては日常生活動作（ADL）の維持が重要な課題となっている。特に移動能力などの身体機能はQOL（Quality of Life：生活の質）と大きく関係しており，その低下が生活の支障となる可能性は高い。

　また，ある年齢になると身体面の不調を訴えることが多くなり，高齢者特有の病気にもかかりやすくなる。腰痛など骨格系の障害や，高血圧や心臓疾患などの循環器系の障害をはじめとして緑内障や白内障などがその例としてあげられる。これらの病気や障害は身体的問題だけにとどまらず，介護，保健医療の問題，さらには精神的・心理的問題とも密接に関係している。また，これらは高齢者を取り巻く人間関係や家族の問題と切り離して考えることも困難である。

(3) 生理的な変化

　生理的な老いは，老眼，歯牙脱落，禿頭白髪，体力や性欲の低下など具体的な兆候で現れる。特に感覚器官は高齢者を取り巻くさまざまな環境や状態の認知と結びついており，その機能低下は日常生活に大きな影響をもたらす。

　加齢による機能低下が顕著な感覚としては視覚，聴覚があげられる。視覚は40～50歳代にかけて遠視がみられるようになり，加齢に伴って見える範囲（視野）も狭くなる。このような老人性の視力低下は，網膜の毛細血管の変化や水晶体の弾力性の低下，白内障などによってみられることが多い。聴力は老年期になると可聴範囲が狭くなり，高い音（3000Hz以上）と小さな音が聞こえにくくなる。聴力の衰えは自覚しにくく周囲の人たちの指摘によって気づくことが多い。視覚や聴覚の衰えは単に生理的な衰えということだけではない。視覚の衰えは生活活動の縮小や生活意欲の減退につながることが多く，聴覚の衰えは，人と話をする楽しみ自体が奪われるなど他者とのコミュニケーションを困難にし，さらに危険回避の遅れにつながっていく。

　嗅覚や味覚については，無臭覚症や甘酸辛苦の感度の閾値が高くなるなど感覚が鈍くなるといった衰えがみられる。これらは生活習慣によるものもあるが，身体器官の老化の影響が考えられる。皮膚感覚（痛み）については統一した見解はまだみられていないようである。

(4) 身体・生理的変化と家族

　身体的能力の低下や高齢者特有の病気への罹患率の増加はいわゆる「寝たきり」や「認知症」という典型を連想させ，その介護に対する重圧感が家族に大きな負担になっているといわれる。わが国の「認知症高齢者（日常生活自立度Ⅱ以上）」は2025年には約700万人になるともいわれ依然増加傾向にあり，さらに核家族化，小家族化はこのような介護問題に大きな影響をもたらしている。介護保険制度の導入により変化したとはいえ，高齢者の介護は家族の責任としてとらえられることも多い。

　家族介護の問題は伝統的な家制度や規範が失われていなければ存在しなかったとの主張も時にみられるが，医療技術や介護技術の進歩，平均寿命の延長などを考えるとそう単純なものとはいえない。現在にいたっても住宅条件や家族の介護知識や技術は決して高い水準にあるとはいえず，介護観に関しては過剰な安全確保など誤ったものも多くみられるとの主張もある。これらは残存能力の低下を誘発し廃用性萎縮を起こし，さらに介護状態を悪化させ家族の負担を増加させてしまうことになる。

2. 知的側面の変化と特徴
(1) 知能のとらえ方
　知能に関する理論は数多くみられるが，生涯発達の視点から老年期までを含め，知能を構造化しているものにホーン（Horn, J. L.）とキャッテル（Cattell, R. B.）の理論がある。ホーンらは知能を神経系の機能のもとで決定される流動性知能と，経験の積み重ねによって獲得される結晶性知能という質的に異なる2つの知能に分類している。流動性知能は25歳頃をピークとして加齢とともに下降していくのに対し，結晶性知能は加齢とともに上昇する可能性について述べている（図14-1）。
(2) 知能の加齢変化
　知能の加齢変化は，1950年代頃から中・高齢者の研究が行われる中で明らかになっていった。当時の高齢者の知能研究においては横断的な研究方法を用いることで若齢者との比較が行われ，加齢とともに知能低下が起きるという変化が示されていた。これは知能変化の古典的な加齢パターンといわれている。
　それに対してシャイエ（Schaie, 1980）らの知能の縦断的な研究では，後期高齢期になれば顕著な知能低下はみられるが，横断的研究でみられた加齢に伴う知能の低下傾向は見いだすことができなかった。しかし，これにより加齢による知能低下が否定されるわけではない。それは，長年にわたって調査対象者を追跡することによって起こる不可避な脱落（知能が低い人のほうが脱落しやすい傾向）や，練習効果などによって実際以上に高い値が出てしまう縦断的研究の短所も考慮しなければならない。
　シャイエはこの横断的研究と縦断的研究のそれぞれの長所を生かすべく両者を総合的に検討し，知能の加齢変化を明らかにしようとする系列法を開発している。シャイエの研究では「語の意味」と「語の流暢性」の加齢変化の結果が，ホーンらが指摘し

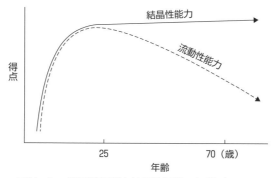

図14-1　流動性知能と結晶性知能の加齢パターン
(Baltes et al., 1980)

た結晶性知能と流動性知能の加齢変化に一致している。これは結晶性知能が中枢機能等の低下が顕著でない限りある年齢までは上昇していくことを意味している。

(3) 記憶の加齢変化

一般的な記憶のメカニズムは，記銘（符号化）－保持（貯蔵）－想起（検索）というプロセスをたどると考えられ，記憶の保持という観点から記憶のシステムをとらえると，感覚記憶，短期記憶，長期記憶の3つの貯蔵装置から成り立っている。

記憶のプロセスは加齢によってどのような影響を受けるのであろうか。ボトウィニックとストランド（Botwinick & Storandt, 1974）による短期記憶の実験によると，数字の桁数の記憶では20～50歳代が6.2～6.7桁程度，60歳代では5.5桁，70歳代では5.4桁の平均記憶容量をもっていることが確認されている。記銘における情報処理速度の低下が影響していると考えられるが，一般にいわれているほど感覚記憶や短期記憶が低下しているとは考えにくい。また，長期記憶においても加齢の影響は少なく，特に一般的知識のような意味記憶や物事の手続きに関する手続き記憶などは加齢による低下はみられない。

むしろ長期記憶貯蔵庫から短期記憶貯蔵庫に移行する想起（検索）というプロセスにおいて加齢の影響が明らかにうかがえる。「再認」においてはその差はみられないが記憶情報の正確な検索が求められる「再生」では高齢者のほうが明らかに劣っている（Schonfeld & Robertson, 1966）。ただし，再生において簡単な手がかりが与えられると当初みられた年齢の影響は少なくなるという報告もある。後期高齢期には身体機能ならびに脳機能自体の低下によって記憶機能もかなり影響を受け，記憶の低下は顕著になると考えられる。

(4) 自伝的記憶にみられる高齢者の特徴

「自伝的記憶」とは人がそれまでに経験した自分自身に関する記憶のことを指す。自伝的記憶として思い出された内容は必ずしも正しいものではなく，時間とともに変化することが知られている。

高齢者が人生を振り返り記憶をたどる場合，特に10代から30代にかけて起こった出来事を想起することが知られており，これをレミニセンス・バンプと呼んでいる。10～30代はその後の人生に影響する就学・就職，結婚・出産などのライフイベントが集中していることがその原因としても知られている。それに対して30代後半～50代にかけての自伝的記憶は想起されにくいこと，1年以上経過した比較的最近の出来事の記憶も想起されにくい傾向にある（図14－2）。

(5) 知的機能と家族の関係

知的機能は生来的な資質，個人の生活史や生活経験の違いによって個人差となって

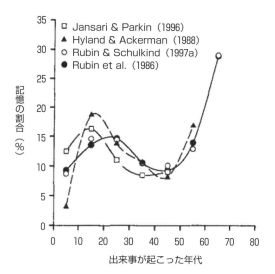

図14-2　高齢者の自伝的記憶の想起割合の分布
(Rubin et al., 1998)

現れる。特に教育歴に代表されるように教育に関わる年数が長いほど知的能力は維持される傾向があるとする研究は数多い。さらに健康状態も重要な変数として知的機能の維持に影響している。またシャイエ（Schaie, 1996）は成人期を通して結婚生活が充実していることや，刺激的な環境にあることなどの要因を指摘している。

　認知症の予防に関する研究において興味深い結果が報告されている。本間（2003）によればスウェーデンで行われた社会的な交流頻度と認知症の発症率との関係を調べた疫学的研究で，一人暮らしで，友人が訪ねてくる頻度が週に一度もない，家族が訪ねてくる頻度も週に一度もないという条件の人たちは，認知症の年間発症率は1000人中160人であったが，家族と同居していて，しかも，友人が週に一度以上訪ねてくる，子どもも週に一度以上訪ねてくるという条件の人たちでは，1000人中20人の発症率に過ぎなかったとしている。これは，知的機能の維持には社会的なつながりや人間関係の豊かな生活が重要であることを意味しており，認知症予防の可能性を示唆していると思われる。

2節 » 老年期のパーソナリティと適応

1. 老年期のパーソナリティ

(1) 加齢に伴うパーソナリティの変化

　高齢者のパーソナリティ特徴として「頑固」「保守的」「わがまま」などがあげられ，特に「嫉妬深い」「愚痴っぽい」「口うるさい」など否定的な特徴をあげるものが多い。加齢に伴いパーソナリティが変化するとよくいわれているが，本当に変化するものなのだろうか。

　たとえば，ボトウィニック（Botwinick, 1977）は，物事の選択において若齢者はリスキーさに面白さを感じることがあるが，高齢者はリスクを負わなくてもよい選択肢があればそれを選ぶことが「慎重」という特性につながるとしている。しかし，必ずリスクを負わなければならない場合には高齢者も若齢者も選択するリスクの量には差がなく，高齢者が必ずしも慎重であるとはいえない，とも述べている。

　長島（1977）は老年期の性格の変化をその方向から円熟型，拡大型，反動型の3つのタイプからとらえている（表14-1）。これらの変化は必ずしも悪い方向への変化ばかりではなく，よい人間関係に恵まれた場合は好ましい方向への変化も期待できる。

(2) パーソナリティ変化に影響する要因

　パーソナリティのある側面は加齢に伴って変容していく。しかし加齢に伴ってすべての高齢者にパーソナリティの変容が生じるわけではなく，またその変容が高齢者を特徴づけるものでもない。コーホートの影響によってその世代に共通した特徴を，高齢者特有のパーソナリティ傾向としてとらえてしまうこともある。また，生理的な機能の低下が日常的な行動に影響し，二次的にパーソナリティが変容することも考えられる。パーソナリティの変容に関してはさまざまな要因をとらえることができるが，

表14-1　老年期の性格の変化（長島，1977）

円熟型	若い頃の性格傾向が目立たなくなり，いわゆる「角が取れて丸くなる」傾向を示すタイプ。調和的で円熟した性格に向かい，そして高齢になっても積極的に役割を維持して社会参加し，社会的にも家庭的にも満足した人間関係を経験する。
拡大型	若い頃の性格の特徴が加齢によってより顕著になっていくタイプ。内向的だった人がより内向的になる場合がそれにあたる。この性格傾向の尖鋭化は一般的には心身の老化に伴い，自己の行動のコントロールが困難になるためと考えられる。
反動型	若い頃の性格傾向とは逆の傾向を示すタイプ。倹約家だった人が浪費家に転じたり，気難しかった人がものわかりがよくなったりする場合がこれにあたる。

表14-2　パーソナリティの変化に影響する要因（佐藤，1997を改編）

心身機能の低下	身体・脳・感覚の老化を意味すると考えられる。脳の老化は病的・器質的変化ではなく，加齢によって自然に生じる変化を意味する。健常者であっても後期高齢期になれば脳の萎縮など脳重量の減少が認められる。また脳重量以外にも高齢者の脳には生理的変化がみられる。
社会とのつながりの喪失	社会・文化的要因を中心とした環境要因からの影響を意味する。これらにはコーホートの問題も含まれるが，特に定年退職による社会からの引退や子どもの独立による家庭内での役割変化などによって，社会とのつながりが失われる。
自己意識の変化	老いの自覚のきっかけとなる経験や要因の多くはネガティブな意味をもつものが多い。このようなネガティブな感情は積極性の減退や目標喪失などパーソナリティの変容に影響し，老人らしいふるまいにつながる。また，自己概念に「老い」が加わることによって自己のとらえ方に変化が生じ，また，周囲が高齢者に対して「老人らしさ」を期待することで高齢者自身が期待される「老人像」に近づいていく。
死の接近	死に対する受け止め方は個人生活や行動に影響を与える。恐怖や不安に対処できず絶望や悲嘆にくれ不適応状態を呈する人もいれば，残された人生をより活動的，肯定的に見つめていこうとする人もいる。このように「死の接近」ということを通して自己の人生と死を受容することができるか否かが課題となる。

特に「心身機能の低下」「社会とのつながりの喪失」「自己意識の変化」「死の接近」が注目される（表14-2）。

2．老年期の適応
(1) 活動理論と離脱理論

　高齢者のパーソナリティ類型は，老年期の適応性との関係で論じられることが多い。高齢者の適応性については活動理論と離脱理論という対立する2つ理論の存在が知られている。活動理論は高齢者も中年期と同様の心理・社会的欲求をもち，老年期における社会的相互作用の縮小は社会の側からのもので高齢者の意に反するものであるという考え方で，老年期に高い活動性を保つことは適応の成功につながるとしている。

　それに対して離脱理論はカミング（Cumming, E.）とヘンリー（Henry, W. E.）によって提唱されたもので，活動理論に対立する立場として扱われる。離脱理論では，老年期において個人が社会や役割から離脱していくことは避けられず，それは，生活空間の縮小を生むとしている。また，離脱にふさわしい他の役割を見いだせないときには危機が生じるが，基本的に離脱は高齢者に望ましいものと考えている。

　これらは高齢者の適応を単一的な方向でとらえているという問題はあるが高齢者のパーソナリティと適応の関係についてその多様性を示している。

表14-3 ライチャードらの老年期の性格特性 (Reichard et al., 1962)

円熟型 (mature group)	自分の過去や現在を受容的にとらえ，未来に対する展望も現実的な，統合されたパーソナリティをもつとされる。年をとることを当然とし，加齢のよい面を生かすことができ，将来に対して苦悩を抱くことや，過去に対する後悔や喪失感をもつことがないと考えられる。
安楽椅子型 (rocking-chair group)	他者に対する依存という全般的な受動性に特徴づけられる。物質的にも精神的にも他者の援助を期待し，安楽に暮らすことを望む。野心はなく引退を喜んでおり，責任や努力を伴う役割を免れ，現実に十分に満足している。
装甲型 (armored group)	強い防衛的態度で老化による不安に対処する。援助や世話を受けるのを嫌い，若いときの活動水準を維持し続けようとする。年をとることのよさを認めようとしない。時に周囲から疎んじられたり，孤立化したりすることもある。
憤慨型 (angry group)	自分の過去や老化の事実を受け入れることができず，その態度が他者に対する敵意や攻撃という形で現れる。年をとることに強い反感をもち，不満に満ちた老年期を過ごす。また，死を恐れている。
自責型 (self-hater group)	自分の過去を失敗とみなし自責的な態度をとる。自分には価値がないというような後悔や自己批判，抑圧の感情に支配され，死を不満足な人生からの解放と感じ，ときには自らを死に追い込むこともある。

(2) ライチャードの適応度に基づく老いのタイプ

ライチャードら（Reichard et al., 1962）は55～84歳の87名の定年後男性に対して115のパーソナリティ変数のクラスター分析を行っている。その結果，老年期への適応性に関する"老いのタイプ"を5つにまとめている（表14-3）。

ライチャードは円熟型，安楽椅子型，装甲型はそれぞれの方法で加齢に対して適応したタイプとしてとらえている。しかし装甲型はその時点では適応的であっても，自ら老いを自覚しなければならなくなったときには不適応的な反応を現す可能性を否定できないタイプであるとしている。憤慨型と自責型の2つは不適応的なタイプとされている。ただし，この5つのタイプにすべての人が分類されるわけではなく，いくつかの複合型である中間的な人のほうが多いとされている。さらに，ライチャードはこれらのタイプは高齢期になって形成されるものではなく，彼らの性格の特徴は一貫した傾向をもち，忙しさに必要を感じる人はそれまで忙しくしてきた人であり，他者を攻撃する人は以前からその傾向にあった人であり，性格の特徴は人生を通じ変化が少ないと考えたようである。

(3) ニューガーテンの連続性理論

一方，ニューガーテンら（Neugarten et al., 1968）は活動理論か離脱理論かという一方向的な観点から老年期の適応を説明するのではなく，それには多様性がありその方向性は個人のパーソナリティに依存するという連続性理論を主張した。彼女は高

表14-4　ニューガーテンらの老年期の性格特性 (Neugarten et al., 1968)

再統合型（re-organizer）	広範囲な活動に従事している有能な人であり，老年期で失った活動を別の新しい活動で代替することができる。
集中型（focused）	人生満足感が高く，自分の役割や活動を選択し，そこにエネルギーや時間を費やす。
離脱型（disengaged）	人生満足感が高く統合されたパーソナリティの持ち主であるが，自ら好んで役割コミットメントから離れていく。
固執型（holding on）	老化を脅威と考え中年期の活動を維持しようとする。その時点では高い満足感と中等度以上の活動性を維持している。
緊縮型（constricted）	老いに対する防衛は強いが，その脅威に対して自分の活動や役割を減らすことで対処するタイプで満足感は高い。
依存型（succorance-seeker）	他者の援助によって生活をし，強い依存欲求をもっている。自らの情緒的欲求に応じてくれる人がいれば自分を維持できる。
鈍麻型（apathetic）	役割活動，人生満足感も低く受動性が顕著な特徴をもっており，多くのことに期待しなくなっている。
不統合型（disorganized）	社会の中でかろうじて自らを保っているが，心理機能，情動の統制，思考過程などが減退している。

齢者を対象とした7年間にわたる調査を行い，パーソナリティ傾向と社会的役割活動，人生満足感の3変数から8つのタイプを見いだしている（表14-4）。

　ニューガーテンらはこのような性格類型の記述から，パーソナリティ傾向が加齢パターンや役割活動，人生満足度を予測するための中心的な次元であるとみなしている。

3. 老年期の適応と適応要素

(1) 心の老化

　長島（1990）は心の老化に影響する要因として，表14-5に示すように，心身機能の低下，稼働能力の低下，孤立・孤独，喪失体験の増加，没頭体験の低下をあげている。これらによって自立した生活が困難になり，依存性が増加することによって心の老化が進み，生活をおびやかし，老後生活不安の要因になるとしている。言い換えれば，これら心の老化に影響する要因は老年期の不適応をもたらす要因としても考えることができる。

(2) サクセスフル・エイジング

　老年期の適応というプロセスを「サクセスフル・エイジング（successful aging）」という言葉でハヴィガースト（Havighurst, R. J.）やパルモア（Palmore, E.）らは表現している。サクセスフル・エイジングは我が国では「幸せな老い」と訳され，老年

表14-5　心の老化に影響する要因 (長島・佐藤, 1990)

心身機能の低下	心身機能の低下により生活調整能力も低下し生活の維持が困難になる。このため子どもとの同居・別居（独居）にかかわらず，自立した生活を営むことが困難になり，生活は脅かされ，依存的傾向が強くなりやすい。
稼働能力の低下	老年期は，個人差はあるが稼働能力が低下し経済的貧困に陥りやすい。単に経済的な問題だけではなく，家庭を支える役割を喪失し各種権限や発言力の低下をもたらす。自尊心や自我が脅かされ老人らしさが表面化しやすい。
孤立・孤独	職業や役割からの引退という社会的要因，配偶者や同胞の死，子どもや孫の成長などの心理的要因の2つの要因からとらえることができる。いずれも人間関係の縮小と新たな人間関係の構築の困難さを含み，孤立傾向が強まり孤独な生活をもたらす。
喪失体験の増加	老年期は，全体として失うものが多くなる。その喪失の多くは修復不可能なもので，さらには老年期では新たに獲得するものが少ないということから，不自由，不満をもちやすくなる。しかも自分の力では解決が困難なものが多く，依存的になりやすい。
没頭体験の低下	夢中になれるもの，関心がもてるものが少なくなるという一種の目標喪失が起こる。予定をもった生活ができず，1日を緩慢にあるいは無為に過ごしがちになる。予定をもたない生活は自発性の喪失につながり，周囲からの指示を待つ生活に陥りやすい。

学における重要な用語とされているが，統一された概念が示されるには至っていない。心理学的には「加齢とともに生じる喪失に対してどのように適応しているのか」「高齢期の発達はどのように成し遂げられるのか」という観点を持つという（中原，2016）。簡単にいえば「じょうずな年のとり方」あるいは「健やかに老いること」と考えられる（アメリカでは productive aging ともいわれる）。今のところ重要な要素として「長寿」「身体的健康」「精神的健康」「生きがい」「社会活動」「生活満足」があげられているが，どれが最も重要な要素であるかははっきりしていない。しかし，老化によって起こるさまざまな喪失を補ってくれるものの中で最適なものを選択することができれば，結果として老化によって個人の内部的あるいは外部的な変化が現れても，生きがいを感じる人生を送ることができるようである（Baltes & Smith, 1990）。

さらに，老年期の適応過程を説明するモデルとして，subjective well-being に基づくものをあげることができる。subjective well-being は「客観的状況の主観的な認知に基づく主観的幸福感」と考えられる。ホイットボーン（Whitbourne, 1985）は，「適応は個人の心理的安寧と身体的健康の保存」と定義し，個人がある経験をどのように解釈するかによってそのリアクションに影響を与えるとしている。そして，可動性と教育の高さが経験の多様性を増化させ，選択肢の充実という意識を促進し，それによって要求水準の高さが決定され，知覚された状況と要求水準の程度から過去の実績や状況についての価値判断がなされ，現状の自己についての満足感が評価されるとしている。

(3) 老年期のよりよい適応のために

佐藤ら（1988，1989）は，老年期のよりよい適応を獲得するための個人的資源にみられる基礎的要素として心理的・健康的・社会的要素をあげ，「仕事」「家庭」「余暇・社会活動」の3つの生活領域における適応状態に関する研究を行っている。

その結果，適応状態に生活の志向性がどのように影響しているかは，たとえば家庭における満足度は人に対する親和性が大きな規定要因になっているなど，生活領域ごとに異なっていることを見いだしている。そして，個々の高齢者の適応状態を評価し適応への援助をする際には，本人を取り巻く生活条件や個人的能力だけではなく適応の場である生活領域がどのようなものであるか，その個人のパーソナリティ特徴がどのように影響しているかなどについても考慮することが大切だとしている。

リフ（Ryff, 1989）は psychological well-being という言葉で subjective well-being の概念の再考を提唱している。それは幸福感にいたるまでのプロセスをも含んだ本来の happiness の意味に立ち帰って subjective well-being を考え直そうというものである。そしてオールポート（Allport, G. W.）やマズロー（Maslow, A. H.）らの成熟したパーソナリティに関する研究を吟味し，「自己を受容すること」「他者との肯定的・積極的な関係を維持すること」「自律的であること」「環境を調整すること」「人生に目標があること」「成長への意志があること」という6種類の要素を備えることが老年期の適応には重要であると考えている。

3節 » 老年期の不適応と障害

1. 老年期の精神障害と問題

老年期は心身の変化と環境の変化のために，さまざまな身体的，精神的な危機に見舞われやすい。特に脳の加齢性変化によって特有の精神障害も出現しやすくなる。精神障害は一般的に器質性精神障害と機能性精神障害に大別されているが，老年期の精神障害を考える場合には身体的疾患が基盤になっていることや，身体症状の急変には心理的葛藤を生じさせる生活環境の変化などが背景にあることもふまえなければならない。

老年期の器質性精神障害としてはせん妄を主とし急性発症する意識障害，慢性，持続性の病態を示す認知症などをあげることができる。器質因をもたない機能性精神障害には気分障害や妄想性障害などがあげられる。

2. 老年期の精神障害の特徴

(1) 認知症

　認知症とは後天的に生じる慢性・持続性の病態であり，記憶障害や失語，失行，失認または実行機能の障害が持続し，そのため社会的機能が低下した状態とされ，先天的な知的障害とは区別されている。認知症とは状態を示すものであり，その起因疾患はさまざまである。認知症はアルツハイマー病に代表されるように進行性の脳変性疾患によるものと，脳梗塞や脳出血などの脳血管性の障害に引き続いて起こる脳血管性認知症に区別される。

　①アルツハイマー病：大脳皮質の神経細胞の変性脱落により脳の萎縮が起こることが原因となっている。初期症状は日常生活におけるもの忘れが顕著となり，徐々に記憶障害が進行していく。知的機能全体の障害も進行し，時間や場所などの見当識も失われていく。さらに人格水準の低下や最重症期には歩行障害が出現する。末期には失外套状態となる。

　　現在のところ根本的な治療方法はなく，症状の軽減や進行を遅らせるための薬物療法が中心となっている。心理療法的アプローチとしては回想法やリアリティ・オリエンテーションが認知機能の障害に対して有効であるとされている。

　②脳血管性認知症：高齢期になると脳の血管障害が次第に増加し，特に高血圧の人は，血管の動脈硬化が脳内で起こる。これが進んで脳梗塞や脳出血などを起こした場合，脳血管性認知症となる可能性が高くなる。脳血管性障害によって認知症が起きるかどうかは，損傷した脳組織の容積と部位によって異なる。

　　脳血管性認知症は，原因が脳梗塞や脳出血であるため，急激に発症する場合が多い。症状としては全般的な知能低下ではなく，部分的にはかなり保持されている機能もある。また知能低下が顕著であっても人格は保持され，ある程度の病識をもっている人もいる。

(2) せん妄

　老年期異常行動の典型的なものとしてせん妄（意識混濁）をあげることができる。せん妄とは意識が軽度および中程度に障害をもち，時間・場所・人物などの認知に誤りを犯し，それに精神症状が付随する現象を指す。

　老年期の意識混濁の特徴としては，①比較的起こりやすい，②意識が混濁しているかどうかわかりにくい，③せん妄の状態で，幻視，幻聴，興奮を伴う場合が多い，などがあげられる。意識混濁の程度はまちまちだが，せん妄状態は比較的夕方から夜間にかけて出現しやすい傾向があることが知られている。

　意識の混濁ははっきりした形で現れるとは限らず，うとうとする，何となくぼんや

表14-6　老年期の気分障害の特徴
(佐藤，1990)

○精神・運動の抑制よりも不安，興奮の目立ち
○妄想がみられる
○身体症状が前面にでる
○認知症のように見える（仮性認知症）
○軽症化した気分障害

りしている，精彩がない，返事がとんちんかん，繰り返し聞き返す，などの現れ方もみられる。

(3) 老年期うつ病

うつ状態も老年期の存在不安を示す代表的な現象である。老年期うつ病は抑うつ気分，活動への興味減退，感動のなさ，自己に対する無価値観，罪責感，思考・集中力の困難，決断困難，死についての考え等が起きている状態のことを指す（表14-6）。

初老期，老年期の気分障害の調査で発症における何らかの契機となるライフイベントの存在（仕事上の心労負担，引退による職業的役割の喪失，家族内での心配事，家族内での対人的葛藤，肉親との死別体験，娘の結婚，身体疾患，手術あるいは入院の体験，外傷，軽微な打撲等）が84％に確認されている。

老年期の気分障害は心理的問題への反応という傾向が大きく，また症状自体も若年，壮年との違いがみられる。

(4) 妄想性障害

妄想性障害とは統合失調症とは異なり，思路障害，陰性症状，疎通性障害がみられず中高年に多発するもので，心理・社会的要因が大きい。妄想を主徴とするが統合失調症のような奇妙な内容ではなく現実味を帯びたもので，家人や隣人からの嫌がらせを訴える関係妄想などが多い。人格水準は維持され日常生活も健常者と同様に送ることができる。

この障害は中年期以降に生じることが多く，病前の人格障害との関係も指摘されている。高齢期の心身機能の低下や日常生活の受け止め方の変化などが複雑に絡み合って妄想性障害を生じさせていると考えられる。現在は，「幻覚妄想状態・遅発パラフレニー」「接触欠損妄想症」も妄想性障害に含めることが多い。

コラム⑭
おばあちゃん仮説

　一般的に，生物の寿命と繁殖生命はほぼ一致しているといわれています。ところが，現生人類（ホモ・サピエンス）のもつ大きな特徴として「おばあちゃん」の存在があげられます。まず，ウィリアムズ（Williams, G. C.）は閉経は人類の適応の結果であるかもしれないと初めて提唱しました。彼は進化の視点から，閉経によって「しだいに低下しつつある能力を，すでに存在する子孫の世話と，新たな子孫をつくることに振り分けること」をせずに子孫の世話に絞ったことは，女性にとって有利に働いたかもしれないと指摘しています。そして，「生殖機能を失った，生物学的には不要な存在であるはずのおばあちゃんが，それから何十年も生き続けるのはなぜなのか？　それは，女性が自らの出産・育児を終えたあと，その知恵と経験を生かして自分の娘や血縁者の子育てを援助することにより，繁殖成功度を上昇させることができたからではないか」というのが「おばあちゃん仮説」（grandmother hypothesis）です。つまり，多くの動物は死ぬまで繁殖を続けるのですが，人間の女性だけは，閉経後も長く生きることで人口増加の役割の一端を担ってきたのだというのです。

　惑星科学者の松井孝典教授も「文明とは何か？」というテーマで人間の歴史をひも解く中，言語の獲得とこのおばあちゃん仮説を人口増加の要因としてあげています。フィンランドとカナダの多世代にわたるデータを分析した科学者らは，閉経後に長生きした女性ほど孫の数が多いことを見いだしていますが，ある年齢に達したら，自分で子どもを産むより自分の子どもの子育てを助けたほうが遺伝子を多く残せるのだといい，祖母の多くが自分の子どもが更年期を迎えた頃に亡くなっていることも指摘しています。

　ところで，この「おばあちゃん仮説」が支持されるためには，長寿，閉経，親の投資の振り直しが祖先の時代に一般的に起きていたと明らかにする必要があります。しかし前述の研究は単に祖父母の存在と乳児の死亡率の間の相関を示すだけであり，子どもと孫に対する投資を計算した研究では，50歳という早い時期に繁殖終了することを説明できるようなはっきりとした効果は見いだされていません。歴史的なデータの分析では祖母の投資を定量的に評価することができないという問題があるからです。現在わが国の家族形態は核家族が一般的とされています。女性の社会進出に伴い，祖父母の存在は働く母親にとっては欠かせない子育ての支援者として大きくクローズアップされ，その期待もふくらんでいます。この「おばあちゃん」の存在は少子化に歯止めをかける救世主となりうるのでしょうか。

第15講

「死」への対応
死に対する態度と準備

1節»死に対する態度の発達

1. 日本人と死

　2017（平成29）年の日本人の平均寿命は男性が81.09歳，女性が87.26歳と延長しライフサイクルの変化をもたらした（厚生労働省：平成29年簡易生命表による）。しかし，「死」は人にとって避けて通ることができない宿命であるとともに，恐怖や不安の対象として存在している。死に対する恐怖は，生物としての自己保存本能の表れであるとされている。

　日本人の「死」に対する思いは，古くは『日本書記』のイザナギ（伊弉諾・伊邪那岐），イザナミ（伊弉冉，伊邪那美）の神話，魏志倭人伝における倭人の死者儀礼に関する記述などから「忌」と「穢」に示される。死を恐れ，禊（みそぎ）をすることでその不安から開放されるのを願っていたのであろう。しかし，古代においては死者の国と自分たち生きた者の国に距離がないことを意識していたこともうかがえる。中世においては一部の階級に限られていたことではあろうが「死を潔し」とする風潮も赤穂浪士で有名な『仮名手本忠臣蔵』や『武家義理物語』によって見ることもできる。その他，『曽根崎心中』など「情死」を扱い，死を美化することが大衆に受け入れられていたという事実もある。

　現代社会では死はある意味身近なものではなくなっている。どこで死を迎えるかという現実の問題において，最期の場所として「自宅」をあげる人が54.6%以上あるのに対して，実際に自宅で死を迎えた人は12.8%であり，病院で死を迎えた人は77.3%に達している（厚生労働省，2017：図15－1）。このような現実の中で私たちが死についてどのように考えていくか，さらには死に対する態度をどのように発達させていくかが問題となる。

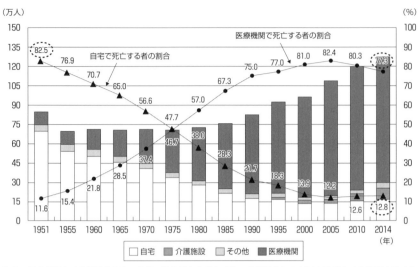

図15-1　死亡場所の推移（厚生労働省，2017）

資料：厚生労働省政策統括官付人口動態・保健社会統計室「人口動態統計」より厚生労働省政策統括官付政策評価官室作成
注1)「介護施設」は，「介護老人保健施設」と「老人ホーム」を合計したもの。
注2)「医療機関」は，「病院」と「診療所」を合計したもの。
注3) 1990年までは老人ホームでの死亡は，自宅またはその他に含まれる。

2. 死に対する態度の発達

　エリクソンの心理社会的発達段階をもとにニューマン夫妻（Newman & Newman, 1975）は死に対する態度の変化について論じている。学童前期においては生命が終わるという非可逆的な現象について理解できず，ある時点で人が死んでも次の瞬間には再び生きていると考えてしまうとしている。学童中期には死はかなり現実的なものとして認識されるが，死を自分や周囲の人と関連づけて考えることはできないようである。彼らはその後の死についての発達を4つの段階に分けてとらえ，次のようにまとめている。

　①青年期（～22歳）：青年期までは自分自身の死についての考えはあまり現実的なものではなく，強調されることもない。これ以前の段階では統合されたアイデンティティを確立していないため，自分の将来の出来事や死という運命について考えることがない。しかし，青年後期において自己の同一性を獲得していく中で，死ぬ運命，人生の意味，死後の生命の可能性について疑問をもつようになり，死についての見方が形成され始めると考えられる。この時期，死は大きな恐怖とし

て認識され，死に対する恐怖を克服することができずに，強いナルシシズムや自己重要感と結びつけてしまう人もいる。
②成人前期（23〜34歳）：成人前期では親密な人との関係が形成される時期であり，親密な人の死や自分の死が引き起こす他者に対する責任意識が現れる。自分自身の死は，自分の運命と他者の運命を結びつけて考えるときに大きな意味をもつようになる。ゆえに死についての見方の中には，パートナーを扶養するという意識や，相手がいなくなっても生きていけるという自信も含まれる。死に対する見方は自分が死ぬ運命にあるということから，他者との関係や相互依存的な関係性を考える気持ちへと広がっていく。
③成人中期（34〜60歳）：成人中期では自分の人生が半分過ぎてしまったことを認識し，両親や年長者の死を通じて死を現実的にとらえるようになる。この段階の成人は家族やコミュニティに大きな影響力をもち，自己の有用性やバイタリティの増加によって死の恐怖は減少する。また，次の世代へ自分がどれだけ貢献できるかということで，この段階での死に対する不安は決定される。生殖性の感覚を確立することによって自分が死んでも自分の影響力は続くという気持ちが生じる。
④成人後期（61歳〜）：成人後期では自分の人生をあるがままに受け入れ，死を人生周期の当然の帰結として恐怖を感じることなく受け入れることができるようになる。死は，人間としての価値，何かを成し遂げる自分の能力，他者の生活に影響を与えたいという願望を決しておびやかすものではない。老人は自分が貢献しうる自分の有益性が，必ずしも身体的な存在に限定しているものではないことを認識しなければならない。

ニューマンらは，老人たちは過去の世代と同様に現代も死の恐怖を乗り越えようと努力しているが，成人後期の不変的な課題に加えて現代では「いかに死ぬか」という新たな問題が登場しているとする。それは，人は死に際しても尊厳を維持しようとしているということであり，適切な死という倫理的な問題に直面しているとも述べている。

3. 子どもと死

ニューマン夫妻の指摘のように，青年期まで死は現実的なものとして認識されていないという考え方が多いのも事実である。子どもの死の概念の代表的な研究にナギー（Nagy, 1948）のものがある。第1段階として5歳以下の子どもは死を取り返しのつかないこととは考えておらず，死の中に生を見ているとしている。第2段階である5〜9歳の子どもたちは死を擬人化することが多く，死を偶然の事件として考えるとし

ている。さらに第3段階の9歳以上となると大人と同じように子どもは死を自然法則によって生起すると考える傾向にあるという。

仲村（1994）は子どもは必ずしも死とは無縁な存在ではなく，大人とは同じ概念ではないが，幼いなりに日常から知りえた死の概念をもっていると以下のように指摘している。

①第1年齢段階（3〜5歳）：生と死は未分化であり現実と非現実の死の意識ははっきりしていない。絵本やお話の中で得た知識が混じり合ってその子どもの独自な死の概念を形成。

②第2年齢段階（6〜8歳）：死の現実的意味である普遍性，体の機能停止，非可逆性について理解。自分も含めて人間はいつか死ぬ存在であると気づき始める。

③第3年齢段階（9〜11歳）：普遍性，死の原因についての理解が進み，死が他人事から自分にも起こりうる現実的なものへの推移が示される。日本文化の影響として日常化した仏教思想や宗教意識が漠然とした「生まれかわり思想」として現れ，年齢が高くなるにつれて増える。

④第4年齢段階（12〜13歳）：死の現実的意味を理解。死が身近なものとなり「死の原因」や「死後の世界」への言及から，それに対する想像が膨らんでいく。

仲村は，現代の子どもたちは現実生活の中で死を体験するだけではなく，書物やテレビなどのマスメディアによってしばしば強烈な死の印象を与えられ，誤った死の概念の形成や強化の危険性を，そして健全な死についての認識を育てることの重要性を指摘している。

4．青年期と死

青年期には死に対する不安が高まるとされている。それは死に対する認識の変化と死別体験の有無が影響している。その反面，青年期は他の年齢層と比較して有病率は低く健康への関心も低い。また，リスキーな行動をとることも青年期の特徴としてあげることができる。

クリスプ（Crisp, B. R.）をはじめ，過去の知見によれば，このようなリスク行動の背景には，死の不安を軽減させるためにあえてリスク行動を冒し，自分の無事を確認したときに自分の死の否認に成功し，確かに自分が生きていることを認識するというプロセスが働いているとしている（松田, 2012）。それではここでいう「死の不安」とはどのように定義されているのであろう。松田（2000）は「死が現前していないときのいずれ訪れる死に対する漠然とした恐れ」と定義している。松田は，具体的な現象としての死が存在することを考えれば死の不安ではなく死の恐怖とすべきだとしな

がらも，死とは何か，なぜ死が怖いのかについてまで明確な場合は少なく，死が怖いとしても，ただ死に対して漠然と恐れを抱く場合が多いのではないかとしている。

それでは青年には「死」とはどのようなものとしてとらえられているのであろうか。丹下（2004）は中学生，高校生を対象に死に対する態度の変化を検討している。その結果，中学生の時期から年齢を重ねるにつれて，おおむね死に対する否定的な態度が減少するとともに生に対する積極的な態度が減少することを導いている。このことについて丹下は「生きることに対して積極的でありながら死に対して肯定的な見方ができるという成人後期の状態が最終的な到達点だとすれば，それにいたるまでに一時的に生に対する積極性と死に対する否定的な態度が低下する，というのが青年期前期・中期の特徴といえるだろう」と述べている。

児童期と比較して青年期は死の概念が成立するとともに，死に対する恐れが現れてくる。反面，青年期における情緒的な不安や自己評価の動揺によって死に対する親和性ももち合わせるなどアンビバレントな状態が出現する。これは青年期の自我発達と死に対する態度の発達が相互に影響し，自我同一性の獲得のため，あるいは青年期の発達プロセスとして不可避なものと考えられる。

2節》死の受容

1. 死の準備教育

深沢七郎（1964）の姥捨てをテーマにした『楢山節考』という小説がある。主人公の「おりん」は70歳の健康な老女ではあるが，貧しい村の掟により無理やり死を迎えるために自分の息子によって「楢山」に運ばれていくという物語である。おりんは自らの死を受け入れ覚悟の上で「楢山」に向かう。しかし，多くの人は今際の際に死への覚悟が生じることがあっても，どんなに高齢であっても「生」への執着をもつのが人間であろう。

高齢者にとって「死」は「老い」とともに目前の大きな問題であり，不可避なことでありながら「健康な状態」が維持されているときにはこの問題に正面から立ち向かう人はそう多くない。しかし，「老」に加えて「病」が現れたとき「死」は現実味を帯び切実な問題として現れるようになる。死と病について論じられるものには，がん患者におけるターミナルケアを中心としたものが多い。老いて病み，死を間近にしたものの苦しみや悲嘆，あるいは死の受容については多くの研究者によって語られている。

これらの研究は臨死者における死の受容が中心となっており，健康な高齢者の「死の受容」に関する研究はほとんどみられない。老年期の死の準備教育という視点から

山本（1986）は，老年期は最も死への準備教育を必要とする時期であり，猶予がないにもかかわらずこの教育が最も困難な時期であると述べている。老年期は死に隣接しているために，死の切実感の少ない若年者に対する死の教育よりも難しく，さらに死に対する嫌悪感が強く他者の死は話題に上るが，自己の死についてふれることには拒否感が強く禁忌だという。このことを考えると前述の『楢山節考』の「おりん」は健康でありながらも自らの死について処理できた稀有な女性ということができるかもしれない。

2. 終末期と緩和ケア

多くの高齢者は終の場として「自宅」を望んでいる。しかし，現代社会においては多くの人は「病院」での最期を余儀なくされる。このような状況の中でわが国にもホスピス等の緩和ケア（palliative care）施設がつくられ，死にゆく患者と患者のニーズに沿ったケアが提供されるようになってきた。これらは単に建物を意味するものではなく，死にゆく人が最後まで充実した豊かな人間らしい生活が送れるように援助する専門的なプログラムの総体を指している。

ホスピスの語源はラテン語の客と，それをもてなす主人という語が結びついてできた合成語で「あたたかいもてなし」を意味する "hospitium" である。中世ヨーロッパで巡礼や疲れた旅人を泊める修道院を指していた。1960年代にイギリスやアメリカで延命医療の方向性や社会風潮の反省から，ホスピスムーブメントや「死の気づき（death awareness）」運動が起こりターミナルケアの気運を高めていく。近代ホスピスは1967年にロンドンのセント・クリストファー・ホスピスに始まり，アメリカでその理念が深く浸透していくこととなる。

緩和ケアの特徴はキュア（cure）よりもケア（care）を目指していることにある。特にがんの末期患者は強い疼痛に苦しんでいる場合が多く，この疼痛のコントロールが重要視されている。今日では薬理学の進歩によってかなり疼痛を緩和させることが可能となっている。しかし，末期患者の苦しみは身体面ばかりでなく，死に対する不安，1人で死んでいくことの不安，家族の将来に対する心配など精神的，社会的な苦痛が患者を苛めることが多い。このような患者のさまざまなニーズに対応するためホスピスには，多くの分野の専門家やボランティアが1つのチームとして協力しながら活動していく。

緩和ケアは死にゆく患者とその家族の苦しみを緩和し，最後まで患者が人間的に生きられるように支えることが期待されている。誰にでも訪れるそのときを「安らかで自然な最期」として迎えるために，限られた人だけの問題としてではなく，皆が終末

期のあり方について考えることが必要であると思われる。

3. 死の5段階説

キュブラー゠ロス（Kubler-Ross, 1969）やカステンバウム（Kastenbaum, 1975）などの臨死者の研究によって死の受容のプロセスについては理論的な考察がなされている。

死に直面した場合，どのような心理的プロセスを経て死を迎えるかについてはキュブラー゠ロスの研究が知られている。彼女は約200人の臨死患者に対するインタビューを通して最終期の心理的メカニズムを5つの段階からとらえている。病気や余命について告げられた衝撃の後，病気や死について認めようとしない「否認」の段階がまず訪れる。しかし現状が否認しきれなくなると，自分の病気や死が間近であることに対する怒りや健康に対する羨望，恨みが現れてくる「怒り」の段階になる。「怒り」の段階の後には，死という出来事を回避したい，生き永らえさせてほしいという願望から神や運命に対して「取り引き」を申し出る段階となる。そして怒りの感情が静まり，否認や取り引きの失敗を経て抑うつや絶望に見舞われる「抑うつ」の段階へといたる。最期の段階としては，自分の死という運命に対して怒りも抑うつもない「受容・解脱」の段階にいたるとされている。

キュブラー゠ロスの「死の5段階説」の妥当性についてはさまざまな議論がある。彼女はこの5段階は入れ替わることなく順を追って進むとしたが，この段階説にあてはまらない症例や，すべての段階を通るとは限らないことなどの批判がなされている。カステンバウムは病気の特徴，性別や人種や民族的な背景，個人のパーソナリティや認知スタイル，社会的物理的環境などの要因についての検討の必要性を指摘し，キュブラー゠ロスの死にゆく過程を評価しつつもすべての人に適合するという仮定については批判的な見解を示している。またシュナイドマン（Shneidman, E. S.）も死に直面した人の感情的な反応はもっと複雑でより広い範囲にみられ，特定の順序で出現するとすることへ批判的な見解を示している。

3節 » 残されたものの悲嘆

1. 死と生の合間

「死」は普段から準備を必要とされる問題ではあるが，健康な状態が維持されている状況においては，特に自分の死についての考えは深まらないのが実状であろう。パティッソン（Pattison, 1977）は自分が以前考えていたよりも病気やけがなどで早く

死ぬとわかった時点で「生と死の合間」に入るとしている。この合間は急性期，慢性期，終末期の3つの段階に分かれている。急性期は自分が死ぬという急激な恐怖やストレスにより人生で最も深刻な危機に直面する段階である。自分が成し遂げようとしていたすべてが不可能になるという事実に直面する。慢性期は死ぬことへの恐怖に直面する時期で，孤独や苦痛，未知のものに対する恐怖が表面化し，それを処理することが求められる。終末期は回復への希望が病状の悪化という認識に変わりひきこもり始め，近づきつつある死という終末を理解し受け入れると論じている。

2. 悲嘆のプロセス

キュブラー＝ロスやパティッソンの理論にみられるように自分の死の受容について第三者としての理解はできるが，むしろ死そのものについて考えさせてくれるイベントは身近な人の死であり，残されたものとして死を経験することのほうが多い。

中年期以降，前述したように「死」を現実的なものとしてとらえるようになるが，その死は周囲の人々にもさまざまな影響を与える。特に家族を失うことは加齢による自然死であろうと，病気による死であろうと大きな悲嘆を伴う。大切な肉親を失う体験は家族にとって厳しい試練であり，この喪失体験は残された人々に一連の情緒的反応を引き起こすといわれている。

デーケン（Deeken, 1986）はこの反応を「悲嘆のプロセス」とし，以下の「精神的打撃と麻痺状態」から「立ち直りの段階」まで12の段階のモデルを提唱している。

①精神的打撃と麻痺状態（shock and numbness）：愛する人の死という衝撃により，一時的に現実感覚が麻痺した状態になる。一種の防衛機制であり，短期間この状態を経験することは積極的な意義もあるが，あまり長くこの段階にとどまるのは健康上好ましくない。

②否認（denial）：理性が相手の死という事実の受容を拒否する。

③パニック（panic）：身近な死に直面した恐怖から極度のパニックに陥り，集中力が失われ，日常生活に支障をきたす。パニックは悲嘆のプロセスにおいてしばしばみられるが，なるべく早期に脱却することが望ましい。

④怒りと不当感（anger and the feeling of injustice）：自分は何も悪いことはしていないのに，どうして苦しまなければならないのかという感情により，強い怒りを抱かせる。特に愛する人の死に直接責任を負う人物がいる場合，怒りの対象は明確となるが，一般的なのは運命や神に対する怒りである。文化・社会的条件などによって外部に対する怒りの表出が妨げられると，怒りは内攻して自分自身に向けられることもある。自分自身に対する怒りは心身の衰弱とあいまって深刻な

打撃となるため，非常に危険である。
⑤敵意とルサンチマン（うらみ）（hostility and resentment）：周囲の人々に対し，敵意という形でやり場のない感情をぶつける。特に最期まで故人の側にいた医療関係者などはその対象となりやすい。敵意を向けられた人は過敏に反応せず，理解と思いやりを示すことが必要である。時には亡くなった人に敵意が向けられる場合もある。本人の不注意や不摂生が原因である場合，故人の無責任を責めるという形で敵意を表す。
⑥罪意識（guilt feeling）：過去における現実または想像上の過ちを悔やみ，自分を責める。逆に，あんなことしなければよかった，などと後悔の念に苛まれる。この罪悪感は根拠のあるものではなく，情緒的な補償作用の一種と考えられる。
⑦空想形成，幻想（fantasy formation, hallucination）：空想の中で亡くなった人がまだ生きているかのように思い込み，実生活でもそのようにふるまう。
⑧孤独感と抑うつ（loneliness and depression）：深い孤独と抑うつの体験は自然な反応であり，健全な悲嘆のプロセスの一部であるが，これはあくまでも一時的な状態であり，必ず克服できるものとされる。
⑨精神的混乱とアパシー（無関心）（disorientation and apathy）：日々の生活の目標を失った空虚さから，どうしてよいかわからなくなり，あらゆることに無関心になる。
⑩あきらめ－受容（resignation-acceptance）：自分のおかれた状況を明らかにし，勇気をもって愛する人はもはやこの世にいないという辛い現実に直面しようとする真剣な努力が始まる。積極的に現実を受け入れようとする。
⑪新しい希望－ユーモアと笑いの再発見（new hope-rediscovery of humor and laughter）：ユーモアと笑いは健康的な生活に欠かせぬ要素であり，ユーモアと笑いの復活は悲嘆のプロセスをうまく乗り切ったしるしとなる。
⑫立ち直りの段階－新しいアイデンティティの誕生（recovery-gaining a new identity）：悲嘆のプロセスを乗り越えることは，以前と同じ状態に戻ることではない。苦痛に満ちた悲嘆のプロセスを経て新たなアイデンティティを獲得し，より成熟したパーソナリティをもつ者として生まれ変わる。

死別による感情は「悲しみ」が中心となるが後悔や罪の意識などさまざまな感情が交錯することが多く，この悲嘆から多くの人は立ち直るのに1年を要するといわれている。しかし，悲嘆のプロセスは死の受容と同じように個人によって大きく異なり，すべての人が同じようなプロセスを経るわけではない。

3. グリーフケアの重要性

　老年期において最もストレスフルなイベントとして配偶者の死をあげることができる。何年も連れ添ってきた配偶者を失った衝撃を克服することが困難であることは経験的に理解される。日常生活で非常に大きな喪失感を伴い，家族と生活していたとしても心理的孤立状態に陥ることもある。さらに心理的孤立だけではなく，配偶者との死別後は心身の病気への感受性が高まることが指摘されている。このような配偶者との死別による悲嘆は，その死の直後の数週間から数か月にわたる危機の時期を迎え，時には援助が必要になる場合もあり，特に社会的に孤立しやすい高齢者の場合は注意が必要とされる。この時期を経て残された人たちは，自分なりの解決と新たなアイデンティティの確立に向かっていくとされる。

　わが国においては死別に対する癒しには時間的経過が大切であるという考え方が一般的である。しかし，時だけが死別による悲嘆を緩和するのではない。当然その個人の内面的な要因も大きく関与するが，最も重要な外的要因として家族や親族，友人など周囲の人たちが提供するソーシャル・サポート・システムであろう。特に死別直後においては家族サポートが重要な意味をもつのに対して，時間経過とともに友人や隣人によるサポートが重要になるといわれている。さらに配偶者だけでなく，死別後の家族に対するグリーフケア（grief-care）に対しても今後期待されるところが大きく，家族を含めたケアの重要性の認識が今後の課題であるともいえる。

　死別を経験した人に対する援助法としてグリーフカウンセリングをあげることができる。グリーフカウンセリングとはこの悲哀の課題を遺された人が達成できるように援助する方法である。ウォーデン（Worden, 1991）は死別を体験した人に対するグリーフカウンセリングにおける4つの課題をあげている。①喪失の事実を受容する。②悲嘆の苦痛を乗り越える。③死者のいない環境に適応する。④死者を情緒的に再配置し，生活を続ける。ウォーデンは死別後の適応過程を一連の課題達成と考え，課題の遂行は死別者自身によって着手され，達成されなければならないとしている。

4節 ≫ 幸福な老いと最期

1. 幸福な老い

　私たちは「幸福な老い」あるいは「よりよい最期」を迎えるためにはどうすればよいのであろうか。これらを考えるための条件として"QOL（生活の質）"をとらえる必要があるであろう。このQOLに関しては単に客観的な条件だけでなく，その人が自分の生活状況についてどれだけ満足しているかという主観的幸福感という側面も含

めて考えていかなければならない。この主観的幸福感を規定するものとして，日常生活のさまざまな要素，パーソナリティという個人的要因，状況要因と個人要因の主観的認知という3つをあげることができる。日常生活や状況要因への介入は難しい面があるが，個人要因としてのパーソナリティについてはライフサイクルの中でそれぞれの発達段階において設定された発達課題に取り組んでいくことで獲得できるものが多い。

　老年期における課題を乗り越え，私たちは創造的老年期を迎えられるのであろうか。その解決の手がかりとなるべきキーワードとして，「サクセスフル・エイジング」「おばあちゃん仮説」「老年的超越」をあげることができる。「サクセスフル・エイジング」は「身も心もつつがなく年をとっていくこと」であり，老い続けなければいけなくなった現実に直面して，いかに年をとっていけるか，という課題を提供している。「おばあちゃん仮説」は，人間には他の動物にはない繁殖能力を失うという犠牲をおかしても，血縁者を助けるという活動を行い，閉経後の役割をもつことによってその生命を保持する機能を有することを意味している。また，「老年的超越」はトルンスタム（Tornstam, L.）によって提唱されたもので，超高齢期を迎えると人間は物質的・合理的な視点より神秘的・超越的な視点へと移行し，生活満足感が高まると仮定したものであり，老年期のあり方を考えていく上で多くの示唆を私たちに与えてくれている。

2. 死とは何か

　私たち人間にとって「死」とは何であるのか。そもそも「死」は何をもって「死」となるのか。

　私たちが「死」という現象を考える場合，一般的には「医学・生物学的な死」を指すことが多いと考えられる。生物が生命を不可逆的に失った状態を指しているが，その判断基準については意見が分かれていることは周知の事実である。また，「肉体の消滅」をもって死ととらえる思想や輪廻転生のように魂は不滅とする考え方もあり，「死」という言葉だけをもって「死」を定義することは難しい。最近では「医学・生物学的な死」とは次元を隔する「社会的な死」という言葉も見受けられる。現代社会ではデーケン（1997）やサンダース（Sanders, 1992）が論じているように，孤独で社会関係のない状態，あるいは社会的なつながりを断ち切らねばならない状態を「社会的な死」として表現されるようになってきている。これは肉体的に死ぬ前から「社会的死」を経験することを意味している。

　単に生命の終焉として「死」をとらえる場合，「生」ある私たちにとっては理解不能な現象なのかもしれない。だからこそ「死」という現象について，考えずに回避するのではなく，積極的に考え，語ることが必要になってきていると思われる。

コラム⑮
ホスピスとビハーラ

　ホスピスとは，おもに末期のがん患者に対して緩和治療や終末期医療（ターミナルケア）を行う施設です。自らの意思と選択に基づいて最期のときまでを少しでも快適に生き，その結果として，安らかな尊厳に満ちた死を迎えたいと自ら望む末期のがん患者さんをサポートするのがホスピスであり，終末期医療（ターミナルケア）の理念です。

　そこで生活する患者さんには，抗がん剤などの強い治療は行われません。おもに麻薬を使用する「身体的な痛みのコントロール」と，「精神的な痛み」「社会的な痛み」に対する援助を行いながら，死が訪れるまで，生きていることに意味を見いだせるケアが施されます。

　この欧米で発祥した「ホスピス」がキリスト教系の響きをもっていることに対し，仏教的独自性をもつビハーラ（vihāra）は，サンスクリット語で僧院，寺院あるいは安住・休養の場所を意味し，現代では末期患者に対する仏教ホスピス，または苦痛緩和と癒しの支援活動を指しています。これらホスピスやビハーラと一般病棟との大きな違いは，検査や治療など症状の改善を中心に考えるのではなく，身体の痛みや身体のだるさ，辛さ，といった患者さんが不快に感じることを最大限に減らすといった，いわゆる緩和ケアを優先しているところです。さらにビハーラでは，ターミナルケアにおける人間の精神面の重要性が見直され，終末看護と終末看死において仏教者（ビハーラ僧）と医師，看護職ないしソーシャルワーカーなどによるチームワークに注目したことに仏教社会福祉的特徴があります。このビハーラは，狭義には「仏教を基盤とした終末期医療とその施設」であり，広義には「老病死を対象とした，医療および社会福祉領域での，仏教者による活動およびその施設」と定義され，最広義では「災害援助，青少年育成，文化事業などいのちを支える，またはいのちについての思索の機会を提供する仏教者を主体とした社会活動」と定義されています。

　多くの命を一瞬にして失った東日本大震災，その後も日本各地で度重なる災害によりかけがえのない命が失われました。今こそ"いのち"について一人ひとりがより深く考える必要があるのでしょう。

●引用・参考文献●

【第1部】
●第1講
Havighurst, R. J.（1953）. *Developmental tasks and education*. New York：Mckay. 荘司雅子（監訳）（1995）．人間の発達課題と教育　玉川大学出版部
Havighurst, R. J.（1972）. *Developmental task and education*（Third edition）. New York：Longman Inc.　児玉憲典・飯塚裕子（訳）（1997）．ハヴィガーストの発達課題と教育　川島書店
Hess, E. H.（1958）. "Imprinting" in animals. *Scientific American*, 198, 81-90.
Hymans, P. G.（1994）. Developmental tasks：A cultural analysis of human development. In J. J. F. ter Laak et al.（Eds.）, *Developmental tasks*. Dordrecht, Boston & London：Kluwer Academic Publishers. pp.3-33.
Jensen, A. R.（1968）. Social class, race, and genetics：Implication for education. *American Educational Research Journal*.
黒田末寿（1987）．サルからヒトへ　黒田末寿・片山一道・市川光雄　人類の起源と進化　有斐閣　pp.1-94.
Oelter, R.（1986）. Developmental task through the life span：A new approach to an old concept. In P. B. Baltes, D. L. Featherman, & R. M. Lerner（Eds.）, *Life-span development and behavior*. Vol. 7. Hillsdale, N.J.：Lawrence Erlbaum. pp.233-269.
尾形和男（編）（2006）．家族の関わりから考える生涯発達心理学　北大路書房
Scammon, R. E.（1930）. The measurement of man. In Harris, J. A., Jackson, D. G., Paterson, D. G., & Scammon, R. E.（Eds.）, *The measurement of body in childhood*. Minneapolis：University of Minnnesota Press.
Shirley, M. M.（1931）. The first two years. *Child Welfare monograph*, 2, No.7. Minneapolis：University of Minnnesota Press.
高野清純・林　邦雄（編）（1977）．図説　幼児・児童心理学　学苑社
山本和利（1999）．発達心理学　培風館
矢野喜夫・落合正行（1991）．発達心理学への招待　サイエンス社

●第2講
Bandura, A.（1963）. *Social learnig theory*. New York：General Learning Press. 原野広太郎（監訳）（1979）．社会的学習理論──人間理解と教育の基礎　金子書房
Brofenbrenner, U.（1979）（1984）／中井大介（2016）．学校心理学に関する研究の動向と課題　*The Annual Report of Educational Psychology in Japan*, 55, 133-147.
Dethier, V. G. & Stellar, E.（1961）．矢野喜夫（訳）発達心理学への招待　サイエンス社
Draper, T.（Ed.）（1987）. *How they grow：concepts in child development and parenting*. Cambridge University Press.
Freud, S.（1905）. *Three essays on the theory of sexuality*.
Hess, E. H.（1958）. "Imprinting" in animals. *Scientific American*, 198, 81-90.
鹿取廣人・杉本敏夫・鳥居修晃（編）（2011）．心理学　第4版　東京大学出版会
川島一夫（編著）（2001）．図でよむ心理学　発達　福村出版
Köhler, W.（1917）. *Intelligenz-prüfungen an Menshenaffen*. Berlin：Springer. 宮　孝一（訳）（1962）．類人猿の知恵試験　岩波書店
厚生労働省（2013）．平成24年版厚生労働白書
厚生労働省雇用均等・児童家庭局（2009）．平成22年乳幼児身体発達調査報告書
厚生労働省雇用均等・児童家庭局（2011）．平成22年乳幼児身体発達調査報告書
前田　明（2009）．太陽が笑っている──認知発達1・児童期の認知発達　川島一夫（編）図でよむ心理学　発達　福村出版
Piaget, J.（1945）／大伴　茂（訳）（1969）．表象の心理学　黎明書房
Piaget, J., & Inhelder, B.（1956）. *The children's conception of space*. London：Routledge & Kegan Paul.
Skinner, B. F.（1938）. *The behavior of orgarisms：An experimental analysis*.
Thompson, G. G.（1952）. *Child psychology*. Houghton Mifflin.
Vygotsuky, L. S.（1980）. *Mind in society：Development of higher psychological processes*. Cambridge, Mass：Harvard University Press.／土井捷三・神谷栄司（訳）（2003）．発達の最近接領域の理論──教授・学習過程における子どもの発達　三学出版
山内光哉・青木多寿子（1989）．発達の諸理論　山内光哉（編）発達心理学　上　ナカニシヤ出版　pp.17-23.

矢野喜夫・落合正行（1991）．発達心理学への招待―人間発達の全体像をさぐる　サイエンス社．
Watson, J. B., & Rayner, R. (1920). Conditioned emotional reactions. *Journal of Experimental Psychology*, 3, 1-14.
WHO 世界保健機構（2013）．World Health Statistics 2013　新生児・乳児死亡率国別順序

●第3講
Elder, G. H. (1985). *Life course dynamics : Trajectories and transitions*. Ithaca, New York : Cornell University Press.
Erikson, E. H., Erikson, J. M., & Kivnick, H. Q. (1986). *Vital involvement in old age*. New York : W. W. Norton & Company. 朝長正徳　朝長梨枝子（1990）．老年期　みすず書房
Erikson, E. H., & Erikson, J. M. (1997, original 1982). *The life cycle completed : A review*. (Expanded Edition.) New York : Rikan Enterprises Ltd. 村瀬孝雄・近藤邦夫（訳）（2001）．ライフサイクル，その完結（増補版）　みすず書房
Giele, J. Z., & Elder, G. H. (Eds.) (1998). *Methods of life course research : Qualitative and quantitative approaches*. Thousand Oaks, CA : SAGE Publications, Inc. 正岡寛司・藤見純子（訳）（2003）．ライフコースの研究の方法―質的ならびに量的アプローチ　明石書店
Hauge, S. (1998). An analysis and critique of the theory of gerotranscendence. Essay in Nursing Science, Tønsberg, Norway : Vestfold College, Notat 4/98. URL : http ://www-bib.hive.no/tekster/hveskrift/notat/1998-3/
Kimmel, D. C. (1990). *Adulthood and aging*. New York : John Wiley & Sons, Inc. 加藤義明（監訳）（1994）．高齢化時代の心理学　ブレーン出版
厚生労働省（2013）．平成24年度厚生労働白書
Levinson, D. J. (1978). *The seasons of man's life*. New York : Knopf. 南　博（訳）（1992）．ライフサイクルの心理学　上・下　講談社学術文庫
中川　威（2008）．老年的超越理論に関する一考察―実証的研究と批判の動向　生老病死の行動科学, 13, 93-102.
Newman, B. M., & Newman, P. R. (1975). *Development through life : A psychosocial approach*. Homewood : Dorsey Press. 福富　護・伊藤恭子（訳）（1980）．生涯発達心理学　川島書店
二宮克己・大野木裕明・宮沢秀次（編）（2006）．生涯発達心理学　ナカニシヤ出版
齋藤耕二・本田時雄（2001）．ライフコースの心理学　金子書房
鑪　幹八郎（2002）．アイデンティティとライフサイクル論　ナカニシヤ出版
橘　覚勝（1971）．老年学　誠信書房
Thorsen, K. (1998). The paradoxes of gerotranscendence : The theory of gerotranscendence in a cultural gerontological and post-modernist perspective. *Norwegian Journal of Epidemiology*, 8, 165-176.
Tornstam, L. (1989). Gero-transcendence : A Meta-theoretical reformulation of the disengagement theory. *Aging : Clinical and Experimental Research*, 1, 55-63.
Tornstam, L. (1997). Gero-transcendence : The contemplative dimension. *Journal of Aging Studies*, 11, 143-154.

【第2部】
●第4講
Barker D. J. (2007). The origins of the developmental origins theory. *Journal of Internal Medicine*, 261, 412-417.
Blackmore, C., & Cooper, G. F. (1970). Development of brain depends the visual environment. *Nature*, 228, 477-478.
千原美重子（1996）．胎生期の発達　藤掛永良（編）発達心理学　健泉社　pp.41-58.
Dreaper, T. (Ed.) (1987). *How they grow : Concepts in child development and parenting*. Cambridge University Press.
川島一夫（2009）．発達ということ　川島一夫（編）図でよむ心理学　発達　福村出版
厚生労働省（2012）．平成24年人口動態調査
厚生労働省雇用均等・児童家庭局（2011）．平成22年乳幼児身体発育調査報告書
草野篤彦（1989）．身体と運動機能の発達　山内光哉（編）発達心理学　上　ナカニシヤ出版　pp.47-55.
村上直樹（2004）．胎児に害のあるアルコール，タバコ　無藤　隆・岡本祐子・大坪治彦（編）よくわかる発達心理学　第2版　ミネルヴァ書房　pp.4-5.
日本DohaD（Developmental origins of health and disease）学会（2012）．設立趣旨　http ://square.umin.ac.jp/Jp-DOHaD/_src/sc492/90DD97A78EEF8E7C.pdf
折茂英生（2010）．エピジェネティックと栄養　日医大医会誌, 6, 193.
坂爪一幸（2003）．脳イメージングと臨床心理学　臨床心理学, 3, 275-281.
高木徳子（1996）．新生児の発達　藤掛永良（編）発達心理学　健泉社　pp.59-74.

●第5講

Ainsworth, M. D. S., Blehar, M. C., Waters, E., & Wall, S. (1978). *Patterns of attachment : A psychological study of the strange situations*. Hillsdale, N. J. : Erlbaum.
Bowlby, J. ／黒田実郎・大羽根泰・岡田洋子（訳）(1979). 母子関係の理論1：愛着行動　岩崎学術出版社
Fantz, R. L. (1961). The origin of form perception. *Scientific American*, 204, 66-82.
Field, T., Woodson, R., Greenberg, R., & Cohen, D. (1982). Discrimination and imitation of facial expressions by neonates. *Science*, 218, 179-191.
Gibson, E. J. & Walk, R. D. (1960). The "visualvcliff". *Scientific American*, 2020, 64-71.
Harlow, H. F. (1959). Love in infant monkeys. In S. Coopersmith (Ed.), *Frontiers of psychological research*. Freeman. pp.92-98.
Jackson, C. M. (1929). Some aspects of form and growth. In W. J. Robbinsons., S. Brody, A. F. Hogan, C. M. Jacksons. & C. W. Green (Eds.), *Growth*. Yale University Press.
Main, M. & Solomon, J. (1990). Procedures for identifying infants as disorganized/disoriented during the Ainsworth Strange Situation. In Greenberg, M. T., Cicchetti, D. & Cummings, E. M. (Eds.), *Attachment in the preschool years*. Chicago : University of Chicago Press. pp.121-160.
Meltzoff, A. N., & Moore, M. K. (1977). Imitation of facial and manual gestures by human neonate. *Science*, 198, 75-78.
Melzoff, A. N.,& Borton, R. W. (1979). Intermodel matching by human neonates. *Nature*, 282, 403-404.
宮原和子・宮原英種 (1996). 乳幼児心理学を愉しむ　ナカニシヤ出版
新版K式発達検査研究会（編）(2008). 新版K式発達検査法2001年版―標準化資料と実施法　ナカニシヤ出版
Salapatek, P. (1975). Pattern perception in early infancy. In L. B. Cohen & P. Salapatek (Eds.), *Infant perception : From sensation to cognition 1*. Academic Press.
Scammon, R. E. (1930). The Measurement of the body in childhood. In J. A. Harris, C. M. Jackson, D. G. Paterson, & M. Scammon (Eds.), *Measurement of Man*. University of Minnesota Press.
Shirley, M. M. (1961). The first two years. *Institude Child Welfare Monogram*, 7, University of Minnesota Press.
高木徳子 (1996). 乳児期の発達　藤掛永良（編）発達心理学　健泉社　pp.75-114.

●第6講

Bridges, K. M. B. (1932). Emotional development in early infancy. *Child Development*, 3, 324-341.
Guilford, J. P. (1959). Three faces of intellect. *American Psychologist*, 14, 469-479.
Izard, C. E., Dougherty, L. M., & Hembree, T. E. (1980). *A system for identifying affect expressions by holistic judgement (AFFEX)*. Instructional Resource Center, University of Delaware.
文部科学省 (2008). 平成20年度文部科学白書
三島正英 (1994). 社会性の発達　平山論・鈴木隆男（編）発達心理学の基礎Ⅱ　機能の発達　ミネルヴァ書房　pp.77-92.
宮本美沙子 (1977). 感情の発達　藤永　保・永野重史・依田　明（編）児童心理学入門　新曜社　pp.196-213.
Nelsen-Hoeksema, S., Fredrickson, B. L., Loftus, G. L., & Wagennar, W. A. (2009). *Atkinson & Hilgard's INTRODUCTION TO PSYCHOLOGY*, 15th Eds. Wadsworth Cebgage learning.
Piaget, J. (1923). *Études sur la logique de l'enfant*. 大伴　茂（訳）(1970). 臨床児童心理学1　児童の自己中心性　同文書院
Piaget, J. & Inhelder, B. (1941). *Le développement des quantités chez l'enfant*. 大滝武久・銀林　浩（訳）(1992). 量の発達心理学　国土社
Piaget, J. & Inhelder, B. (1956). ／波多野完治・須賀哲夫・周郷　博（訳）(1969). 新しい児童心理学　白水社
Plutchik, R. (1986). *Emotion*. New York : Harper & Row.
Spearman, C. E. (1927). *The Abilities of Man*. Macmillan.
内田伸子 (1989). 幼児心理学への招待―子どもの世界づくり　サイエンス社
Wechsler, D. (1958). *The measurement and appraisal of adult intelligence* (4th ed.). Baltimore : Williams & Wilkins.

●第7講

Baron-Cohen, S., Leslie, A. M., Frith, U. (1985). Does the autistic child have a 'theory of mind? *Cognition*, 21, 37-46.
Brown, R. (1973). *A first language : The early stages*. Harvard University Press.

Decasper, A. J., & Fifer, W. P.（1980）. Of human bonding : Newborns prefer their mothers' voices. *Science*, **208**, 1174-1176.
Frith, U.（1989）. *Autism : Explaining the enigma*. Oxford : Basil Blackwell.
針生悦子（2010）．言語力の発達　市川伸一（編）現代の認知心理学―発達と学習　北大路書房　p.31
Huizinga, J.／高橋英夫（訳）（1973）．ホモ・ルーデンス　中央公論社
板倉昭二（1999）．自己の起源―比較認知科学からのアプローチ　金子書房
小石寛文（1995）．人間関係の発達心理学3　児童期の人間関係　培風館
小山　正（2000）．子どもの遊びと認知発達―象徴的世界の形成　村井潤一・神土陽子・小山　正　発達心理学―現代社会と子どもの発達を考える―　培風館
小山　正（2008）．言語獲得期の発達　ナカニシヤ出版
小山　正（2009）．言語獲得期にある子どもの象徴機能の発達とその支援　風間書房
Markman, E. M.（1989）. *Categorization and naming in children : Problems of induction*. MIT Press.
正高信男（1993）．0歳児がことばを獲得するとき―行動学からのアプローチ　中央公論社
松井愛奈（2012）．子どもの遊びと仲間との相互作用のきっかけ　清水由紀・林創（編）他者とかかわる心の発達心理学―子どもの社会性はどのように育つか　金子書房　pp.113-128.
McCune-Nicolich, L.（1982）. Play as prelinguistic behavior : Theory, evidence and applications. In McClowry, D., Guilford, A., & Richardson, S.,（Eds.）, *Infant communication development, assessment, and intervention*. New York : Grune & Stratton.
村田孝次（1970）．幼児のことばと発音―その発達と発達障害　培風館
長崎　勤・小松里美帆（1996）．コミュニケーションの発達と指導プログラム―発達に遅れをもつ乳幼児のために　日本文化科学社
小椋たみ子（2000）．マッカーサー乳幼児言語発達質問紙の標準化　平成10～11年度科学研究費補助金（基盤研究（C）(2)）　研究成果報告書
小椋たみ子（2002）．語獲得期と文形成期の言語発達（1）語彙の発達　岩立志津夫・小椋たみ子（偏）　言語発達とその支援　ミネルヴァ書房　pp.79-84.
岡本夏木（1991）．児童心理　岩波書店
大久保義美（1983）．乳幼児の言語発達　鹿野輝三・白岩義夫・内藤　徹（編）乳幼児心理学　ナカニシヤ出版　pp.103-113.
Parten, M., & Newhall, S. M.（1943）. Social behavior of preschool children. In R. G. Barker（Ed.）, *Child behavior and development*. New York : McGraw-Hill.
Premack, D., & Woodruff, G.（1978）. Does the chimpanzee have a theory of mind? *The Behavioral and Brain Science*, 1, 515-526.
田中みどり（1996）．遊びとことば　高橋たまき・中和和子・森上史郎（編）遊びの発達学　展開編　培風館
綿巻　徹（1989）．言語発達　山内光哉（編）心理学　上　ナカニシヤ出版　pp.99-107.
綿巻・小椋たみ子（2004）．日本語マッカーサー乳幼児言語発達質問紙「語と文法」手引き　京都国際社会福祉センター
矢野喜夫（1989）．遊びの発達　山内光哉（編）発達心理学　上　ナカニシヤ出版　pp.116-124.

●第8講
小嶋秀夫・森ト正康（1991）．児童心理学への招待―学童期の発達と生活　サイエンス社
藤崎眞知代（1992）．児童期　東　洋・繁多　進・田島信元（編）発達心理学ハンドブック　福村出版
Gelman, R. & Gallistel, C. R.（1978）. *The child's understanding of number*. Cambridge, Harvard University Press.
Kohlberg, L.（1976）. Moral stages and moralization : The cognitive-developmental approach. In T. Lickona（Ed.）, *Moral development and behavior : Theory, research, and social issues*. Holt, Reinhart & Winston.
文部科学省（2008）．学校保健統計調査　平成20年度結果の概要
文部科学省（2013）．平成24年度全国体力・運動能力，運動習慣等調査結果
永野重史（編）（1985）．道徳性の発達と教育―コールバーグ理論の展開　新曜社
岡本夏木（1984）．ことば発達　岩波新書　岩波書店
Starts, C. H.（1922）. *Der Körper des kindes und seine Pflege*. Stuttgart : Ferdinand Enke.
内田伸子（1989）．物語ることから文字作文へ―読み書き能力の発達と文字作文の成立過程　読書科学, **33**, 10-24.
内田伸子（2003）．幼児心理学への招待―子どもの世界づくり　サイエンス社　p.115.

●第 9 講
American Association on Mental Retardation（AAMR）（2002）．*Mental Retardation : Definition classification and systems of supports*．10th ed. Washington DC : American. Association on Mental Retardation.
American Psychiatric Association（1994）．*Diagnostic and Statistical Manual of Mental Disorders : Dsm-4*．American Psychiatric Publication.
American Psychiatric Association（2013）．*Diagnostic and Statistical Manual of Mental Disorders : Dsm-5*．American Psychiatric Publication．日本精神神経学会（監修）髙橋三郎・大野　裕（監訳）（2014）．DSM-5 精神疾患の分類と診断の手引　医学書院
厚生労働省（2005）．発達障害者支援法
Kraft, U.（2006）．Detecting autism early（Scientific American Mind Octorber）．サイエンス編集部（編）（2013）．自閉症の早期発見　別冊日経サイエンス　心の成長と脳科学　日経サイエンス
宮本信也（1999）．援助にあたっての医学的問題　小林重雄（監修）　発達障害の理解と援助　コレール社　pp.53-82.
文部科学省（1999）．学習障害児に対する指導について（報告）
文部科学省初等中等教育局特別支援教育課（2012）．通常の学級に在籍する発達障害の可能性のある特別な教育的支援を必要とする児童生徒に関する調査結果について
中邑賢龍・近藤武夫（監修）（2012）．発達障害の子を育てる本―ケータイ・パソコン活用編　講談社
日本自閉症スペクトラム学会（2012）．自閉症スペクトラム辞典　教育出版
さいたま市教育委員会（2017）．刺激の少ない教室環境　ユニバーサルデザインの考えを取り入れた授業づくりガイドブック（p.14）
さいたま市教育委員会（2017）．朝の支度を自分たちでスムーズに　ユニバーサルデザインの考えを取り入れた授業づくりガイドブック（p.15）
清水由紀・林　創（編著）（2012）．他者とかかわる心の発達心理学―子どもの社会性はどのように育つか　金子書房
東京都（2013）．愛の手帳交付要綱
融　道男・小見山実・大久保善朗・中根允文・岡崎祐士（訳）（2005）．ICD-10精神および行動の障害―臨床記述と診断ガイドライン　医学書院
WHO（2018）．ICD-11 : International Statistical Classification of Diseases and Related Health Problems.

【第 3 部】
●第10講
Arnett, J. J.（2000）．Emerging adulthood : A theory of development from the late teens through the twenties. *American Psychologist*, 55, 469-480.
朝日香栄・青木紀久代（2010）．思春期における友人関係の発達的変化の様相―親友関係 Chumship の形成ならびにメンタルヘルスとの関係から　カウンセリング研究, 43（3）, 182-191.
Bellak, L.（1970）．*The porcupine dilemma : Reflections on the human condition*．New York : Citadel Press. 小此木啓吾（訳）（1974）．山アラシのジレンマ　ダイヤモンド社
Chapman, A. H. & Chapman, M. C. M. S.（1980）．*Harry Stack Sullivan's concepts of personality development and psychiatric illness*．New York : Brunner/Mazel, Inc. 山中康裕（監修）竹野俊弥・皆藤　章（訳）（1994）．サリバン入門―その人格発達理論と疾病論　岩崎学術出版
Erikson, E. H.（1959）．*Identity and the life cycle*．New York : International Universities Press. 西平　直・中島由恵（訳）（2011）．アイデンティティとライフサイクル　誠信書房
広實優子（2002）．現代青年の友好関係に関する心理学手要因の展望　広島大学大学院教育学研究科紀要, 51, 257-264.
保坂　亨・岡村達也（1986）．キャンパス・エンカウンター・グループの発達的・治療的意義の検討　心理臨床学研究, 4（1）, 15-26.
保坂　亨・岡村達也（1992）．キャンパス・エンカウンター・グループの意義とその実施上の試案　千葉大学教育学部研究紀要, 40, 113-122.
保坂　亨（2000）．学校を欠席する子どもたち―長期欠席・不登校から学校教育を考える　東京大学出版会
伊藤美奈子（2012）．アイデンティティ　高橋惠子・湯川良三・安藤寿康・秋山弘子（編）　発達科学入門［3］青年期～後期高齢期　東京大学出版会　pp.35-50.
岩宮恵子（2012）．「ぼっち」恐怖と「イツメン」希求―現代思春期・青年期論　精神療法, 38（2）, 233-235.
厚生労働省（2017）．平成28年度国民健康・栄養調査
厚生労働省（2018）．人口動態統計
厚生労働省政策統括官（2018）．平成30年我が国の人口動態　平成28年までの動向

小塩真司（2014）．青年期後期　大藪　泰・林　もも子・小塩真司・福川康之（共著）　人間関係生涯発達心理学　丸善出版　pp.97-108.
Marcia, J. E. (1966). Development and validation of Ego-identity status. *Journal of Personal and Social Psychology*, 3, 551-558.
松下姫歌・吉田芙悠紀（2007）．現代青年の友人関係における"希薄さ"の質的側面　広島大学大学院教育研究科紀要, 56, 161-169.
内閣府政策統括官（2014）．平成26年度結婚・家族形成に関する調査報告書
小此木啓吾（1978）．モラトリアム人間の時代　中央公論社
岡田　努（1998）．現代青年に特有な友人関係の取り方と自己愛傾向の関連について　教職研究, 9, 23-39.
大平　健（1995）．優しい精神病理　岩波書店
大野　久（1995）．青年期の自己意識と生き方　落合良行・楠見　孝（編）講座生涯発達心理学　第4巻　自己への問い直し―青年期　金子書房　pp.89-123.
斎藤英里香・野中弘敏（2011）．高校生・大学生の友人関係における自己切替と信頼感―「親友」観との関連で　山梨学院短期大学研究紀要, 31, 47-59.
須藤春佳（2014）．友人グループを通してみる思春期・青年期の友人関係　神戸女学院大学論集, 61 (1), 113-126.
高橋恵子・川島司三・安藤寿康・秋山弘子（2012）．発達科学入門［3］青年期～後期高齢期　東京大学出版会
高井　範（1999）．対人関係の視点による生き方態度の発達的研究　教育心理学研究, 47, 317-327.
鑪幹八郎（2002）．アイデンティティとライフサイクル論　ナカニシヤ出版
徳田安俊（1982）．青年心理学入門　川島書店
山田和夫（2002）．新版「ふれあい」を恐れる心理―青年の"攻撃性"の裏側に潜むもの　亜紀書房
若尾良徳（2017）．大学生における異性交際の経験年齢に関する規範意識　日本体育大学紀要, 47 (1), 35-44.
Whitebourne, S. K., Sneed, J. R., & Sayer, A. (2009). Psychological development from college though midlife : A 34-year sequential study. *Developmental Psychology*, 45, 1328-1340.

● 第11講

Carter, E. A. & McGoldrick, M. (Eds.) (1980). *The family life cycle-a framework for family therapy*. New York : Gardner.
独立行政法人労働政策研究・研修機構（編）（2016）．若年者のキャリアと企業による雇用管理の現状―「平成25年若年者雇用実態調査」より　資料シリーズ No.171.
Holland, J. L.(1985). *Making vocational choices : A theory of vocational personalities and work environment*(2nd ed.). Prentice-Hall. 渡辺三枝子・松本純平・舘　暁夫（訳）（1990）．職業選択の理論　雇用問題研究会
株式会社マイナビ就職情報事業本部HRリサーチセンター（2018）．2019年卒マイナビ大学生就職意識調査
国立社会保障・人口問題研究所（2010）．第14回出生動向基本調査
国立社会保障・人口問題研究所（2017）．2015年社会保障・人口問題基本調査〈結婚と出産に関する全国調査〉第15回出生動向基本調査結果の概要
厚生労働省政策統括官（2018）．平成30年我が国の人口動態　平成28年までの動向
内閣府（2010）．結婚・家族形成に関する調査
中村陽吉（編）（1990）．「自己過程」の社会心理学　東京大学出版
岡堂哲雄（1991）．家族心理学講義　金子書房
岡本祐子（編著）（1999）．女性の生涯発達とアイデンティティ―個としての発達・かかわり合いの中での成熟　北大路書房
渡辺三枝子・鹿嶋研之助・若松養亮（2010）．学校教育とキャリア教育の創造　学文社

● 第12講

磯邉　聡（2008）．思春期の問題と病理　永　井撤（監修）井上果子・神谷栄治（編）思春期・青年期の臨床心理学　培風館　pp.37-61.
Kiley, D. (1983). *The Peter Pan syndrome : Men who have never grow up*. New York : Dodd, Mead & Company. 小此木啓吾（訳）（1984）．ピーターパン・シンドローム　祥伝社
木村昌子（2016）．現代の若者たちの人間関係　人間生活学研究, 23, 1-12.
小杉正太郎（編）（2006）．ストレスと健康の心理学　朝倉書店
久保真人（2007）．バーンアウト（燃え尽き症候群）―ヒューマンサービス職のストレス　日本労働研究雑誌, 558, 54-64.

厚生労働省（2018）．平成29年度「過労死等の労災補償状況」
厚生労働省・独立行政法人労働者健康安全機構（2017）．職場における心の健康づくり―労働者の心の健康の保持増進のための指針
文部省（1979）．生徒の問題行動に関する資料　生徒指導資料第14集
文部省（1997）．登校拒否問題への取り組みについて　生徒指導資料第22集
文部科学省（2017）．平成28年度「児童生徒の問題行動等生徒指導上の諸問題に関する調査」
村瀬孝雄（1976）．青年期危機概念をめぐる実証的考察　笠原　嘉・清水將之・伊藤克彦（編）　青年の精神病理Ⅰ　弘文堂
髙橋三郎・大野　裕（監訳）（2014）．DSM-5 精神疾患の分類と診断の手引き　医学書院
德田安俊（1982）．青年心理学入門　川島書店
清水將之（1983）．青い鳥症候群　至文堂
下坂幸三（1999）．拒食と過食の心理　岩波書店
名島潤慈（1997）．青年と不適応　鈴木康平・松田　惺（編）　現代青年心理学　有斐閣

【第4部】
●第13講
Friedman, M., & Rosenman, R. H.（1974）．*Type A behavior and your heart*. New York : Random House Inc.
藤崎宏子・平岡公一・三輪健二（編集）（2008）．ミドル期の危機と発達―人生の最終章までのウェルビーイング　金子書房
湖崎　克（1989）．視力の衰えとその対応　鎌田ケイ子・松下和子（編）エイジングと看護―健やかな老いのために（看護Mook（32））金原出版　p.101.
厚生労働省（2017）．平成28年度人口動態統計
Levinson, D. J.（1978）．*The seasons of man's life*. New York : Knopf. 南　博（訳）（1992）．ライフサイクルの心理学　上・下　講談社学術文庫
Newman, B. M., & Newman, P. R.（1975）．*Development through life : A psychosocial approach*. Homewood : Dorsey Press. 福富　護　伊藤恭子（訳）（1980）．生涯発達心理学　川島書店
Peck, R. C.（1968）．Psychological developments in the second half of life. In B. L. Neugarten（Eds.），*Middle age and aging*. Chicago : University of Chicago Press. pp.88–92.
橘　覚勝（1971）．老年学　誠信書房
渡辺三枝子（編）（2007）．新版キャリアの心理学　ナカニシヤ出版

●第14講
Baltes, P. B., Reese, H. W., & Lipsitt. L. P.（1980）Life-span developmental psychology. *Annual Review of Psychology*, 31, 65-110.
Baltes, P. B., & Smith, J.（1990）. Toward psychology of wisdom and its ontogenesis. In R. J. Sternberg（Eds.），*Wisdom ; Its nature, origins and development*. New York ; Cambridge University Press. pp.87-120.
Botwinick, J.（1977）. Intellectual abilities. In J. E. Birren, & K. W. Schaie（Eds.），*Handbook of the psychology of aging*. New York : Van Nostrand Reinhold. pp.580-605.
Botwinick, J., & Storandt, M.（1974）. *Memory, related functions and age*. Springfield, IL : Charles C. Thomas.
Butler, R. B.（1963）. The life review : An interpretation of reminiscence in the aged. *Psychiatry*, 26, 65-76.
本間　昭（2003）．痴呆の発症遅延は可能か―その根拠と仕組み　日本痴呆ケア学会誌, 2（2），130-131.
長嶋紀一（1977）．性格の円熟と退行　加藤正明・湯沢雍彦・清水　信（編）老年期　有斐閣
長嶋紀一（1990）．老人とは　長嶋紀一・佐藤清公（編）老人心理学　健帛社　pp.1-19.
中原　純（2016）．心理学的サクセスフルエイジング　佐藤眞一・権藤恭之（編著）よくわかる高齢者心理学　ミネルヴァ書房　pp.32-33.
Neugarten, B. L., Havighurst, R. J., & Tobin, S. S.（1968）. Personality and patterns of aging. In B. L. Neugarten（Eds.），*Middle age and aging*. Chicago. The University of Chicago Press. pp.173-176.
Reichard, S., Livson, F., & Petersen, G.（1980, Original 1962）*Aging and personality : A study of eighty-seven older man*（*Reprint Edition*）. New York : Arno Press Inc.
Rubin, D. C., Rahhak, T. A., & Pool, L. W.（1998）. Things learned in early adulthood are remembered best. *Memory & Cognition*, 26（1），3-19.
Ryff, C. D.（1989）. Happiness is everything, or is it? Explorations on the meaning of psychological well-being. *Jour-

nal of Personality and Social Psychology, 57, 1069-1081.
佐藤清公（1990）．老年期の異常心理　長島紀一・佐藤清公（編）老人心理学　健帛社　pp.93-113.
佐藤眞一（1993）．老人の人格　井上勝也・木村　周（編）新版老年心理学　朝倉書店　pp.54-71.
佐藤眞一（1997）．老年期のパーソナリティ　井上勝也（編）最新介護福祉全書8―老人の心理と援助　メヂカルフレンド社　pp.65-91.
佐藤眞一・井上勝也・長田由紀子・矢冨直美・岡本多喜子・巻田ふき・林　洋一（1988）．中高年者の「仕事」「家庭」「余暇・社会活動」の満足度―尺度の作成と検討　老年社会科学, 10(1), 120-137.
佐藤眞一・井上勝也・長田由紀子・矢冨直美・岡本多喜子・巻田ふき・林　洋一（1989）．中・高年者における生活の志向性と満足度　老年社会科学, 11, 116-133.
Schaie, K. W.（1980）. Intelligence and problem solving. In J. E. Birren, & R. Sloane（Eds.）, *Handbook of mental health and aging*. Englewood Cliffs, NJ : Prentice-Hall. pp.262-284
Schaie, K. W.（1996）. Intellectual development in adulthood, In J. E. Birren, & K. W. Schaie（Eds.）, *Handbook of the psychology of aging, 4th ed*. San Diego : Academic Press. pp.266-286.
Schonfeld, D., & Robertson, B. A.（1966）. Memory storage and aging. *Canadian Journal of Psychology*, 20, 228-236.
杉山善朗（1994）．老年期のストレスと心理　老年精神医学雑誌, 5(11), 1325-1332.
谷口幸一・佐藤眞一（編）（2007）．エイジング心理学―老いについての理解と支援　北大路書房
Webster, D. J., & Haight, B. K.（1995）. Memory lane milestones : Progress in reminiscence definition and classification. In B. K. Haight, & D. J. Webster（Eds.）, *The art and science of reminiscing : Theory, research, methods, and application*. Washington, DC : Taylor & Francis. pp.273-286.
Whitbourne, S. K.（1985）. The psychological construction of the life-span. In J. E. Birren, & K. W. Schaie（Eds.）, *Handbook of the Psychology of Aging, 2th ed*. New York : Van Nostrand Reinhold. pp.594-618.

● 第15講
デーケン，アルフォンス（1986）．悲嘆のプロセス―残された家族へのケア　アルフォンス・デーケン（編）死の準備教育第2巻―死を看取る　メヂカルフレンド社　pp.255-274.
デーケン，アルフォンス・加賀乙彦（1997）．死の準備教育　加賀乙彦（編著）　素晴らしい死を迎えるために―死のブックガイド　太田出版　pp.194-258.
深沢七郎（1964）．楢山節考　新潮社
長谷川　浩（編）（1990）．ホスピスケアの展望　現代のエスプリ　至文堂
井上勝也（編）（1997）．最新介護福祉全書8―老人の心理と援助　メヂカルフレンド社
Kastenbaum, R.（1975）. Is death a life crisis? On the confrontation with death in theory and practice. In N. Dstan, & L. H. Ginsberg（Eds.）, *Life-span developmental psychology : Normative life crises*. New York : Academic Press.
厚生労働省（2017）．平成29年度版厚生労働白書
Kubler-Ross, E.（1969）. *On death and dying*. New York : Macmillan. 鈴木　晶（訳）（1985）．死ぬ瞬間―死とその過程について　読売新聞社
松田信樹（2000）．死の不安の年齢差に関する研究　大阪大学教育学年報, 5, 71-83.
松田茶茶（2012）．「死の不安」の心理学　ナカニシヤ出版
仲村照子（1994）．子どもの死の概念　発達心理学研究, 5(1), 61-71.
鳴沢　実（監訳）（1993）．グリーフカウンセリング―悲しみを癒すためのハンドブック　川島書店
Newman, B. M., & Newman, P. R.（1975）. *Development through life : A psychosocial approach*. Homewood : Dorsey Press. 福富　護・伊藤恭子（訳）（1980）．生涯発達心理学　川島書店
Pattison, E. M.（Eds.）（1977）. *The experience of dying*. Englewood Cliffs, NJ : Prentice-Hall.
Sanders, C. M.（1992）. *Surviving grief... and learning to live again*. John Wiley & Sons, Inc. 白根美保子（訳）（2000）．家族を亡くしたあなたに―死別の悲しみを癒すアドバイスブック　筑摩書房
丹下智香子（2004）．青年期前期・中期における死に対する態度の変化　発達心理学研究, 15(1), 65-76.
谷口幸一（編）（1997）．成熟と老化の心理学　コレール社
Worden, J. W.（1991）. *Grief counseling and grief therapy : a handbook for the mental health practitioner*. Routledge. 鳴沢　実（監訳）（1993）．グリーフカウンセリング―悲しみを癒すためのハンドブック　川島書店
山本俊一（1986）．老年期の教育　アルフォンス・デーケン（編）死の準備教育第1巻―死を教える　メヂカルフレンド社　pp.203-215.

■人名索引■

● A

Ainsworth, M. D. S.　61
Albrecht, R.　39
Allport, G. W.　173
Asperger, H.　105

● B

Bandura, A.　20
Barker, D. J.　49
Baron-Cohen, S.　84
Bellak, L.　123
Binet, A.　68
Birren, J.　37
Blackmare, C.　47
Bolk, L.　8
Botwinick, J.　166
Bowlby, J.　23, 26, 61
Bridges, K. M. B.　75
Bronfenbrenner, U.　6, 26, 27
Brothers, L.　89
Bruch, H.　146
Bühler, C.　2
Bushnell, I. W. R.　57

● C

Carter, E. A.　136
Cattell, R. B.　165
Clausen, J. A.　36
Cooper, G. F.　47
Cremer, S. H.　130
Cumming, E.　39, 169

● D

Decasper, A. J.　78
Deeken, A.　184
Derborn, W. F.　68
Draper, T.　45
Dunbar, R.　89

● E

Elder, G. H.　35
Erikson, E. H.　2, 41, 119
Erikson, J. M.　32

● F

Fantz, R. L.　57
Fifer, W. P.　78
Freud, A.　144
Freud, S.　21, 22, 29
Friedman, M.　135, 160
深沢七郎　181

● G

Gallistel　93
Gelman　93
Gesell, A. L.　6
Gibson, E. J.　59
Giele, J. Z.　35
Guilford, J. P.　68

● H

Haeckel, E.　8
Hall, S.　116
Harlow, H. F.　61
Havighurst, R. J.　11
Henry, W. E.　39, 169
Herr, E. L.　130
Holland, J. L.　132
本間　昭　167
Horn, J. L.　165
Huizinga, J.　84
Humphrey, N.　89
Hymans, P. G.　11

● I

Izard, C. E.　72

● J

Jensen, A. R.　4
Jung, C. G.　38

● K

Kahle, W.　46
Kanner, L.　105
Köhler, W.　20
Kastenbaum, R.　183
川島一夫　53

Kempe, H.　66
Kimmel, D. C.　36
Klein, M.　23
Kohlberg, L.　95
孔子　37
Kubler-Ross, E.　183

●L
Levinson, D. J.　33
Lewin, K.　119
Lorenz, K.　10, 21

●M
Marcia, J. E.　120, 121
正高信男　80
Markman, E. M.　81
Maslow, A. H.　173
松田信樹　180
McGoldrick, M.　136
Melzoff, A. N.　60
Morris, D.　28

●N
長島紀一　168
Nagy, M.　179
中村　賢　127
仲村照子　180
Neugarten, B. L.　39, 170
Newhall, S. M.　86
Newman, B. M.　161
Newman, P. R.　161
Niles, S. G.　130

●O
Oelter, R.　13
岡本夏木　93
岡本祐子　137
小此木啓吾　120
大坪　健　122

●P
Palmore, E.　171
Parten, M.　86
Pattison, E. M.　183
Pavlov, L. P.　17
Peck, R. C.　154

Piaget, J.　6, 23, 94
Plutchik, R.　75
Portmann, A.　9
Premack, D.　84

●R
Reichard, S.　170
Rosenman, R. H.　160
Rousseau, J. J.　119
Ryff, C. D.　173

●S
坂本一郎　11
坂瓜一幸　51
佐藤眞一　173
Savickas, M. L.　132
Scammon, R. E.　4, 56
Schaie, K. W.　165
Shirley, M. M.　3
Shneidman, E. S.　183
Simon, T.　68
Skinner, B. F.　19
Spearman, C. E.　68
Spitz, R.　23
Spranger, E.　119
Stern, W.　6, 68
Storandt, M.　166
Stratz, C. H.　11, 90
Super, D. E.　130, 156

●T
橘　覚勝　37
丹下智香子　181
Terman, L. M.　68
Thorndike, E. L.　18
Thurstone, L. L.　68
Tornstam, L.　40
Tuckman, J.　159

●U
内田伸子　93
牛島義友　11

●V
Vincent, E. L.　3
Vygotsky, L. S.　25

●W

Walk, R. D. 59
Watson, J. B. 6, 16, 17
Wechsler, D. 68
Werner, H. 4
Whitbourne, S. K. 172
Williams, G. C. 176
Wing, L. 105
Woodruff, G. 84
Worden, J. W. 186

●Y

山本俊一 182

■事項索引■

●あ
IQ → 知能指数
愛着　23, 26, 61
アイデンティティ　119
アイデンティティ・ステイタス　121
アイデンティティの拡散　120
アスペルガー症候群　100
アタッチメント　23
アニミズム　71
アプガースコア（Apgar score）　103, 104
アポトーシス　46
アルコール依存症　161
アルツハイマー病　174
安全基地　23, 62, 63
安定的成長期　38
安楽椅子型　171

●い
ES細胞 → ヒト胚性幹細胞
維持期　156
いじめ　98, 142
いじめ防止対策推進法　142
異速性の原理　4
依存型　172
遺伝と環境の相互作用の原理　4
インクルージョン　113

●う
宇宙的領域　40
運動視差　59

●え
エイジング　37
永続性　23, 61
英知の尊重　対　体力の尊重　154
ADHD → 注意欠陥・多動症
エクソ・システム　7, 26, 27
エドワーズ症候群　103
エピジェネティックス　49
LD → 学習症
円熟型　168, 171
エントレインメント　64
延命医療　182

●お
老い兆候　159
横断的研究　7
オーバードーズ → 多量摂取
oldest-old　159
old-old　159
奥行き知覚　59
音あそび　79
おばあちゃん仮説　10, 176
オペラント条件づけ　18, 19
音韻　77

●か
回想法　174
回避学習　20
カウンティングの原理　93
過拡張　81
学習　2
学習症（LD：Learning Disabilities）　108, 113
拡大型　168
過限定　81
家族　135
家族システム　136, 137
家族周期　34
家族周期論　34
家族発達論　136
可聴範囲　164
活動理論　39
空の巣症候群　155
感覚運動期　23
環境閾値説　16
感情障害 → 気分障害
緩和ケア　182

●き
器質性精神障害　173
機能性精神障害　173
気分障害（感情障害）　146, 175
基本的信頼　30
基本的不信　30
きめの密度勾配　59
虐待　66
キャリア　130

キャリア・カウンセリング　139
キャリア教育　130
ギャング・エイジ（徒党）集団　97
QOL（Quality of Life）　163
吸てつ反射　52
境界人　119
強化子　19
叫喚発声　79
均衡化　23
緊縮型　172
勤勉性　31

● く
句　77
クーイング　55，79
具体的操作期　24
グリーフカウンセリング　186
グリーフケア　186

● け
経験説　6
形式的操作期　24
形態素　77
検索　166
原始反射　23，52

● こ
語　77
後期高齢期　15
合計特殊出生率　51
口唇探索反射　52
更年期　155
更年期障害　155，161
合理的配慮　111，112
コーチング　139
コーホート　7
刻印づけ（刷り込み）　10，21
心の理論　84
固執型　172
個人差の原理　4
誤信念課題　84
個性化の過程　38
ごっこ遊び　72
古典的条件づけ　17
孤立　31

● さ
罪悪感　31
psychological well-being　173
再生　166
再統合型　172
再認　166
作業モデル　→　内的表象
サクセスフル・エイジング　171
subjective well-being　173
三項関係　79
サンドイッチ世代　155

● し
シェマ（スキーマ）　23
視覚的断崖　59
自我超越　対　自我没入　161
自我の発見　119
自我分化　対　仕事-役割没入　161
軸索　46
試行錯誤　19
自己肯定感　99
自己実現の過程　38
自己中心性　24，70
自己中心的思考　94
自己の領域　40
視細胞　57
自主性　31
自傷行為　145
自責型　172
失外套状態　174
実念論　71
疾風怒濤の時代　116
児童期　13
児童虐待　66
シナプス　46
シナプス間隙　46
シナプスの刈り込み　52
死の5段階説　183
死の受容　39，181
自閉症　100
自閉スペクトラム症（ASD：Autistic Spectrum Disorder）　84，85，105，109，113
社会人基礎力　134
社会性　83，88
社会的微笑　53
社会的・個人的関係の領域　40

社会的参照　64
社会的スキル　97
社会的性役割（ジェンダー・スキーマ）　124
社会的人間関係　対　性的人間関係　154
社会脳　89
社会文化的環境　33
縦断的研究　7
集中型　172
18トリソミー症候群　→　エドワーズ症候群
終末期　182
終末期医療（ターミナルケア）　181，188
樹上突起　46
出生前診断　54
出生率の低下　34
馴化−脱馴化法　57
順序性　2
初語　80
小1プロブレム　99
消去　19
条件刺激　17
条件反応　17
象徴遊び　87
象徴機能　23，79，87
焦点調節能力　15，159
焦点の調節力"D（Diopters）"　159
情報処理速度　166
所記　77
初期経験　21
職業的キャリア発達段階　156
じらす行動　64
自律性　30
神経細胞（ニューロン）　46
神経性大食症　145
神経性無食欲症　145
神経発達症群（神経発達障害群）　100
人工論　71
人生課題　29
新生児覚醒状態　28
新生児期　13
新生児微笑　52
新生児模倣　63
人生の正午　152
身体超越　対　身体没入　161
親密性　31
心理社会的危機　29
心理社会的発達理論　29

心理性的発達　22
進路指導　131

●す
随意運動　52
髄鞘（ミエリン）　46
衰退　2
錐体細胞　57
スキャモンの発達・発育曲線　4
ストレス　147
ストレンジシチュエーション法　61
刷り込み　→　刻印づけ

●せ
生活構造　33
生活習慣病　158
生活年齢（CA：Chronological Age）　68
成熟　2，17
成熟前傾　56
成熟優位説　6
生殖性　31
成人期　15
成人形成期　119
精神の柔軟さ　対　精神的固さ　154
精神年齢（MA：Mental Age）　68
生態学的システム理論　26，27
成長　2
生と死の合間　184
生得説　6
青年期　13
青年期平穏説　144
生物的衰退期　38
生理的早産　9
生理的老化現象　158
世代間連鎖　66
節　77
摂食障害　145
絶対的臨界期　10
絶望　32
セルフケア　148
前期高齢期　15
前言語的コミュニケーション　78
選好注視法（PL法）　57
前進的成長期　38
漸成論　29
前操作期　23

せん妄　173

●そ
想起　166
早期完了　121
装甲型　171
相互関連性の原理　4
相互作用説　6
操作　24
喪失体験　159
喪失の時代　15，159
双生児研究　16
早成性　→　離巣性
想像　95
創造性　95
相対的臨界期（敏感期）　10，46
壮年期（中年期）　13
相貌的知覚　71

●た
ターミナルケア　→　終末期医療
第9の段階　32
第一言語　→　母国語
第一次歩行（歩行反射）　52
第一反抗期　67
大黒柱　158
胎児期　13
胎生期　13
第二次性徴　8，13，116
第二反抗期　117
大脳視覚野　47
ダイバーシティ・マネジメント　135
タイプA　161
代理強化　20
代理母親　61
多因子説　68
脱中心化　24
多量摂取（オーバードーズ）　145
短期記憶　61
短期記憶貯蔵庫　166
談話　→　ディスコース

●ち
遅延模倣　72
知覚的狭小化　52
知的能力障害（知的発達障害）　101

知能指数（IQ：Intelligence Quotient）　68，102
注意欠如・多動症（ADHD：Attention-Dificit/Hyperactivity Disorder）　47，48，106，109，113
中高年層の離婚　157
中心化　24
中年期　15
中年期クライシス　152
中年の危機　39
長期記憶　61
長期記憶貯蔵庫　166
調節　23

●て
DSM-5　105
ディスコース（談話）　77
DINKS（Double Income No Kids）　136
停滞性　31
定年退職　158
手首自傷症候群　→　リストカット
電文体　83

●と
同一性　31
同一性拡散　121
同一性達成　121
同一性（の）拡散　31，112
同化　23
統合　32
統合失調症　146
洞察　20
疼痛　182
道徳性　95
DOHaD　49
特異的言語発達障害　105
徒党集団　→　ギャング・エイジ集団
トランジェクトリ（軌道・人生行路）　36
鈍麻型　172

●な
内的表象（作業モデル）　63
内的ワーキング・モデル　63
『楢山節考』　182

●に
二因子説　68
二次的留巣性　10

日常生活動作（ADL）　163
『日本書紀』　177
乳児期　13
乳児の視力　57
乳幼児突然死症候群　48
認知的制約理論　81
認知症　174
認知的枠組み　23

●ね
年齢加速現象　56

●の
能記　77
脳血管性認知症　174
脳変性疾患　174

●は
把握反射　52
バーンアウト　147
胚芽期　13
配偶者の死　186
廃用性萎縮　164
恥・疑惑　30
発達加速現象　56
発達課題　11
発達・発育曲線　56
発達勾配現象　56
発達障害　100
発達の最近接領域　25
バビンスキー反射　52
般化　17
反社会的行動　140
晩成性　→　留巣性
反動型　168

●ひ
PL法　→　選好注視法　57
被殴打児症候群　66
比較行動学　28
ひきこもり　98
備給的柔軟性　対　備給的貧困さ　154
非社会的行動　140
悲嘆のプロセス　184
ヒト胚性幹細胞（ES細胞）　44
人見知り　65

ビハーラ　188
非反復喃語期　79
標準的喃語期　79
表象機能　72
敏感期　→　相対的臨界期

●ふ
輻輳説　6
不登校　98，141
不統合型　172
プロソディ　78
文　77
憤慨型　171
分化・統合の原理　4

●へ
平均寿命　34，177
平均発話長（MLU：Mean Length of Utterances）　83
閉経　161
偏差知能指数（DIQ：Deviation IQ）　68

●ほ
方向性の原理　2
報酬　19
歩行反射　→　第一次歩行
母国語（第一言語）　59
母子相互関係　63
ホスピス　182，188
ホスピスムーブメント　182
ホスピタリズム　23
保存　24
保存の概念　72

●ま
マイクロ・システム　6，26，27
マクロ・システム　7，26，27
マザリーズ　80
マザリング　52

●み
禊（みそぎ）　177
三つ山問題　70
未分化　24

●め
メゾ・システム　7, 26, 27
メンタルヘルス　146, 147

●も
妄想性障害　173
モラトリアム　120, 121
モラトリアム人間　120
モロー反射　52
問題行動　140
問題箱　18

●や
山アラシ・ジレンマ　123
young-old　159

●ゆ
ユニバーサルデザイン　111, 112

●よ
幼形進化（ペドモルフォーシス）　8
幼形成熟（ネオテニー）　8
幼児期　13

●ら
ライフコース（life course）　35
ライフサイクル論　29
ライフステージ　131
ライフロール　131
卵体期　13

●り
リアリティ・オリエンテーション　174
リスク行動　180
リストカット（手首自傷症候群）　145
離巣性（早成性）　9
リーダーシップ　96
離脱型　172
離脱理論　39
立体モデル　68
リビドー　21
留巣性（晩成性）　9
両眼視差　59
臨界期　10, 46

●る
ルサンチマン　185

●れ
劣等感　31
レディネス　17
連続性の原理　4
連続性理論　39, 170

●ろ
老化　2
老眼　159
老人としての自覚　159
老性自覚　159
老年期　15
老年期うつ病　175
老年的超越性（gerotranscendence）　32
『論語』　37

執筆者一覧 (執筆順)

髙橋一公	編　者	第1, 3, 10-15講
中川佳子	編　者	第2, 4-9講
國枝俊弘	身延山大学（非常勤講師）	第11講
池田和嘉子	東京未来大学（非常勤講師）	
	身延山保育園	コラム

編者紹介

高橋　一公（たかはし・いっこう）
　1989年　明星大学大学院人文学研究科心理学専攻修士課程修了
　現　在　東京未来大学　モチベーション行動科学部教授
　主著・論文
　　　系統看護学講座基礎分野　心理学（共著）医学書院　2017年
　　　子ども心理辞典（分担執筆）　一藝社　2011年
　　　相談活動の基礎と実践（共著）　社会福祉法人　立正福祉会　2011年
　　　社会調査の基礎（分担執筆）　弘文堂　2008年
　　　高齢者のための心理学（分担執筆）　保育出版社　2008年
　　　家族の関わりから考える生涯発達心理学（分担執筆）　北大路書房　2006年

中川　佳子（なかがわ・よしこ）
　2003年　日本女子大学大学院人間社会研究科博士課程修了
　現　在　都留文科大学　教養学部学校教育学科教授（心理学博士）
　主著・論文
　　　J.COSS日本語理解テスト　風間書房　2010年
　　　後期高齢者の文法能力におよぼす助詞判断課題の効果：日本語助詞の理解・表出力の評価とトレーニング（共著）　高次脳機能障害研究，27(4)　320-326　2007年
　　　高齢者の文法障害：加齢と知的機能障害による言語性能力への影響　高次脳機能研究，25，2，179-186　2005年
　　　J.COSS第三版を通じてみた幼児期から児童期における日本語文法理解の発達　発達心理学研究，16，2，145-155　2005年
　　　The comprehension difficulty of Japanese receptive grammar : A comparison of Japanese children and learners of Japanese as a second language. *Studies in Language Sciences*, 4, 179-188　2005年

発達心理学15講

2014年3月20日	初版第1刷発行
2015年7月20日	再版第1刷発行
2017年8月20日	再版第4刷発行
2019年3月20日	第3版第1刷発行
2021年2月20日	第3版第4刷発行

定価はカバーに表示してあります。

編著者　髙　橋　一　公
　　　　中　川　佳　子

発行所　㈱北大路書房
〒603-8303　京都市北区紫野十二坊町12-8
　　　　電　話　(075) 431-0361(代)
　　　　ＦＡＸ　(075) 431-9393
　　　　振　替　01050-4-2083

Ⓒ2019　　　　　　　　　　　　印刷・製本／亜細亜印刷㈱
検印省略　落丁・乱丁本はお取り替えいたします。
ISBN978-4-7628-3057-0　Printed in Japan

・ JCOPY 〈㈳出版者著作権管理機構 委託出版物〉
本書の無断複写は著作権法上での例外を除き禁じられています。
複写される場合は，そのつど事前に，㈳出版者著作権管理機構
(電話 03-5244-5088, FAX 03-5244-5089, e-mail: info@jcopy.or.jp)
の許諾を得てください。